健康に暮らす住まい
9つのキーワード
設計ガイドマップ

編著
健康維持増進住宅研究委員会
健康維持増進住宅研究コンソーシアム
編集協力
一般社団法人 日本サステナブル建築協会

Ⅰ.予防・安全

Ⅱ.静養・睡眠

Ⅲ.入浴・排泄・身だしなみ

Ⅳ.コミュニケーション・交流

Ⅴ.家事

Ⅵ.育児期対応

Ⅶ.高齢期対応

Ⅷ.自己表現

Ⅸ.運動・美容

建築技術

健康住宅の推進

村上 周三 ●（一財）建築環境・省エネルギー機構理事長

いま何故"健康"か？

　近年，国民の間で健康に対する関心が高まっている。多くのメディアで健康が語られ，医学，住居学，衛生学，栄養学などさまざまな角度から情報提供がなされている。このような健康ブームの盛り上がりの重要な背景として，地球環境問題を指摘することができる。

　地球環境問題の深刻化で人類の持続可能性の危機に対する意識が高まり，20世紀をリードした大量生産・大量消費をパラダイムとする物質信奉文明に対する反省が生まれた。すなわち，先進国を中心として，人類の将来を脅かすほど"物質"に関して豊かな文明が実現されても，個人の生活はそれほど幸福になっていないではないかという反省である。その結果，"豊かさ"の評価に対する見直しがなされるようになり，従来のGNP（Gross National Product）に代わって，GNH（Gross National Happiness）などに対する関心が高まってきた。

　現在，世界中で多くの幸福指標が提案されており，幸福度を研究する経済学にも新たな関心が集まっている。多くの幸福指標において，第一位に掲げられている項目が"健康"である。国連で開発されたHDI（Human Development Index，人間開発指数）においても，最初に取り上げられる指標が健康である。

　すなわち近年の健康ブームは，20世紀の物質信奉文明から脱物質文明へのパラダイムシフトが模索されるなかで，「真の豊かさとは何か？」という問いかけの下に生まれてきたものと位置付けることができる。栄養の過剰摂取と運動不足が主なる原因とされるメタボリック・シンドロームの増加は，"食"を中心として日常生活における豊かさの意味の問い直しを迫るもので，物質信奉文明に対する警鐘の顕在化であるといえる。

ヘルスプロモーション

　健康とは，病気にならないことだけを指しているわけではない。WHO（世界保健機関）によれば，「健康とは単に病気でない，虚弱でないというのみならず，身体的（physical），精神的（mental），そして社会的（social）に完全に良好な状態を指す。」と定義されている。WHOはさらに，上に示した健康の考え方の日常生活における広い実践を推進するため，1986年のオタワ憲章において"ヘルスプロモーション"の概念を提唱している。

　当然のことであるが，健康を維持するための基盤は生活環境にあり，その中核となるのが住宅やコミュニティである。"病い"を治療するのは医療関係者の

仕事であるが，病いに罹るのを未然に防ぐ健康的な住まいの基盤を提供するのは，建築関係者の責務である。私たちが健康的な生活を営みうるためには，住宅や地域計画を含め，健康に係わる社会全体のソーシャルキャピタルの整備が必要とされるのである。これからの住宅計画においては，オタワ憲章が提起するヘルスプロモーションの側面までも視野に入れ，健康の維持・増進に関して付加価値の高い住宅の供給を目指すべきであると考える。ここでは，これを"健康住宅"と呼ぶ。

社会福祉と健康

健康に対する関心が高まる一方で，医療費，介護費の増加が深刻な政治・社会問題となっている。政府の予測によれば，2025年の医療費と介護費は，2010年比でそれぞれ約2倍，約3倍に増加するとされている。この問題を放置すれば，日本の財政が破綻に向かうことは確実である。これは先進国に共通の悩みであるが，高齢化が急速に進行する日本では特に深刻である。この課題の解決のためには，医療分野は当然のこととして，ヘルスプロモーションに関わるあらゆる分野からの参加が求められる。健康的生活の基盤を提供する建築分野も，積極的な貢献を果たすことが求められている。

この事態を受けて，医療行政において予防医療の強化，すなわち，ゼロ次予防，一次予防の推進が図られている。一次予防では個人レベルでの"健康的な日常生活"，ゼロ次予防では社会レベルでの"健康的な環境の提供"が謳われている。このような予防医療を推進するための基盤の一つが住宅やコミュニティであるから，住宅やコミュニティの健康面から見た性能の向上が急務であるといえる。

"健康維持増進住宅"研究委員会

国土交通省では，健康を支える生活基盤としての住宅やコミュニティの重要性に着目し，このような住宅・コミュニティ整備の推進を早くから政策課題として取り上げてきた。2007年度〜2012年度にかけて，「健康維持増進住宅研究委員会」を設置して，この問題の研究に取り組んだ。2013年度からは，新たに「スマート＆スリムハウス研究開発委員会」を設置して，次世代の健康住宅・健康コミュニティの研究を推進している。ここで"スリム"という言葉は，冒頭で述べた物質信奉文明からのパラダイムシフトという文脈に沿って，"豊かさ"の

意味を問い直す生活の在り方という意味で用いている。これらの委員会は，建築学，医学，環境学，社会学など幅広い分野の専門家が参加する学際的なものである。

健康住宅の設計

　上記の研究委員会の活動成果を社会へ還元するため，さまざまな書籍やパンフレットを出版してきた。CASBEE-健康チェックリストなどはその一例である。健康住宅を設計するために企画されたものが，本書を含む2冊のガイドブックである。"健康に暮らす住まい，9つのキーワード"という冠の下に，それぞれ，『健康維持増進住宅ガイドブック』『設計ガイドマップ』と題されている。前者は主婦を含む一般の人向けに平易，簡明に取りまとめられ，後者は専門家向けに構造的に編集された高度な内容となっている。前者はすでに2011年度に刊行されており，その平易に解説されたガイドブックの構成は一般市民や住宅供給に係る人たちから幅広い支持を得ている。

　後者が本書で，設計者などの専門家が住宅設計に際して必要とされる専門情報を満載した内容となっている。本書における新しい視点として，健康住宅がもたらすコベネフィットを指摘することができる。例えば，省エネのための断熱性能の向上は，波及的に健康性，快適性，遮音性の向上などのNEB（Non-Energy Benefit，省エネ以外の便益）をもたらす。健康住宅における設計上の新たな取り組みは，さまざまなコベネフィットを提供する可能性を秘めている。健康住宅がもたらす幅広い恩恵により，一層豊かな生活基盤のデザインが可能になるものと期待される。

　健康に対する意識が著しく高まり，ヘルスプロモーションの重要性が説かれる今日，専門家向けに編集された本書刊行の意義は大きいものと考える。本書が，日本における健康住宅の設計，建設，普及を通して，国民の健康改善や医療財政の健全化に少しでも貢献できることができれば幸甚であると考える。

健康に暮らす住まい

小泉 雅生 ●首都大学東京大学院教授／設計ガイドライン部会部会長

　「健康」とは，身近でよく用いられる言葉である。心身が健やかな状態であることを意味し，その言葉が指し示す状態も容易にイメージされる。「健康な暮らし」となれば，十分な睡眠やきちんとした食事などがイメージされる。これもまた日常的に用いられる言葉である。ところがそれが住まいと結びつき，「健康に暮らす住まい」となるとどうだろう。途端に，その指し示すところがイメージできなくなってしまう。大多数の人びとはよくわからない，というのが実状だろう。

　しかし，健康へと導く健康な暮らしがあり，その健康な暮らしをサポートする住まいがある。逆から辿ってみれば明らかであるが，健康を損ねるような住まいでは，健康な暮らしは望むべくもなく，健康の維持も困難である。健康に暮らすことのできる住まいというものが確かにあるはずだ。では，それはいったいどのようなものなのだろうか。居住者それぞれの体力やライフスタイルが異なるので，一つの像にはならないだろう。それゆえ健康に暮らす住まいというものがイメージしにくいのかもしれないが，健康でいるためには，健康と住まいの関係を把握し，健康に暮らす住まいというものを理解することが必要である。イメージしづらい健康に暮らす住まいを理解するための手がかり，というのが本書の主旨である。

　2007年に国土交通省に『健康維持増進住宅研究委員会』が設置され，続いて民間企業等により構成される『健康維持増進住宅研究コンソーシアム』が立ち上がった。その研究活動の中で，健康の維持増進に寄与する住宅─「健康に暮らす住まい」を実現するためのガイドラインを作成しようとの狙いで，設計ガイドライン部会が設けられた。

　設計ガイドライン部会では，各種の文献調査やアンケートとともに，建築，まちづくり，社会学，医学，スポーツ科学，栄養学，美容，介護など幅広い分野の専門家へのヒアリングを行った。健康という言葉自体に明確なイメージがあるとしても，住まいのポイントとして住宅に落とし込んでみると，考慮すべき事項や関連する項目は広範囲，多岐にわたる。住まいにおける健康を考えるにあたっては，さまざまな分野の専門家からのアドバイスが不可欠である。ところが，そういった健康に関わる専門家と議論をしてみると，健康のために配慮すべき事項は明確にあげられるものの，それが住まいとどう関わるのかについては，至っていない様子がうかがえた。専門家ですら，健康と住まいのあり方を結びつけられていないのである。シックハウスなどの一部の配慮事項を除いて，健康な暮らしを実現するのに住まいが果たす役割，及ぼす影響については，意外と認識されていない。健康に暮らす住まいの実現にあたっては，総合

的・横断的な情報提供が求められるといえよう。そこで，設計ガイドライン部会では，多岐にわたる健康に関わる配慮事項を効率よく理解するためのツールとして，設計ガイドマップの作成を試みたのである。

設計ガイドマップは，健康に暮らす住まいのポイントを，健康に関わる9つのキーワード，建築の10の部位に応じて整理し，さらに「基本」「推奨」「選択」というレベル分けを行ったものである。言葉にすると複雑だが，後掲のマップで見ていただければ，一目瞭然である。キーワードごとに横軸に沿って，あるいは建築の部位に対応して縦軸に沿って見ていけば，健康に暮らす住まいのポイントが理解される。健康に暮らす住まいへの道案内をする，という意味合いから，設計ガイドマップと名付けている。

本書は，設計ガイドライン部会の6年間の研究成果である「設計ガイドマップ」を解説するものである。ガイドマップを用いることで，一般にイメージしづらい「健康に暮らす住まい」というものを，具体的に捉え，実現していくことが期待される。近年，住宅における省エネルギー基準適合の義務化が謳われる。外皮の断熱性能を向上させ，消費エネルギーを削減していくことが求められる。後述するように，断熱性能の向上には，室内温熱環境の改善，ひいては居住者の健康状態への寄与するという面もある。それは「Non Energy Benefit」と呼ばれ，エネルギー削減とは異なるもうひとつのメリットといえる。省エネ基準への適合を，新たに課された義務としてではなく，居住者の健康に資するチャンスとしてポジティブに捉えることも可能なはずだ。社会的に，住宅に期待される役割・性能が高まっている。設計者・施工者・供給者など住宅に関わる専門家も，より高い意識を持って臨んでいく必要がある。本書が，そのための一助となれば幸いである。

目次

健康住宅の推進……2

健康に暮らす住まい……6

第1章 健康に暮らす住まいと設計ガイドマップ……11

1. 「健康に暮らす住まい」とは……12
2. 設計ガイドマップとは……13
3. 本書の構成と使い方……16
4. 健康に暮らす住まい—関連ツール・書籍……18

健康に暮らす住まい 設計ガイドマップ……19

第2章 10の部位・要素の基礎……33

- ⓐ 空間の計画の基礎……34
- ⓑ 屋根・屋上・壁・天井の基礎……35
- ⓒ 床・段差・階段・廊下の基礎……37
- ⓓ 開口・建具の基礎……38
- ⓔ 冷暖房・換気の基礎……40
- ⓕ 給排水・給湯・衛生機器の基礎……42
- ⓖ 情報・照明・その他の基礎……44
- ⓗ 家具・家電・調理機器の基礎……45
- ⓘ 外構の基礎……46
- ⓙ 集合住宅共用部の基礎……47

第3章　9つのキーワードと健康に暮らす住まいのポイント……49
　　　Ⅰ. 予防・安全……50
　　　Ⅱ. 静養・睡眠……94
　　　Ⅲ. 入浴・排泄・身だしなみ……134
　　　Ⅳ. コミュニケーション・交流……150
　　　Ⅴ. 家事……172
　　　Ⅵ. 育児期対応……200
　　　Ⅶ. 高齢期対応……226
　　　Ⅷ. 自己表現……262
　　　Ⅸ. 運動・美容……280

附章　**健康に暮らす住まい　ワンポイントアドバイス**……293

第1章
健康に暮らす住まいと設計ガイドマップ

健康と住まいは密接に結びついているが，
求められる健康像は居住者のライフスタイルやライフステージによって大きく異なる。
多様な居住者の健康ニーズを満たす住まいには，
横断的かつ総合的な視点が不可欠である。
健康に関するニーズを9つのキーワードに分け，
住宅を構成する10の部位・要素ごとに，求められるポイントを整理した。
本章では，この「設計ガイドマップ」の構成と使い方について解説する。

1. 「健康に暮らす住まい」とは

●健康意識の高まりと住まい

　各所でQOL (Quality of Life) の向上が議論されている。生活の目標として、量的な充足だけでなく、質的な充実を果たしていこうという考え方である。そのような観点から、いろいろな分野で「健康な暮らし」が取り上げられ、人々の健康への意識も高まってきた。

　「健康な暮らし」を考えるとき、食べ物、運動など個人の日常生活の改善に注目が集まるが、「住まい」は人間が長時間過ごす環境を形成し、日常生活をサポートする役割を果たす。健康と住まいとは、密接に結びついているといえよう。事実、月別・場所別の死亡数を見てみると、自宅で心疾患、溺死・溺水をする人の割合は小さくない。しかも、冬季の死亡数が夏季に比べ多くなっている (図1-1)。断熱が不十分で、入浴時などに室間の温度差によって、体に負担がかかったことに起因すると考えられる。健康に暮らすことに対する、住まいの影響の大きさが見て取れる。

　住宅は、戦後の量的充足から質的向上の時代に入っている。省エネ・省資源、情報化とともに、健康面での質的向上が求められている。居住者の健康を害する要因を極力減らしていく「健康影響低減」の視点、そして肉体や精神の健康に関してより活性度の高い状態を実現するための「健康増進」の視点、それらをあわせ持つ住まいが、「健康に暮らす住まい」である。

●多様な健康観と個別の健康状態

　そもそも負荷・負担が少なければ、より健康に配慮した住まいといえるのだろうか。健康な暮らしのためには適度な負荷が不可欠だと、医学やスポーツ科学の見地から指摘されている。体をまったく動かさないとなれば、不健康につながる。適度な身体活動は健康の維持に不可欠である。しかし、その身体活動も過度な負荷・負担となると、健康の阻害要因になってしまう。この適度か過度かという判断は、その人の体力やライフステージによって異なってくる。若年層がトレーニングを通じてアクティブに健康を増進しようという考え方もあれば、高齢者がゆったり休息をして安寧に健康を維持する考え方もあるだろう。住まいにおける健康を考えるにあたっては、居住者の個々の状況によって求められる健康像が大きく異なるということに留意しなければならない。

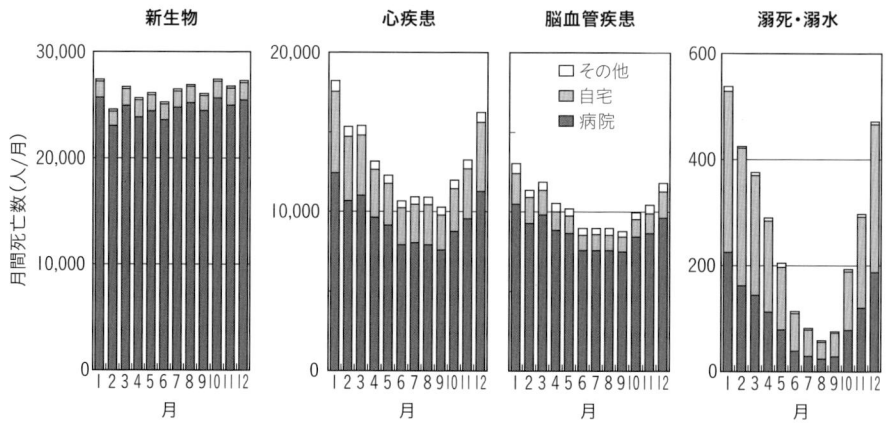

図1-1　月別死亡数(場所別)(平成15〜18年の平均)

※濱田直浩ほか：人口動態統計を用いた疾病発生に関する研究　その5
月平均気温・住宅の地域性が疾病発生・入浴死に与える影響の分析，空気調和・衛生工学会大会学術講演論文集，2012年

2. 設計ガイドマップとは

● 9つのキーワードと10の部位・要素

　住まいにおける健康を維持したり増進したりするための技術や手法，アイディアは数多く存在するが，それらの情報は断片化しているのが実状である。また，健康を阻害する要因は多岐にわたる。一つのことに配慮しても，別の事項が無配慮であることによって健康を害することにつながってしまうため，バランスよく考えていく必要がある。すなわち，居住者の健康ニーズを満たす住まいには，横断的かつ総合的な視点が不可欠である。

　そこで，住まいにおける健康維持増進の要因と関連する部位についての全貌を概観し，設計者や居住者の健康に暮らす住まいへの理解を深めることを目的としてリストアップ・分類を行ったのが，「健康に暮らす住まい－設計ガイドマップ」である。健康影響低減と健康増進に関わるニーズを9つのキーワードに分け，各々のニーズを満たすためのポイントを，住宅を構成する10の部位・要素ごとに一覧表として整理している。9つのキーワードのうち，「育児期対応」「高齢期対応」はライフステージに応じたキーワードであり，「自己表現」「運動・美容」はライフスタイルに応じたキーワードとなっている。

〈9つのキーワード〉

- Ⅰ．予防・安全：家の中でケガや病気を予防して，安心して暮らす
- Ⅱ．静養・睡眠：適切な室内環境を確保して，家でゆっくり休息をとる
- Ⅲ．入浴・排泄・身だしなみ：清潔な水回りで身だしなみを整え，きちんとした生活を送る
- Ⅳ．コミュニケーション・交流：家族や仲間とコミュニケーションをとり，楽しく生活する
- Ⅴ．家事：衛生に配慮しながら，無理なく家事を行う

　ライフステージに応じたものとして

- Ⅵ．育児期対応：子どもの成長に応じた環境を用意して，安心して子育てを行う
- Ⅶ．高齢期対応：高齢になっても身体機能を長く維持する・介護負担を軽減する

　ライフスタイルに応じたものとして

- Ⅷ．自己表現：より豊かな生活のために，それぞれの暮らしをアレンジする
- Ⅸ．運動・美容：適度に体を動かし，心の張りをもち，心と体を健やかに保つ

〈10の部位・要素〉

- ⓐ 空間の計画
- ⓑ 屋根・屋上・壁・天井
- ⓒ 床・段差・階段・廊下
- ⓓ 開口・建具
- ⓔ 冷暖房・換気
- ⓕ 給排水・給湯・衛生機器
- ⓖ 情報・照明・その他
- ⓗ 家具・家電・調理機器
- ⓘ 外構
- ⓙ 集合住宅共用部

● 3つのレベル―基本・推奨・選択

　住まいにおける健康維持増進に関しては，自らが積極的に選択して行動する場面がある一方で，受け入れざるを得ないのでできるだけ配慮しておくという事項もある。すなわち，住まいにおいて「健康」を実現（維持・増進）するための技術や計画は，段階に分けて捉えなければならない。そこで，住まいに関わる健康配慮事項を「基本」「推奨」「選択」の3つのレベルに分けて考えていくこととする（**図I-2**）。

　「**基本**」とは，健康な住まいとして基本的に満たすべき事項であり，生活していく上で誰にでも必要なことである。これが損なわれると，直接健康を害することにつながりうる。食事や食物になぞらえれば，「有害ではない」というレベルを指す。

　次に「**推奨**」とは，多くの人々の健康維持増進に役立つと推奨される事項である。これを無視してもすぐに健康を害することはないが，長期的に見ると健康に大きな影響を与えることが心配される。食に即していえば，「バランスよく一日に30品目をとる」レベルのことである。

　さらに「**選択**」とは，居住者の要求や希望によって自由に選択をしてもらい，個別の健康維持増進に役立てていく技術や要素である。食事では，「美容のためにサプリメントを飲む」といった類のものになる。

　「選択」のレベルでは，個々人の健康観に基づいた選択がなされた結果，「推奨」されることと相反するケースも起こりうる。たとえば，選択事項として「くつろぎを演出する暖房器具（暖炉や薪ストーブなど）」をあげているが，これは推奨事項である「機器が高温を発しない，または高温部に触れるおそれのない暖房機器」と相反する。精神的な安らぎのために，これらの暖房機器を選択することはありうる，という考え方である。また，同一の人物に対して，壮年期ではそれほど気にしなくてもよい事項が，高齢期には慎重に配慮すべき事項になることもある。すなわち「選択」のレベルは，個々人の健康状況や価値観によって，幅広く捉えられるものである。

　この「基本」「推奨」「選択」の3段階に分けて考えるのが，健康に暮らす住まいの基本概念といえる。「基本」をきちんと守った上で，「推奨」されるレベルの健康配慮を行い，さらに居住者のライフスタイルやライフステージと照らし合わせて「選択」を行っていく，という流れとなる。

　以上の考え方をまとめたものが，**図I-3**の設計ガイドマップの基本構成となる。

● リストアップとレベル分け

　本書では，健康維持増進住宅研究委員会での研究成果をもとに，約460項目に及ぶ健康維持増進に関わる住宅のニーズとポイントをリストアップした。

図I-2　基本・推奨・選択

基本	健康を損なわないために守るべき必須のレベル
推奨	健康の維持・増進のために望ましいレベル
選択	ライフスタイルや身体状況に応じて選択するレベル

図I-4　「健康維持増進住宅アイディアコンペ」案内

「墜落・転落といった落下型の事故が起きない」「適切な室内環境である」といった健康に暮らすためのニーズは，健康維持増進住宅研究委員会での検討，居住者へのアンケート調査，健康維持増進住宅についてのアイディアコンペ（図I-4）での提案の分析，有識者へのヒアリングなどから導き出されたものである。

健康に暮らす住まいのポイントは，健康被害を低減するものだけでなく，健康増進につながると想定されるものも取り上げている。また，WHO（世界保健機構）による健康概念－「健康とは身体的・精神的・社会的に完全に良好な状態であり，単に病気あるいは虚弱でないことではない」に基づき，身体的な健康につながるものだけでなく，精神的な健康につながるものも対象としている。リストアップの範囲は建築と住宅設備を中心として，環境に影響を及ぼすような家具ユニットや家電，さらに庭・外構など，住まいに関わる幅広いものとしている。集合住宅では共用廊下やエレベータホールなどの共用部があるので，それらも含めて取り扱っている。

一方，非日常的な自然災害への対処や環境負荷低減・省エネルギー，建物の耐久性に関わる配慮事項は，住宅を考える上で重要なポイントであるが，直接健康に関わらないものは対象から外している。また，敷地外や近隣に関わる項目についても，居住者が直接配慮したり，改善したりすることができないため，ここでは対象外としている。

レベル分けについて，「基本」「推奨」に該当するポイントは，多くの人々の健康維持増進に役立つことであり，エビデンス（裏付け）があるか，広く合意が可能なものとしている。逆に，エビデンスがあっても特定のユーザーや特殊な状況下でしか健康増進につながらないものや，その技術が十分に普及していないなど，現時点では広く合意が得られないものについては「選択」のレベルとしている。今後の普

図I-3　設計ガイドマップの基本構成

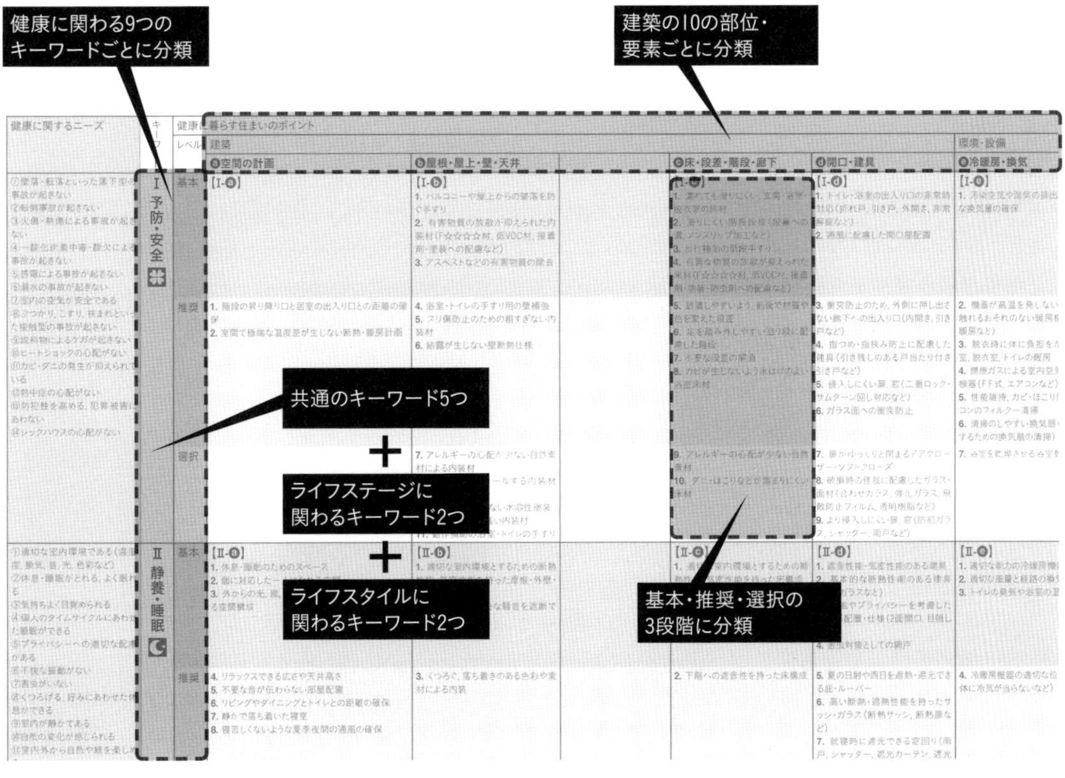

及状況によって，レベルは変わりうるものである。「推奨」のレベルにあっては，現在の健康維持増進に役立つことに加えて，将来の身体状況の変化に備えることも含めている。

●ニーズとポイントの位置づけ

健康な住まいを考えるにあたっては，居住者の個別性を十分考慮する必要がある。居住者の好みやライフスタイル，ライフステージなどによって，大きく健康観が変わる。まず，居住者がどのような健康状態にあり，またどのような健康状態を目指したいのかを把握するところから始めなければならない。そして，それを受けて専門家である設計者が適切に情報を提供して，初めて個別の健康に対応した住まいが実現する。

医療の世界では，インフォームド・コンセントやインフォームド・チョイスという言葉が用いられる。患者に十分な情報を提供し，病気や治療に関わるリスクについての理解を求め，同意を得た上で，治療方法を選択し，加療するというものである。この健康に暮らす住まいのニーズとポイントは，医療同様，居住者に十分な情報を提供し，インフォームド・チョイスを行う助けとなることを意図している。住まい作りのフェイズで，居住者と専門家が十分なコミュニケーションを図るためのツールといえよう。

健康に暮らす住まいとは，わかりやすい一つのモデルが提示されるようなものではない。医師が処方箋を書くように，個別性を考慮して，居住者に丁寧に対応していくスタンスにこそ，健康に暮らす住まいの本質はある。したがって，ここで示された設計ガイドマップは，適用されたポイントをカウントして，その数がいくつあるかと評価・認証をするための評価ツールではない。あくまで建築・住宅の専門家が，住まいと健康について理解し，個別の居住者の健康維持増進をサポートする住まいのためのガイドである。適用されたポイントがいくつあるかを競うのではなく，バランスよく，また居住者にあわせてポイントを適用していくことが大切である。

3. 本書の構成と使い方

●本書の構成

設計ガイドマップは全体を俯瞰することが目的であるため，表中のニーズやポイントについては最小限の記述としている。第3章では各ニーズやポイントを具体的に解説し，説明を補足する内容となっている。

第1章　健康に暮らす住まいと設計ガイドマップ（本章）
　　健康に暮らす住まいの概念，設計ガイドマップおよび表中の各項目の位置づけについて解説している。

第2章　10の部位・要素の基礎
　　住宅の各部位や構成要素について，基礎知識として知っておくべき点について解説している。ここを読むことで，住まいの基礎を理解することができる。

第3章　9つのキーワードと健康に暮らす住まいのポイント
　　9つのキーワードごとに，健康ニーズを満たすための住まいのポイントを，10の部位・要素について3つのレベルに分け，横断的に解説している。

附　章　健康に暮らす住まい　ワンポイントアドバイス
　　住宅の平面図上に第3章の主だったポイントを記載し，計画にあたっての実際的なアドバイスを行っている。

●第3章の使い方

　本書のメインとなる第3章は，事典のように住まいにおける健康に関わるポイントをキーワードごとに列記している。その使用方法として，以下の3パターンが想定される（**図I-5**）。

①健康に関わるキーワードに応じて，横方向に表を読み進めていく。各部位で配慮すべきポイントが横断的に確認できる。例えば，高齢期の居住者の住まいであれば，「高齢期対応」の欄を横に見ていくことで，高齢期の住まいとして配慮すべきポイントが各部位・要素ごとに示される。キーワードをベースとして，居住者と設計者・施工者のコミュニケーション・ツールとしての役割を果たす。

②住宅を構成する部位・要素ごとに，縦方向に表を読み進めていく。各部位で設計・計画上配慮すべきポイントが示される。例えば，「床・段差・階段・廊下」の欄を縦に見ていくことで，健康に暮らす住まいのために，床・段差・階段・廊下で配慮すべき事項を理解することができる。設計者・施工者の設計・施工のチェックツールとしての役割を果たす。

③健康ニーズと対象部位が明確な場合は，事典のように縦軸と横軸の交点にあるポイントを見る。健康ニーズを満たすための，当該部位での配慮・検討ポイントが確認できる。

　第3章の基本構成は使い方パターン①にしたがっているが，表の各ポイントには番地が付されているので，該当するポイントの解説をたどることで，②や③のパターンにも容易に対応可能である。すなわち，健康に暮らす住まいのポイントを網羅するための読み物として，また特定の項目について調べる事典として使うことができる。

図I-5　設計ガイドマップの使い方と本書の構成

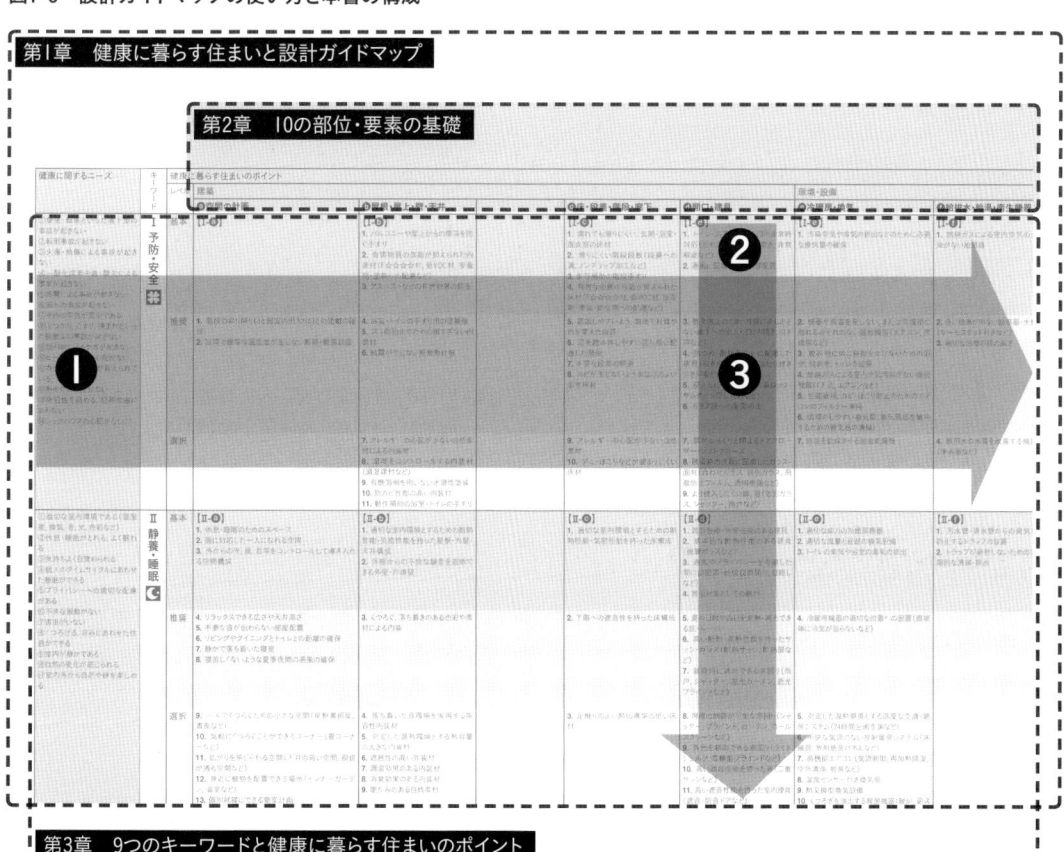

4. 健康に暮らす住まい──関連ツール・書籍

　健康維持増進住宅研究委員会　設計ガイドライン部会の研究成果は，本書に掲げた設計ガイドマップに集約されている。本書は，設計ガイドマップ中のニーズとポイントを，設計者・施工者・供給者，建材・住宅設備の専門家などに向けて解説するものであり，建築の基礎知識があることを前提とした内容となっている。本書以外にも対象や目的に合わせ，下記の関連書籍・ツールがある（図I-6）。

● **CASBEE 健康チェックリスト**：居住者が住まいの健康影響を自己診断するためのツール。50の質問に回答することで，住まいの健康性の総合スコアがわかり，全国6,000軒の調査結果と比較することもできる。現在の居住環境が健康に与える影響に意識を向けることで，住まい方の改善や新築・改修時の計画立案に活かすことができる。以下のURLにて公開されている。
　http://www.ibec.or.jp/CASBEE/casbee_health/index_health.htm

● **「健康に暮らす住まい　9つのキーワード─健康維持増進住宅ガイドブック」**：居住者に向けた健康維持増進住宅の解説書。部屋別構成になっており，各部屋で気をつけるべき点についてイラストとともに解説されている。専門家向けである本書の姉妹編という位置づけとなる。財団法人建築環境・省エネルギー機構（IBEC）※より発行・販売されている。

● **すまいの健康度をアップする　健康維持増進住宅─事例集**：さまざまな観点から，健康に配慮した住宅の事例集。

● **健康に暮らすための住まいと住まい方エビデンス集**：住まいと健康に関する科学的・医学的根拠の解説書。

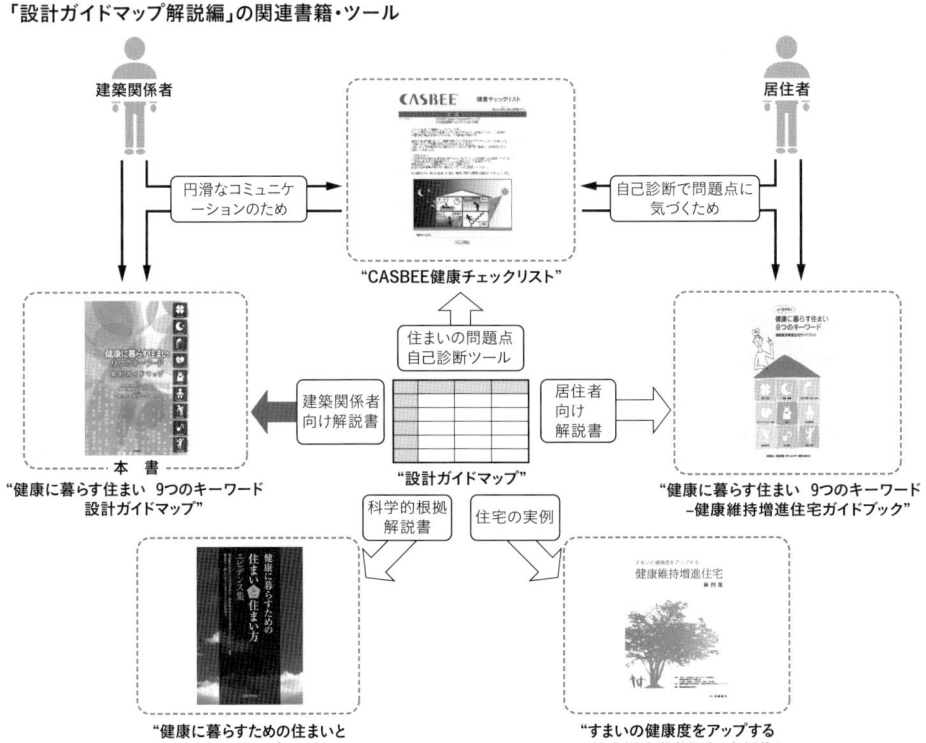

図I-6　「設計ガイドマップ解説編」の関連書籍・ツール

※問合せ先：東京都千代田区麹町3-5-1 全共連ビル麹町館　TEL03-3222-6690（住宅研究部）　FAX03-3222-6696

健康に暮らす住まい 設計ガイドマップ

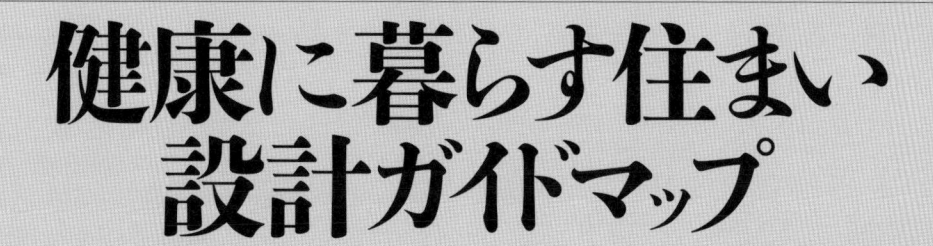

- ◉環境負荷低減，地球環境配慮に関しては，このマップでは触れていません。
- ◉防災（地震，火災，風水害等）への配慮・建物の耐久性の向上に関しては，このマップでは触れていません。

健康に関するニーズ	キーワード	健康に暮らす住まいのポイント		
		レベル	建築	
			ⓐ空間の計画	ⓑ屋根・屋上・壁・天井
①墜落・転落といった落下型の事故が起きない ②転倒事故が起きない ③火傷・熱傷による事故が起きない ④一酸化炭素中毒・酸欠による事故が起きない ⑤感電による事故が起きない ⑥溺水の事故が起きない ⑦室内の空気が安全である ⑧ぶつかり,こすり,挟まれといった接触型の事故が起きない ⑨鋭利物によるケガが起きない ⑩ヒートショックの心配がない ⑪カビ・ダニの発生が抑えられている ⑫熱中症の心配がない ⑬防犯性を高める,犯罪被害にあわない ⑭シックハウスの心配がない	Ⅰ 予防・安全 ✿	基本	【Ⅰ-ⓐ】	【Ⅰ-ⓑ】 1. バルコニーや屋上からの墜落を防ぐ手すり 2. 有害物質の放散が抑えられた内装材(F☆☆☆☆材,低VOC材,接着剤・塗装への配慮など) 3. アスベストなどの有害物質の除去
		推奨	1. 階段の昇り降り口と居室の出入り口との距離の確保 2. 室間で極端な温度差が生じない断熱・暖房計画	4. 浴室・トイレの手すり用の壁補強 5. 擦り傷防止のための粗すぎない内装材 6. 結露が生じない壁断熱仕様
		選択		7. アレルギーの心配が少ない自然素材による内装材 8. 湿度をコントロールする内装材(調湿建材など) 9. 有機溶剤を用いない水溶性塗装 10. 防カビ性能の高い内装材 11. 動作補助の浴室・トイレの手すり
①適切な室内環境である(温湿度,換気,音,光,色彩など) ②休息・睡眠がとれる,よく眠れる ③気持ちよく目覚められる ④個人のタイムサイクルに合わせた睡眠ができる ⑤プライバシーへの適切な配慮がある ⑥不快な振動がない ⑦害虫がいない ⑧くつろげる,好みに合わせた休息ができる ⑨室内が静かである ⑩自然の変化が感じられる ⑪室内外から自然や緑を楽しめる	Ⅱ 静養・睡眠 C	基本	【Ⅱ-ⓐ】 1. 休息・睡眠のためのスペース 2. 個に対応した一人になれる空間 3. 外からの光,風,音などをコントロールして導き入れる空間構成	【Ⅱ-ⓑ】 1. 適切な室内環境とするための断熱性能・気密性能をもった屋根・外壁・天井構成 2. 外部からの不快な騒音を遮断できる外壁・戸境壁
		推奨	4. リラックスできる広さや天井高さ 5. 不要な音が伝わらない部屋配置 6. リビングやダイニングとトイレとの距離の確保 7. 静かで落ち着いた寝室 8. 寝苦しくないような夏季夜間の通風の確保	3. くつろぐ,落ち着きのある色彩や素材による内装
		選択	9. 一人でくつろぐための小さな空間(屋根裏部屋,書斎など) 10. 気軽にくつろぐことができるコーナー(畳コーナーなど) 11. 拡がりを感じられる空間(天井の高い空間,視線が通る空間など) 12. 身近に植物を配置できる場所(インナーガーデン,温室など) 13. 個別就寝にできる寝室計画 14. 環境調整装置としての縁側	4. 落ち着いた音環境を実現する吸音性能をもった内装材 5. 安定した温熱環境とする熱容量の大きな内装材 6. 遮熱性能の高い外装材 7. 調湿効果のある内装材 8. 消臭効果のある内装材 9. 暖かみのある自然素材

			環境・設備				外部	
c 床・段差・階段・廊下	**d 開口・建具**	**e 冷暖房・換気**	**f 給排水・給湯・衛生機器**	**g 情報・照明・その他**	**h 家具・家電・調理機器**	**i 外構**	**j 集合住宅共用部**
【I-c】 1. ぬれても滑りにくい、玄関・浴室・脱衣室の床材 2. 滑りにくい階段段板（段鼻への溝、ノンスリップ加工など） 3. 歩行補助の階段手すり 4. 有害な物質の放散が抑えられた床材（F☆☆☆☆材、低VOC材、接着剤・塗装・防虫剤への配慮など）	**【I-d】** 1. トイレ・浴室の出入り口の非常時対応（折れ戸、引き戸、外開き、非常解錠など） 2. 通風に配慮した開口部配置	**【I-e】** 1. 汚染空気や湿気の排出などのために必要な換気量の確保	**【I-f】** 1. 燃焼ガスによる室内空気の汚染がない給湯器	**【I-g】** 1. 危険を知らせる警報機の設置（火災・ガス・一酸化炭素など） 2. 事故防止を目的とした照度の確保	**【I-h】** 1. 古い蛍光灯の廃棄時のPCBへの配慮	**【I-i】** 1. 滑りにくく、つまずきにくいアプローチ空間の舗装 2. 足もとを照らすアプローチ空間の照明 3. 汚染されていない土壌	**【I-j】** 1. 共用廊下や屋上からの墜落を防ぐ手すり 2. 滑りにくい床材
5. 認識しやすいよう、前後で材質や色を変えた段差 6. 足を踏み外しやすい回り段に配慮した階段 7. 不要な段差の解消 8. カビが生じないよう水はけのよい浴室床材	3. 衝突防止のため、外側に押し出さない廊下への出入り口（内開き、引き戸など） 4. 指つめ・指挟み防止に配慮した建具（引き残しのある戸当たり付き引き戸など） 5. 侵入しにくい扉、窓（二重ロック・サムターン回し対応など） 6. ガラス面への衝突防止	2. 機器が高温を発しない、または高温部に触れるおそれのない暖房機器（エアコン、床暖房など） 3. 脱衣時に体に負担をかけないための浴室、脱衣室、トイレの暖房 4. 燃焼ガスによる室内空気汚染がない暖房機器（FF式、エアコンなど） 5. 性能維持、カビ・ホコリ防止のためのエアコンのフィルター清掃 6. 清掃のしやすい換気扇（換気風量を維持するための換気扇の清掃）	2. 急に熱湯が出ない給湯器・水栓（サーモスタット付きなど） 3. 適切な浴槽の縁の高さ	3. 階段・廊下・段差の足もと照明 4. 浴室での非常を知らせる緊急通報装置	2. 温度管理、昇温防止、立ち消え防止等の安全対策がなされた調理器具 3. 接着剤などからの有害な物質の放散が抑えられた家具（低VOC家具）	4. 死角を生まないフェンス形状・配置・生け垣 5. 侵入の足がかりとなるものの設置への配慮 6. じめじめとしないための水はけの確保（水勾配の工夫、集水枡の設置など） 7. ヒールがはまらない目の細かい溝蓋	3. 駐車場や車路と分離された歩行者通路 4. 死角を生まない共用空間
9. アレルギーの心配が少ない自然素材 10. ダニ・ホコリなどが溜まりにくい床材	7. 扉がゆっくりと閉まるドアクローザー、ソフトクローズ 8. 破損時のケガに配慮したガラス・面材（合わせガラス、強化ガラス、飛散防止フィルム、透明樹脂など） 9. より侵入しにくい扉、窓（防犯ガラス・シャッター・雨戸など）	7. 浴室を乾燥させる浴室乾燥機	4. 飲用水の水質を改善する機器（浄水器など）	5. 感電を防止する感電防止コンセント 6. 訪問者をチェックできる設備（カメラ付きインターホンなど）	4. 望ましい空気の状態を維持する家電（空気清浄器、加湿器、除湿器、排気クリーン掃除機など）	8. アプローチ空間への人感センサーライト 9. 侵入防止のための防犯設備（フラッシュライト、カメラなど） 10. 歩くと音の出る砂利敷き	
【II-c】 1. 適切な室内環境とするための断熱性能・気密性能をもった床構成	**【II-d】** 1. 遮音性能・気密性能のある建具 2. 基本的な断熱性能のある建具（複層ガラスなど） 3. 通風やプライバシーを考慮した開口部配置・仕様（2面開口、目隠しなど） 4. 害虫対策としての網戸	**【II-e】** 1. 適切な能力の冷暖房機器 2. 適切な風量と経路の換気設備 3. トイレの臭気や浴室の湿気の排出	**【II-f】** 1. 汚水管・排水管からの臭気を防止するトラップの設置 2. トラップが破封しないための定期的な清掃・排水	**【II-g】**	**【II-h】**	**【II-i】**	**【II-j】** 1. 共用空間と住戸との間の遮音性能の確保（廊下、EVなど）
2. 下階への遮音性能をもった床構成	5. 夏の日射や西日を遮熱・遮光できる庇・ルーバー 6. 高い断熱・遮熱性能をもったサッシ・ガラス（断熱サッシ、断熱扉など） 7. 就寝時に遮光できる窓回り（雨戸、シャッター、遮光カーテン、遮光ブラインドなど）	4. 冷暖房機器の適切な位置への設置（直接体に冷気が当たらないなど）		1. 用途や機能に応じた照度・照明光色・器具配置		1. 照り返しの少ない舗装材（芝生、ウッドデッキなど） 2. プライバシー（目隠し）を考慮した塀やフェンス、生け垣、植栽 3. 室内環境への影響（風通し、日射遮蔽）を考慮した植栽	
3. 足触りのよい熱伝導率の低い床材	8. 視線の制御が可能な窓回り（シャッター、ブラインド、カーテン、ロールスクリーンなど） 9. 外光を制御できる窓回り（ライトシェルフ、高機能ブラインドなど） 10. 高い遮音性能をもった窓（二重サッシなど） 11. 高い遮音性能をもった室内建具（遮音・防音ドアなど）	5. 安定した温熱環境とする高度な空調・暖房システム（24時間全館空調など） 6. 不快な気流のない放射暖房システム（床暖房、放射暖房パネルなど） 7. 高機能エアコン（気流制御、再加熱除湿、空気清浄、脱臭など） 8. 湿度センサー付き換気扇 9. 熱交換型換気設備 10. くつろぎを演出する暖房機器（暖炉、薪ストーブ、ペレットストーブなど）		2. 好みに応じて調光可能な照明設備 3. 落ち着いた光環境を作り出す間接照明 4. 睡眠時の光や音をスケジュール管理する寝室環境制御システム 5. サーカディアンリズムを考慮した照明制御システム	1. 望ましい空気の状態を維持する家電（空気清浄器、加湿器、除湿器、排気クリーン掃除機など）	4. 目や耳を楽しませる庭（花木、果樹、池など） 5. 屋外でリラックスできる場所（オープンバルコニー・テラスなど）	

健康に関するニーズ	キーワード	レベル	健康に暮らす住まいのポイント					
			建築				環境・設備	
			ⓐ空間の計画	ⓑ屋根・屋上・壁・天井	ⓒ床・段差・階段・廊下	ⓓ開口・建具	ⓔ冷暖房・換気	ⓕ給排水・給湯・衛生機器
①清潔に入浴・排泄を行える ②日常的に身だしなみを整えることができる ③各自が望んだときに水回りが使える ④入浴時にリラックスすることができる	Ⅲ 入浴・排泄・身だしなみ	基本	【Ⅲ-ⓐ】 1. 入浴・排泄・洗面に関わる空間(浴室,トイレ,洗面など) 2. 基本動作に対応したスペース	【Ⅲ-ⓑ】	【Ⅲ-ⓒ】	【Ⅲ-ⓓ】 1. プライバシーに配慮した浴室・トイレ・脱衣室の開口部	【Ⅲ-ⓔ】 1. 浴室,トイレの換気設備,窓	【Ⅲ-ⓕ】 1. 人数,用途に応じた給湯能力の給湯器
		推奨	3. 洗面空間の十分な収納 4. 寝室近くへのトイレの配置 5. 化粧など身だしなみを整えるための場所 6. 寒すぎない浴室・脱衣室・トイレ		1. 汚れにくい浴室床材			2. ゆったりと入れる大きさの浴槽 3. 局部を清潔に保つ(痔・炎症予防)ための洗浄設備(温水洗浄便座など)
		選択	7. リラックスできる浴室(内装,景色など) 8. 余裕のある洗面空間(座っての化粧,二人同時に洗面など) 9. ゆったりとした脱衣空間(入浴前の軽運動,入浴後のリラックスなど) 10. リラクゼーション空間としてのトイレ 11. 日当たりのよい水回り空間	1. 消臭効果があるトイレの内装材	2. 素足で触れた時に冷たくない浴室の床材			4. 入浴効果を高める高機能浴槽・シャワー(半身浴,ジェット浴槽,多機能シャワー,ミストサウナなど) 5. 高機能の洗面台(シャワー水栓,ツーボウルなど) 6. 快適性を高めた高機能便座(暖房便座など) 7. 汚れ物洗いのための洗濯・掃除用流し
①家族,外部,近隣との適切なコミュニケーションを確保する ②楽しく食事ができる ③団らんできる ④他の人の気配が感じられる,適度の距離感を確保できる ⑤コミュニケーション・交流を演出することができる	Ⅳ コミュニケーション・交流	基本	【Ⅳ-ⓐ】 1. 顔を合わせる場,会話をするスペース	【Ⅳ-ⓑ】	【Ⅳ-ⓒ】	【Ⅳ-ⓓ】	【Ⅳ-ⓔ】	【Ⅳ-ⓕ】
		推奨	2. 皆で一緒に食事をとるスペース 3. 皆が滞在できるリビング 4. コミュニケーションのためのスペースと近接した日常動線 5. 個人間で適切な距離感が確保された部屋構成 6. 家への出入りの気配や様子がわかる玄関回り 7. 来訪者と対応するための玄関先のスペース 8. 外部の人を招くための場所(客間,ゲストルームなど)			1. 外部の様子が伝わるよう,状況に合わせて視線や音を制御できる開口部 2. 室間で気配が伝わるような室内建具		
		選択	9. 多人数集まっても圧迫感のない空間(吹抜け・スキップフロア・高天井など) 10. それぞれが居場所を見つけられる領域分け(小上がり,畳コーナーなど) 11. 皆で共用する空間(プレイルーム・ワークスペースなど) 12. 選択性のある動線(回遊動線など) 13. リビングを日常的に通る動線計画(ホール型リビング・リビング内階段など) 14. お互いの気配が伝わる空間のつながり(ワンルーム化,欄間など) 15. 大勢で調理できるキッチン配置(アイランド型キッチンなど) 16. 声や音が漏れない小部屋 17. 来客のための部屋(応接室・宿泊室など) 18. 大勢の来客に対応できるしつらえ(続き間など) 19. 近隣の人が気軽に立ち寄れる場所(土間・縁側など)	1. 屋外空間としての屋根面の活用(屋上緑化など)			1. 皆で囲むことができる暖房器具(暖炉,薪ストーブなど)	1. 家族で入れる大型浴槽

		外部	
ⓖ情報・照明・その他	**ⓗ家具・家電・調理機器**	**ⓘ外構**	**ⓙ集合住宅共用部**
【Ⅲ-ⓖ】 1. 細部が見えやすい洗面所の照度・器具配置 2. 浴室でリラックスするための設備（TV, スピーカーなど） 3. 化粧しやすい光の状態（影, 色温度など）	【Ⅲ-ⓗ】	【Ⅲ-ⓘ】 1. 浴室から眺める景色（坪庭など） 2. 浴室から屋外に出て涼める空間	【Ⅲ-ⓙ】
【Ⅳ-ⓖ】 1. 食事や団らんなど行為に合わせた配灯・照明光色 2. 外部と情報をやりとりするための設備（電話, テレビ, インターネットなど） 3. 生活シーンに合わせて調光できる照明装置 4. 屋外空間活用のための屋外用コンセント	【Ⅳ-ⓗ】 1. 家族全員で囲める食卓 2. 団らんのための家具（ソファー, スツール, 掘りこたつなど）	【Ⅳ-ⓘ】 1. 通りに対して気配が伝わる塀や生け垣 2. 大勢で集まることのできる屋外空間(中庭, アウトドアリビング, ウッドデッキテラス, バーベキュースペースなど) 3. 近隣とのコミュニケーションのきっかけとしての屋外空間（花壇, 花木など）	【Ⅳ-ⓙ】 1. 日常的に利用できるコミュニケーションスペース 2. 交流のための集会室

健康に関するニーズ	キーワード	健康に暮らす住まいのポイント		
		レベル	建築	
			❶空間の計画	❷屋根・屋上・壁・天井
①衛生的に家事が行える ②家事による事故の危険性が少ない ③楽な姿勢で家事ができる ④効率よく家事ができる，家事の発生要因を低減できる ⑤皆で協力して家事ができる ⑥楽しく家事ができる ⑦自動化機器によって家事を省力化できる	Ⅴ 家事	基本	【Ⅴ-❶】 1. 家事のための基本スペース 2. ゴミを衛生的に管理できるゴミ置き場	【Ⅴ-❷】
		推奨	3. 家事動線の短縮（水回りの集中化，効率的な収納配置など） 4. 十分な収納スペース（押入れ，納戸，クローゼットなど） 5. 食事を作る人が孤立しないキッチン配置 6. 安全なゴミ出し動線，洗濯物干し動線，布団干し動線	1. 汚れにくい外装材 2. 汚れにくく，清掃が容易な内装材
		選択	7. 専用の家事室や家事コーナー・ユーティリティ 8. 家事のための勝手口 9. 洗濯物や布団を日光に当てられる場所（サンルームなど） 10. 雨天・夜間時の物干し場 11. 食材・飲料を保管するパントリー	3. 掃除しやすいキッチンパネル 4. 抗菌・防カビに優れた水回りの内装材
①子どもが家庭内事故に遭う心配がない ②子どもの人数・成長にあわせて，生活を組み立てられる ③育児の負担を減らすことができる ④子どもの様子を把握しやすい ⑤食育のための場所や機会がある ⑥子どもが習い事やスポーツなどに打ち込める ⑦子どもの友達が遊びに来ることができる ⑧子育てサポートが受け入れやすい	ライフステージに応じて Ⅵ 育児期対応 （育児が想定される場合）	基本	【Ⅵ-❶】 1. 世帯構成やライフステージの変化に対応できる部屋やスペース（成長に応じて個室を確保など）	【Ⅵ-❷】 1. 隙間から子どもが落ちないバルコニーや屋上の手すり（縦桟・パネル状など）
		推奨	2. 子どもを見守ることができるキッチン配置 3. ベビーカー・遊び道具の収納場所 4. 子どもに危険なものの収納スペース（洗剤，裁縫道具など） 5. 調理の様子が見え，においが感じられ，子どもが手伝えるキッチン回り	2. バルコニーや屋上において，足がかりとならない設備機器配置（空調室外機など） 3. 汚れにくく，掃除しやすい内装材 4. 壁からの突起物への配慮（フック・レバーハンドルなど）
		選択	6. 子どもが自由に使え，安心して遊べる空間（プレイルームなど） 7. 習い事などのためのスペース（ピアノ，生物飼育など） 8. 子どもが楽しめる変化に富んだ空間（大階段，デンなど） 9. 育児サービス用動線の確保（効率のよい動線，サービスを受けない空間のプライバシーへの配慮など）	5. 自由に落書きができる内装材 6. 消臭効果のある内装材

		環境・設備					外部	
ⓒ床・段差・階段・廊下	ⓓ開口・建具	ⓔ冷暖房・換気	ⓕ給排水・給湯・衛生機器	ⓖ情報・照明・その他	ⓗ家具・家電・調理機器	ⓘ外構	ⓙ集合住宅共用部
【V-ⓒ】	【V-ⓓ】	【V-ⓔ】 1. 調理場所の換気・通風	【V-ⓕ】	【V-ⓖ】 1. 作業に応じた照度の確保	【V-ⓗ】	【V-ⓘ】	【V-ⓙ】
1. 汚れにくく, 清掃が容易な床材 2. 清掃が容易な浴室床材		2. 掃除のしやすい換気扇	1. 汚れにくく, 清掃が容易な便器・排水口 2. 作業のしやすい水栓(シングルレバー水栓など)	2. 余裕のあるコンセント配置 3. 作業時の手もとに影が生じないような照明器具の配灯計画	1. 身体寸法に合わせたキッチンカウンター高さ 2. 身体寸法に合わせた収納構成	1. 安全な洗濯物干し・布団干しスペース 2. 出しやすく, 衛生的なゴミ置き場	1. 出しやすく, 衛生的なゴミ置き場
		3. 自動清掃機能付きエアコン 4. 雨天時の洗濯干しに有用な浴室乾燥機 5. キッチン足もとの暖房	3. 防汚措置の施された浴槽・浴室・便器 4. 自動洗浄機能の付いた給湯器・浴槽 5. 高機能のキッチン水栓 6. 車や屋外清掃のための屋外水栓 7. 汚れ物洗いのための洗濯・掃除用流し	4. 車や屋外清掃のための屋外コンセント	3. 楽な姿勢で作業できるキッチン(腰掛けた状態で使える, 昇降吊り戸棚, 段落ちコンロ, 可動カウンターなど) 4. 洗い物の負担を軽減する機器(食器洗浄機など) 5. 生ゴミを衛生的に処理する機器(生ゴミ処理機など)	3. 気兼ねなく使えるサービスヤード 4. 食の楽しみを広げる庭(キッチン菜園など)	2. 不在時にも荷物を受け取れる宅配ボックス
【Ⅵ-ⓒ】 1. 危険な段差の解消 2. 歩行補助の階段手すり	【Ⅵ-ⓓ】 1. 窓からの墜落防止(手すりなど)	【Ⅵ-ⓔ】	【Ⅵ-ⓕ】	【Ⅵ-ⓖ】	【Ⅵ-ⓗ】 1. ぶつかってもケガをしないカウンターや家具の端部形状 2. 家具の転倒防止対策	【Ⅵ-ⓘ】 1. 道路に飛び出さないためのフェンス・門扉	【Ⅵ-ⓙ】
3. 汚れにくく, 掃除しやすい床材 4. 転んでもケガをしにくい硬さの床材 5. 滑りにくい床材 6. 蹴込みが抜けていない階段	2. 指つめ防止で引き残しを確保した建具 3. 破損時のケガに配慮したガラス・面材(合わせガラス, 強化ガラス, 飛散防止フィルム, 透明樹脂など)	1. 機器が高温を発しない, または高温部に触れるおそれのない暖房機器(エアコン, 床暖房など)	1. 急に熱湯が出ない給湯器・水栓(サーモスタット付きなど) 2. 高さを上下に変えられるシャワーヘッド	1. 電源コードが移動の邪魔にならないようなコンセント配置 2. 子どもの手が届くスイッチ高さ	3. 子どもの危険なゾーンへの進入防止フェンス(階段・キッチン・浴室など) 4. 危険物を収納しておく扉付きの家具 5. 家具や室外機設置への配慮(上階の窓際, バルコニーなど)	2. 車輪がはまらない目の細かい溝蓋	1. 駐車場への子どもの立ち入り防止
7. 子どもに使いやすい手すり(高さ, 握りの太さなど)		2. ホコリを舞い上げない放射暖房(床暖房など)	3. 子どものスケールに合わせた衛生機器(ステップ付き洗面化粧台, 子ども用便座など) 4. 子どもと一緒に入浴できる浴槽(腰掛付き浴槽など) 5. 汚れ物洗いのための洗濯・掃除用流し	3. 子どもがいたずらできないコンセントカバー		3. 安全な遊び庭 4. 動物, 植物や昆虫と親しめる庭	

健康に関するニーズ	キーワード	レベル	健康に暮らす住まいのポイント					
			建築				環境・設備	
			ⓐ空間の計画	ⓑ屋根・屋上・壁・天井	ⓒ床・段差・階段・廊下	ⓓ開口・建具	ⓔ冷暖房・換気	ⓕ給排水・給湯・衛生機器
①身体機能を長く維持できる、身体機能が低下しても活動的でいられる ②家の中での極端な温度差がない ③熱中症の心配がない ④家の中でケガをする心配がない ⑤生活上の負担が少ない ⑥いざというときに誰かに連絡ができる ⑦身体機能の低下に対応できる ⑧介護サポートを受け入れやすい ⑨介護者の負担を軽減できる ⑩個別の身体状況に対応できる ⑪介護をしてくれる人が身近にいる	Ⅶ 高齢期対応（高齢期を想定して） ライフステージに応じて	基本	【Ⅶ-ⓐ】 1. 身体機能が維持できる住空間（寒すぎない廊下など）	【Ⅶ-ⓑ】 1. 室間の温度差をなくすための断熱性能の高い屋根・外壁・天井構成 2. 動作補助の浴室、トイレの手すり 3. 廊下への手すり取り付け用の壁下地補強	【Ⅶ-ⓒ】 1. つまずかないよう不要な段差の解消 2. 室間の温度差をなくすための断熱性能をもった床構成 3. 歩行補助の階段手すり 4. 動作補助の段差の手すり 5. ぬれても滑りにくい浴室床材	【Ⅶ-ⓓ】 1. 断熱性能の高い建具 2. トイレ・浴室の出入り口の非常時対応（折れ戸、引き戸、外開き、非常解錠など）	【Ⅶ-ⓔ】 1. 脱衣時に体に負担をかけないための浴室、脱衣室、トイレの暖房	【Ⅶ-ⓕ】 1. 出入りしやすい浴槽
		推奨	2. 面積に余裕のある玄関（歩行補助用具置き場、段差解消など） 3. 車いすでの移動を考慮した動線計画 4. 寝室と近接したトイレ配置 5. 身体機能の低下にともなうゆとりあるスペース、配置	4. 歩行補助の廊下手すり	6. 日常生活空間における床段差の解消 7. 段差のない浴室出入り口 8. 滑りにくい床材 9. 転んでもケガをしにくい硬さの床材 10. 緩やかな階段勾配	3. 介助用車いすを想定したゆとりのある開口幅 4. 引き戸とした室内の主要な出入り口	2. 冷暖房の風が体に直接当たらない冷暖房機器の配置 3. 手足の冷えや熱中症を考慮した冷暖房計画	2. 高さを上下に変えられるシャワーヘッド 3. 操作しやすい水栓（シングルレバー水栓など） 4. 座った状態で使える洗面台 5. 姿勢に無理のない洋式便器
		選択	6. 寝室と同一階の玄関、浴室、トイレの配置 7. 介助を想定した余裕ある水回り空間 8. エレベータ、階段昇降機設置スペースの確保 9. 眺望があり、自然の変化を感じられる寝室 10. 介護者が被介護者の様子を把握しやすい部屋の配置 11. 介護サービス動線の確保（効率のよい動線、サービスを受けない空間のプライバシーへの配慮など）	5. 動作補助の脱衣室の手すり 6. 消臭効果のある内装材	11. 段差移動をサポートする設備（段差解消機、階段昇降機、ホームエレベーターなど） 12. 介助しやすい幅広階段	5. 段差のない部屋からテラスへの出入り口		6. 介助の負担を減らす入浴器具、浴室（移乗台、バスリフト、ミストサウナ、シャワーベンチなど） 7. 汚れ物洗いのための洗濯・掃除用流し
①住まいや生活を自分が好きなようにアレンジできる ②趣味・嗜好、一人の時間を楽しむことができる ③住宅自体で自己表現をする ④ペットに癒される、ガーデニングや家庭菜園を楽しむ	Ⅷ 自己表現（より豊かな生活のために） ライフスタイルに応じて	基本	【Ⅷ-ⓐ】	【Ⅷ-ⓑ】	【Ⅷ-ⓒ】	【Ⅷ-ⓓ】	【Ⅷ-ⓔ】	【Ⅷ-ⓕ】
		推奨	1. 個人の活動のための空間やコーナー 2. 用具・素材の収納場所	1. 色や素材での空間演出（くつろぐ色彩、自然素材など）		1. カーテンやブラインドでの空間演出		
		選択	3. 一人になれる空間（離れ、書斎など） 4. 大きな音が出せる部屋（防音室など） 5. 汚れてもよい場所（室内土間、ガレージなど） 6. 自慢のできる空間（デザイン、展示スペースなど） 7. 趣味・嗜好、習い事のための場所（茶室・バーコーナーなど） 8. 植物や動物のためのスペース（温室、ペットスペースなど） 9. 居住者が手を入れられる住まい作り	2. 吸音性のある内装材 3. ペットに対応した内装材 4. セルフメンテナンスしやすい仕上げ	1. ペットに対応した床材（ペット対応カーペット、フローリングなど）	2. 外光を制御できる窓回り（遮光カーテン・ブラインドなど） 3. 周囲にアピールできる出窓		1. 外部用の水栓、手洗、シャワー設備
①体調や健康状態を認識できる ②適切な身体活動が行える ③落ち着いて身だしなみを整えることができる ④積極的に体を鍛えられる ⑤肌によい環境にすることができる ⑥日光浴ができる ⑦紫外線を浴びないようにできる	Ⅸ 運動・美容（より豊かな生活のために）	基本	【Ⅸ-ⓐ】	【Ⅸ-ⓑ】	【Ⅸ-ⓒ】	【Ⅸ-ⓓ】	【Ⅸ-ⓔ】	【Ⅸ-ⓕ】
		推奨	1. 適度な負荷のある日常生活動線（段差・距離など） 2. 全身を伸ばして、体を動かせる空間					
		選択	3. 積極的に体を動かす場（トレーニングルーム、レッスン室など） 4. 温浴のためのサウナ室 5. 化粧、身づくろいのためのパウダールーム、ドレッシングルーム 6. 日当たりのよいサンルーム 7. 運動・美容器具の設置・収納場所	1. 軽運動のためのレッスンバー	1. 運動に対して適度な弾力性をもった床仕様	1. 紫外線遮蔽機能をもったガラス・フィルム		1. 化粧しやすい洗面化粧台（三面鏡など）

	ⓖ 情報・照明・その他	ⓗ 家具・家電・調理機器	外部	
			ⓘ 外構	ⓙ 集合住宅共用部
【Ⅶ-ⓖ】	1. 階段・廊下・段差の足もと照明 2. 浴室・トイレの非常用通報設備	**【Ⅶ-ⓗ】**	**【Ⅶ-ⓘ】** 1. アプローチ空間の段差への手すり 2. 夜間に足もとが視認できる外灯	**【Ⅶ-ⓙ】** 1. 共用空間での段差解消(スロープなど)
	3. 外部と連絡をとるための通報・連絡設備(インターホン,ブザーなど) 4. 視力低下を補う高照度の照明 5. 電源コードが移動の邪魔にならないコンセント配置 6. 自動点灯する人感センサー付き照明 7. 見守りのためのモニタリングシステム 8. 電動福祉用具に対応したコンセント配置・電気容量確保 9. 高めのコンセント配置,低めのスイッチ配置	1. 表示が見やすく操作しやすい調理器具 2. 腰掛けた状態で使えるキッチン 3. 玄関回りの靴の脱ぎ履きのための腰掛け	3. 車いすに配慮したアプローチの舗装材 4. アプローチ空間における段差解消(スロープなど) 5. 車いす・杖に配慮した目の細かい溝蓋 6. 動物,植物や昆虫と親しめる庭	
【Ⅷ-ⓖ】	1. 用途や機能に応じた照度・照明光色・器具配置 2. 余裕のあるコンセント配置 3. 照明光での演出(間接照明,配線ダクトなど) 4. 屋外活動のための屋外用コンセント 5. 希望する部屋でのインターネットアクセス 6. 入浴時に楽しむ設備(TV,スピーカなど)	**【Ⅷ-ⓗ】** 1. 領域を作り出す可動間仕切(衝立,スクリーンパーティションなど)	**【Ⅷ-ⓘ】** 1. 屋外活動のための外部収納(物置など) 2. 植物を育てる庭(ガーデニング,家庭菜園など) 3. 動物を育てる空間(飼育小屋など) 4. 屋外活動を楽しむための庭(バーベキュースペースなど)	**【Ⅷ-ⓙ】** 1. 多目的な共用施設(共同作業場,パーティールーム,集会室など) 2. 共用部に面する個性表現スペース(玄関回り,出窓など)
【Ⅸ-ⓖ】	1. 顔に影ができず,肌の色がよく見える照明	**【Ⅸ-ⓗ】** 1. 全身を確認できる鏡 2. 適度な湿度環境とする加湿器	**【Ⅸ-ⓘ】** 1. 軽運動やスポーツの練習ができる庭 2. 運動のための用具保管場所(自転車置き場など)	**【Ⅸ-ⓙ】**

第2章
10の部位・要素の基礎

本章では，健康に暮らす住まいを考えるにあたって，
基礎となる事項を解説していく。
設計ガイドマップの横軸にあたる10の部位・要素ごとに記していく。
第3章のポイント解説を理解する上で，必要な知識である。

ⓐ 空間の計画の基礎

　住まいは，多くの場合，人間が最も長い時間を過ごす場所である。その空間の計画にあたっては，そこで行われる活動や必要とされる機能を十分に考慮しておく必要がある。住まいの使用形態としては，一人の場合と複数が集まり家族を構成する場合がある。用途としても，専用住宅と店舗や作業場が併設された併用住宅とがある。人数や職種により必要とされる機能や面積は異なってくる。さらに，敷地の気候風土や，地域性も影響する。住空間の計画にあたっては，さまざまな要因を整理し，最適な空間を導き出す必要がある。

●居住面積水準と天井高さ

　平成18年に施行された住生活基本法に基づき「住生活基本計画」が決定され，健康で文化的な住生活の基礎として必要不可欠な住宅の居住面積水準が示されている（**表2-1**）。また建築基準法において，居室の最低天井高さ（2.1m）が定められている。極小の床面積であったり，極端に低い天井高さであったりすることは，心理的な圧迫感を与えるだけでなく，室内空気が汚染されやすいことや住戸内での不測の事故にもつながる。健康な暮らしを支える住まいとして，これらの基準を参考に，部屋の適切な面積・気積を確保することが求められる。

●ライフスタイル・ライフステージへの対応

　空間の計画にあたっては，それが居住者の生活に適したものであることが不可欠である。想定される行為やライフスタイルに応じた，部屋のしつらえとしなければならない。また，長期に渡って住まいが用いられる中で，家族の形や居住者の健康状況は変化する。竣工時のライフスタイルを想定するだけでなく，ライフステージに応じた使い方ができるよう対策を講じておくことも重要である。例えば，高齢期の対応については「住宅の品質確保の促進等に関する法律」に基づく評価方法基準（平成13年国交省告示第1347号）の「9.高齢者への配慮に関すること」を参考にするとよい。

●動線

　各部屋は，敷地条件に合わせて配置される。そこでは，スムーズで無理のない動線計画とすることが求められる。家庭内事故などへのリスクを軽減するとともに，予期せぬ事故や緊急事態にも対応できるよう配慮することで，健康状態の維持に寄与する。と同時に，事故の心配がないことで住まいの中での行動が活性化され，精神的および身体的な健康状態の増進へとつながる。

表2-1 居住面積水準　【　】内は，世帯人数のうち1名が3～5歳児の場合

		世帯人数別の面積(例)　（単位：㎡）			
		単身	2人	3人	4人
最低居住面積水準	世帯人数に応じて，健康で文化的な住生活の基礎として必要不可欠な住宅の面積に関する水準（すべての世帯の達成を目指す）	25	30【30】	40【35】	50【45】
誘導居住面積水準	世帯人数に応じて，豊かな住生活の実現の前提として，多様なライフスタイルを想定した場合に必要と考えられる住宅の面積に関する水準	〈都市居住型〉都市とその周辺での共同住宅居住を想定　40	55【55】	75【65】	95【85】
		〈一般型〉郊外や都市部以外の戸建て住宅居住を想定　55	75【75】	100【87.5】	125【112.5】

出典　国土交通省：住生活基本計画

ⓑ 屋根・屋上・壁・天井の基礎

屋根・屋上・壁・天井は，建物外部の外装材と室内の内装材の二つに分類される。外装材としては屋根・屋上・外壁，内装材としては内壁・天井が対象となる。雨や風，騒音を防ぎ，人間が生活するのに必要な室内環境を確保する役割を果たす。

●断熱

建物外皮の基本的な性能として，快適な室内温熱環境を実現するための断熱性能がある。大きく変動する屋外熱環境と室内の間の熱移動を遮ることで，冬の寒さ・夏の暑さを和らげ，少ないエネルギーで室内環境を調節しやすくする。快適性向上ひいては健康への効果も期待され，断熱性能が改善された新築戸建て住宅に転居したことで，居住者の諸症状が改善することを示した調査結果もある（**図2-1**）。

住宅の断熱性について，旧省エネルギー基準（昭和55年），新省エネルギー基準（平成4年），次世代省エネルギー基準（平成11年），トップランナー基準（平成21年告示）が定められ，平成25年1月には改正省エネルギー基準が公布された。「外皮平均熱貫流率（U_A）」「冷房期の日射熱取得率（μ_A）」「一次エネルギー消費量」に関する基準値が設けられ，平成25年4月から段階的に，すべての新築住宅・建築物について省エネルギー基準への適合が義務化される。

●気密

建物外皮は，外気の室内への流入をコントロールする役割を果たす。隙間風があると断熱効果は低下し，計画した換気ができなくなる。断熱性能を担保しつつ室内空気質を良好に保つには，気密性能が重要なポイントとなる。屋外環境条件のよいときには開口部を通じて太陽光・熱，自然風などを室内に取り込み，屋外条件が厳しいときにはしっかりと守る。建物の「開く」「閉じる」をコントロールする上で，きちんと閉じた状態を作り出せることが大切である。また，室内で発生した水蒸気が壁体内部へ侵入すると，内部結露の発生につながる。壁体内の防湿の観点からも，気密性能の確保は重要である。

●遮音

建物外皮には，外部の交通騒音などの不快な音を低減する性能が求められる。外部騒音は主に空気を

図2-1　住宅の断熱水準と健康状態の関連

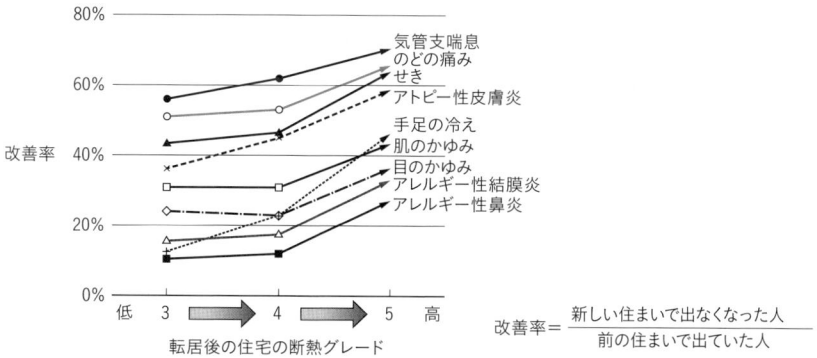

出典　岩前篤：断熱性能と健康，日本建築学会環境工学本委員会熱環境運営委員会第40回シンポジウム，梗概集，pp.25-28, 2010.10

介して伝わるため，建物の隙間がその性能を左右し，開口部が最大の弱点となる。
　集合住宅では，建物内の他の住戸から発生する音が精神的ストレスのもととなることもある。

●室内空気質

　建材から発生する化学物質の影響によるシックハウス症候群が社会問題となり，平成15年には建築基準法が改正された。良好な室内空気質を維持するために，有害物質の放散が抑制された内装材（F☆☆☆☆，低VOC材，接着剤・塗装への配慮）の使用が規定されている。また，アスベストの除去，カビなどの微生物の発生を抑えることも，空気質の確保として重要である。

●墜落防止

　建築基準法では，屋上広場または2階以上の階にあるバルコニー，その他これに類するものの周囲に，高さ1.1m以上の手すり壁，さくなどを設けることが規定されている。高所からの墜落のおそれがある箇所には，墜落防止手すりを設けることが必要である。

●メンテナンス

　清掃時の身体的負担の軽減，高所作業の危険性の回避といった観点から，維持管理の容易な内外装材の選定やメンテナンスを楽に行えるような設計上の工夫が求められる。

ⓒ 床・段差・階段・廊下の基礎

　床・段差・階段・廊下は，住まいの中で居住者の身体が最も接する機会の多い部位である。同時に，家庭内での事故の発生しやすい部位でもあり，安全への細心の配慮が求められる。ここで対象とするのは，各部屋の床，部屋と部屋をつなぐ廊下，上下階をつなぐ階段，部屋間の段差などである。断熱・室内空気質・遮音など，内装材として有しておくべき機能・性能については，「ⓑ 屋根・屋上・壁・天井」と共通である。

●強度・硬さ

　床面は身体を支える部位である。体重をしっかりと支えられるような強度と硬さを持った仕上げであることが求められる。しかし，硬すぎる床面は身体の疲労に結びついたり，転倒時の大きなケガにつながったりする。歩行感，耐久性とあわせて，床構成・床材を考える必要がある。

●滑りやすさ

　移動時には，足裏だけで身体が床と接することとなる。不安なく移動できるためは，つまずいたり，滑って転倒しにくい床であることが求められる。滑りやすさ（滑り抵抗値）に配慮した床仕上げの選定が大切である。床仕上げの滑り抵抗値は，素足・上足・下足の別，水の有無などによって変化するので，その場所の使われ方を十分考慮する必要がある。

●転倒・転落防止

　段差でつまずいての転倒，階段を踏み外しての転落などを防止することが重要である。不要な段差は設けないようにして，段差が生じる場合には認識しやすいようにするなどの配慮が求められる。特に階段では上下移動を伴い，身体への負担も大きい。建築基準法では，住宅（共同住宅の共用階段を除く）における階段について，幅員75cm以上，踏面15cm以上，蹴上げ23cm以下と定めている。この踏面・蹴上げ寸法は回り段部を想定したもので，一般部としてはきわめて急であることに留意しなければならない。階段では，他にも，踏板の素材，段鼻の滑り止め，手すり，勾配など多くの留意点がある。

●歩行補助

　伝い歩きをする幼児期，足腰の衰えた高齢期など，歩行能力はライフステージによって変化する。歩行を補助するための手すりを設ける，もしくはその取り付け下地の準備などをしておくことも大切である。

●メンテナンス

　一般に，床にはダストが堆積しやすく，ダニやカビが繁殖しやすい。こまめな清掃が必要となる。衛生の観点から，汚れにくさ，清掃などのメンテナンスのしやすさを確保することも配慮項目となる。

ⓓ 開口・建具の基礎

　開口部の基本的な役割として，採光，通風，眺望があげられる。外部との接点として，外部環境を室内へどう取り込み，室内外をどのように関係づけるかが重要である。ただし，開口を設けることは，防犯や騒音，断熱性などで弱点になる面もある。全体的なバランスが求められる。

●採光（光・視環境）

　開口部には，採光と日射調整の役割がある。建築基準法では，居室における有効採光面積を，床面積に対する1／7以上と規定している。また，住宅の品質確保の促進等に関する法律では方位別の開口部比の規定がある。開口部の計画にあたっては，夏季の日射遮蔽と冬季の日射取得，中間期の通風とのバランスを図ることが大切である。「日本建築学会環境基準　AIJES-L001-2010　室内光環境・視環境に関する窓・開口部の設計・維持管理基準・同解説」を参照。

●自然換気・通風

　建築基準法上，居室に対して床面積の1／20以上の有効換気面積を確保することが求められる。住宅の断熱化・気密化が進むと，室内に熱がこもりがちになる。自然風を利用して排熱することで，空調に依存しすぎることなく快適な室内温熱環境を実現できる。

　開口部の配置については，卓越風向を意識した水平方向の通風経路を確保するとともに，勾配天井や階段室などを利用した上下方向の通風経路も考えたい。また，欄間や格子戸，引き戸など室内建具の工夫による室内の通風経路の確保も重要である。

●眺望（視線配慮）

　居心地のよい住空間とする上で，眺望を意識した開口部は重要な要素である。敷地外の自然を庭の背景として取り込む「借景」という伝統的手法もある。一方，眺望を確保すると同時に，外からも中を覗き込まれることとなる。プライバシーの観点からの配慮も求められる。

●断熱・遮熱（温熱環境）

　開口部には，建物外皮の一部として断熱・遮熱性能も求められる。住宅外周壁に占める面積割合はそれほど大きくないが，断熱上の弱点となりやすく，熱損失に占める割合は大きい。開口部の断熱性能はガラスと建具（サッシ）との組み合わせで決まるため，熱損失の少ないガラス・建具を組み合わせることが大事である。外部の建具素材としてアルミが最も普及しているが，断熱性の高い樹脂製や木製のサッシもある。サッシの断熱性能の基準として，JISではH-1〜H-5の等級が，次世代省エネ基準では地域区分に応じた熱貫流率が示されている。

●耐風圧・水密・気密

　内部と外部とを隔てる開口部には，基本性能として，強風に耐えられる耐風圧性，雨水の浸入を防ぐ水密性，隙間風を防ぐ気密性が求められる。JISによって，耐風圧性能としてS-1からS-7まで，水密性能としてW-1〜W-5まで，気密性能としてA-1〜A-4までの等級が定められている。それぞれ数値が大きいほど性能が優れている。建設地域（強風地域など），建物階数，構造種別（木造・RC造・S造）な

どに応じて，必要な性能を確保するようにする。サッシの種類（ビル用・住宅用など）や建具の開閉型式（引き違い・開きなど）によって，それぞれ性能が異なってくるので注意が必要である。

●遮音性（音環境）

外部騒音の遮音上，開口部が最大の弱点となる。外部騒音のレベルと居住者の要求を踏まえた，適切な遮音性能を備えたサッシの設置が必要である。JISでは，サッシの遮音性能についてT-1〜T-4までの等級を定めている。数値が大きいほど，遮音性能が優れている。また，住宅の品質確保の促進等に関する法律にも外壁開口部であるサッシの遮音等級に関する項目が設定されている。

●安全

開閉可能な開口部は，可動部位であり，挟まれなどの事故につながりやすい。また透明なガラスに気づかず，勢いよくぶつかる事故もある。さらにガラス面は，破損時に大きなケガにつながる危険性がある。これらの事故が起きないような計画上の工夫，また万が一事故が起きた場合にも大きなケガにならないような配慮が求められる。

●防犯

空き巣などの侵入ルートは，窓のガラス破り・玄関ドアのこじ開けなど，開口部を経由するものが大部分を占める。開口部には，防犯性への配慮が求められる。

e 冷暖房・換気の基礎

◉冷暖房

　夏季に空気温度が30℃を超えると気流による人体冷却効果は減少し，室内でも熱中症になるおそれがある。冬季に室温が低いと身体が冷え，風邪を引きやすくなる。さらに室間の温度差は，急激な血圧変化を引き起こし身体への影響が大きい。状況に応じて，冷暖房を使える状態にしておく必要がある。夏季は，室内温度は28℃以下，相対湿度は50％程度に保たれていることが望ましいとされ，冬季は部屋の代表的な温度を15℃以上に保ち，上下温度差を3℃以内，洗面所や浴室，便所は使用時に20℃以上を確保することが望ましい。

　設定温度に対し，部屋の温度を高める要因（人体発熱，窓からの日射，壁を介した外からの熱貫流など）を冷房負荷，温度を下げる要因（窓や壁を介した室内から外への熱貫流，隙間風など）を暖房負荷という。適切な室内環境のためには，これらの冷房・暖房負荷を相殺する能力を持った冷暖房機器が必要である。設置位置についても，部屋の一部しか涼しく／暖かくならない，吹き出した気流が体に当たって不快に感じることなどがないように計画する必要がある。

　冷房方式はエアコンが主流である。

　暖房方式には，以下に述べるようなさまざまな暖房専用機器がある。

- 開放式暖房器具：ガス・灯油などを室内で直接燃焼させ，燃焼ガスを室内に排気する器具の総称。自由に移動できるファンヒーターやストーブなどがこれにあたる。換気を怠ると，一酸化炭素中毒のおそれがある。
- 密閉式暖房器具：屋外排気口と機器がパイプなどでつながっており，強制的に燃焼ガスを屋外に排気する器具。燃焼ガスが室内に滞留することがない。設置位置は固定となる。
- 放射（ふく射）暖房：放射熱を利用したパネル状の暖房であり，床暖房や自立もしくは壁付け型ラジエータなどがそれにあたる。暖め方として，ヒーター式，温水式がある。温風を吹き出す機器に比べると即効性には劣るが，風のない環境が好まれることも多い。また，床暖房では頭寒足熱の状態を作り出すことができる。

　その他，電気式のストーブやファンヒーターなどの器具もあるが，他の暖房機器に比べて消費電力に対する暖房能力が劣る。そのため，部屋全体ではなく局所を暖める補助暖房としての役割になる。

　暖房器具による火傷や熱傷を防ぐためには，高温部分の表面温度を43℃以下になるようにする。床暖房などの体が長時間接触する場合には低温やけどのおそれがあるため，表面温度を31℃以下に抑える必要がある。

◉換気

　換気とは，二酸化炭素，一酸化炭素，化学物質（VOC），ホコリ，水蒸気などによって汚染された室内空気を，新鮮な空気（外気）と入れ換えることをいう。対象範囲に応じて「全般換気（家全体）」と「局所換気（キッチン・トイレなど）」に分類される。また，動力源によって「自然換気（風力換気・温度差換気など）」と「機械換気」に分けられ，「機械換気」には「連続運転」と「間欠運転」がある。建築基準法では，シックハウス対策として，居室での換気回数0.5回／時の機械換気設備の設置を定めている。この場合，住宅全体について確実に化学物質濃度を低下させるために，「全般換気−機械換気−連続運転」とする必要がある。

健康影響の観点から各汚染物質の濃度の上限は，一酸化炭素濃度10ppm，二酸化炭素濃度3,500ppm，ホルムアルデヒド100μg/m^3（80ppb）などとされている。

● 機械換気の種類

機械換気はファンを用いる換気であるが，ファンの数と位置によって次の3種類に分類される（**図2-2**）。

- 第1種換気：給気と排気の両方をファンで行う。給気量と排気量の確保に最も適している。双方の風量の調節により，室内の圧力を室外に対して正圧にも負圧にもできる。
- 第2種換気：給気ファンと排気口（ファンなし）で行う。ファンで室内に空気を押し込み，正圧となった室内から排気口を通じて自然に排気する。ただし排気経路は明確ではなく，汚染空気が他の部屋に押し込まれたり，壁の気密が不十分だと壁体内に湿気が侵入し内部結露に結びついたりする。また，給気ファンから離れた位置では新鮮空気が行き渡らないこともある。これらの理由から，住宅では敬遠されることが多い。
- 第3種換気：排気ファンと給気口（ファンなし）で行う。臭気や水蒸気が発生する場所にファンを設置し，汚染物質を確実に排気する。排気経路を適切に計画すれば，周辺への汚染物質の拡散を防ぐことができる。トイレや台所・浴室などで採用される。室内は負圧となるため，隣接する天井裏や床下，壁内の空気が室内に流入しがちとなる。気密層や通気止めなどの対策が必要となる。

● 換気量と換気経路

機械換気設備の設置にあたっては，基準値を参照しながら対象となる空間の用途や容積に応じて必要換気量を導き出し，適切な風量のファンを選択する。また長期間ファンを運転していると，ファンの不具合や清掃不足のため，設計通りの換気量が得られなくなる場合がある。定期的な清掃や点検が重要である。

また，換気経路についても，新鮮な空気が求められる空間（居室）を風上に配置し，においや水蒸気の発生するトイレや浴室などを風下として，そこから排気するといった工夫が必要である。

図2-2　機械換気の種類

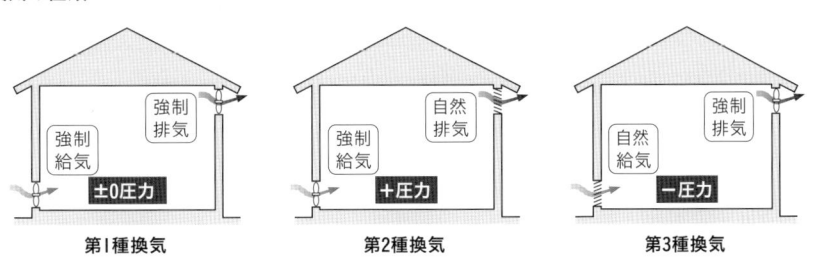

f 給排水・給湯・衛生機器の基礎

　水は人が生活する上で不可欠である。住宅では主に給水，給湯，排水の3系統があり，給水管・給湯管の末端に水栓，トイレなどの衛生機器が取り付けられ，使用された水は排水口から排水管へと流れていく。上水は飲用や調理など直接体内に取り込まれることとなるので，その水質確保が大切である。

●給水設備

　給水管を通じて，キッチン・洗面・浴室・トイレなどの衛生器具に水道水を供給する。給水管は常に水が満たされ圧力がかかっており，水栓の締まり不良や配管の隙間などがあると水漏れを起こす。公共の水道水は水道法などにより飲用に安全な水質が保証されているが，給水管の劣化によるサビなどの混入，給排水配管のつなぎ間違い（クロスコネクション）などがあると，汚染されてしまう。集合住宅などでは受水槽に水を溜めてから各住戸に送水する方式もあり，その場合は受水槽の法定定期点検・清掃が必要となる。

●排水設備

　台所・洗面所からの雑排水，トイレからの汚水（排泄物）などを公共下水道や浄化槽へ運ぶ。給水管と違い，排水管内が排水で満たされているわけではない。重力を利用して流すため，排水横管には勾配が必要である。接続する排水機器によって必要な管径が異なり，管径に応じた排水勾配を確保する（大便器－管内径75mm以上，勾配1／100以上，その他－管内径50mm以上，勾配1／50以上）。排水勾配が不十分だと，排水管がつまりやすく，悪臭や害虫発生の原因となる。排水口は下水道や浄化槽とつながれているため，悪臭を含むガスが室内へ逆流してくるおそれがある。空気を遮断する機能をもつトラップ（封水）が衛生上不可欠である。公共下水道が整備されていない地域では，汚水処理のための浄化槽が必要となる。浄化槽は定期的な保守点検，清掃および法定検査が必要である。

●給湯

　最近では，一台の給湯器から住戸内のすべての給湯箇所へ給湯するのが一般的である。途中の配管からの熱損失があるので，配管を断熱し，極力無駄のない配管ルートとすることが望ましい。湯による火傷や熱傷を防ぐためには，混合水栓などにより給湯温度を48℃以下に抑えることが望ましい。
　給湯設備はガスや灯油による給湯器と電気による電気温水器が主で，湯を必要とするときにその都度沸かす瞬間湯沸タイプとあらかじめ湯を作り貯えておく貯湯タイプとがある。近年では，以下のような高効率の給湯設備も開発されている。

①家庭用自然冷媒ヒートポンプ給湯器（エコキュート）：電気によってヒートポンプを作動させ湯を作る。貯湯タイプ
②燃料電池コージェネレーションシステム（エネファーム）：ガスから水素を取り出し，それを空気中の酸素と反応させ発電し，同時に発生する熱を利用して湯を作る。貯湯タイプ
③ガス発電・給湯暖房システム（エコウィル）：ガスエンジンを用いて発電し，同時に発生する熱を利用して湯を作る。貯湯タイプ
④潜熱回収型ガス給湯器（エコジョーズ）：ガス瞬間湯沸タイプの排気から潜熱を回収することで，熱

効率を高めたもの。この他にも，複数の方式を内蔵したハイブリッド方式も開発されている。
⑤高効率石油給湯器（エコフィール）：石油給湯器の排気から潜熱を回収することで，熱効率を高めたもの。瞬間湯沸タイプ
⑥太陽熱温水器：太陽熱を利用して湯を作り貯湯する。湯温を安定的に確保するために，バックアップの給湯器が必要となる。

●衛生機器

給排水・給湯管の末端に取り付けられる，給水器具（給水栓，洗浄弁など），水受け容器（洗面器，便器，浴槽など），排水器具（排水口，トラップなど），その付属品を総称して，衛生器具という。汚れが付着しやすい部位であり，衛生的に保つためには汚れがつきにくく，清掃がしやすいものであることが求められる。

g 情報・照明・その他の基礎

住宅には，電気エネルギーを情報伝達信号や光として利用する情報機器・照明器具といった電気設備が用いられる。他の設備機器の制御にも電気信号が用いられるので，いわば住宅と居住者とのインターフェイスとしての役割を果たす。これらの電気設備は，日常生活に欠かせないものといえよう。

●照明

住宅の照明計画の基本的な考え方として，①夜間の安全な視行動を支援する，②視作業のための十分な視覚情報を与える，③リラックス，リフレッシュするための快適な視環境を与える，といったことがあげられる。照度が高いほど覚醒度も高くなるという結果が示されており（**図2-3**），照明はそこで活動する人間の心理に大きな影響を与える。また，視力の低下した高齢者には特別な配慮が必要である。

照明器具の形式として，天井面に取り付けるダウンライト・シーリングライト，天井面からぶら下げるペンダント，壁面に取り付けるブラケット，床面に置くフロアライトなどがある。またランプとしては，白熱灯，蛍光灯，LEDなどがあり，それぞれランプ寿命，効率が異なる。

●警報・通報設備

平成18年6月より新築住宅への住宅用火災警報器の設置が義務づけられ，現在では既存住宅についても義務化されている。火災警報器には，煙を感知する煙式，一定の温度に達すると作動する熱式がある。具体的な設置位置については，消防庁のホームページに詳しい。他に，ガス漏れや高濃度の一酸化炭素を感知する警報器もあり，組み合わせることで事故予防へとつなげられる。また，セキュリティーに関する安心を高める防犯用通報設備もある。

●情報通信設備等

情報・通信設備として，従来の電話，インターホン，TVアンテナに，最近ではインターネット回線が加わり，さらに無線LAN，機械警備，ケーブルテレビ，HEMS（Home Energy Management System）などが装備されることもある。

近年，技術進歩とコンピュータ端末の普及により，生活のあらゆる面で高度情報化が進んでいる。一方で，情報機器へのリテラシーが乏しい高齢者が情報弱者とならないよう，操作面での配慮が必要となる。また，これらの情報設備の発展はめまぐるしく，設備の陳腐化に留意し，更新性など将来を見据えておくことも重要である。

図2-3　照度と覚醒度

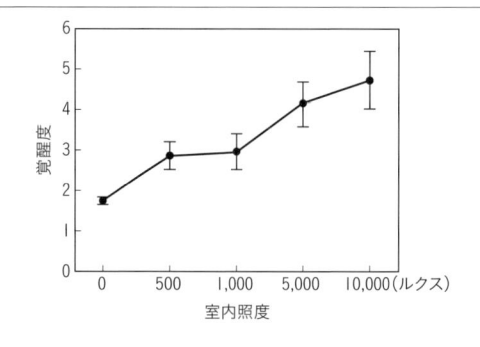

出典　萩原啓ほか：脳波を用いた覚醒度定量化の試みとその応用，Bio Medical Engineering，11（1），pp.86-92，1997

h 家具・家電・調理機器の基礎

　家具・家電製品は，建物竣工後に居住者によって持ち込まれることが多い。設計・施工段階ではあまり意識されることがないが，大型のものであれば，あらかじめ配置を検討しておく必要があるし，直接室内空気質に影響を及ぼす場合もある。実際の居住者の生活に密接に結びついているため，健康に暮らす住まいの実現という観点では，建築とあわせて考えておくべき事項である。

●家具

　家具はインテリアの雰囲気を大きく左右するため，デザインのみに目がいきがちであるが，家具は体の近い場所にあり，直接体に触れることも多い。家具が居住者の健康を阻害しないように，建築内装以上にデリケートに捉えるべきである。

　椅子や机などを利用する際，無理な姿勢を強いられるようでは，体を痛める原因となる。身体のスケールにあったものにすることが大切である。逆に身体にフィットした椅子であれば，ゆったりとリラックスすることにつながる。個人差もあるので，居住者自身による確認が大切である。

　また地震時には，家具が転倒したり，その中身が落下して人に危害を加えたりすることがある。背の高い家具は転倒防止器具により固定する，また扉に中身の落下防止ラッチのついたものを選ぶなどの配慮が求められる。

●家電

　家電製品は建物に比べて，耐用年数が短い。冷蔵庫や食器洗浄機などの大型家電に合わせて，部屋のレイアウトの検討がなされることもあるが，将来的に家電製品を交換することも視野に入れ，設置スペースにゆとりをもたせたい。

　逆に小さな置き式の家電製品に関しては，簡便に購入・取り替えができることもあり，安直に捉えられる傾向がある。しかし，手入れを怠ると本来の性能が発揮されないばかりか，室内環境に悪影響を及ぼすこともある。例えば，加湿器のタンクを長期間清掃しないとタンク内で細菌・カビが繁殖し，それが空気中に撒き散らされることになる。

　家電製品を利用する際，コンセントが不足しているとタコ足配線となりがちである。分岐・延長コードの対応しているワット数を超えるとコードが発熱してビニール被覆が溶け，漏電や火災などにつながる。また，冷蔵庫や洗濯機など長期間コンセントの抜き差しがない場合，コンセントとプラグの隙間にホコリがたまり，湿気を帯びて漏電，発火するトラッキング現象が起こる。同様に，古い家電製品は内部にたまったホコリや配線の接触不良から漏電や発火につながることもある。

●調理機器

　調理機器は使用時や使用後に高温となり，火事や火傷・熱傷の原因となる。住宅の中での危険部位といえる。過熱防止・チャイルドロックなどの安全管理対策が施された機器選定を行い，設置にあたってもスペースにゆとりを持たせるなどの配慮が求められる。また，機器の不具合を防ぐには，定期的な清掃や説明書の指示に沿った正しい使い方が求められる。

🛈 外構の基礎

　外構計画においては，居住者にとっての視点と近隣からの視点の，二つの視点が必要である。

　居住者の視点からは，暮らしの質を向上させる外構計画が考えられる。外部でくつろぐ場づくり，眺めることによって心地よさを感じる場の創出，さらにバスコートや坪庭などの小さな外部空間への配慮，またDIYスペースやバックヤードなどのライフスタイルに応じたスペースの確保などがあげられる。

　近隣からの視点としては，景観や街並みへの寄与，隣地への配慮などがあげられる。住宅を社会形成のひとつの要素と考えれば，外構はいわば社会との接点である。自分らしさの表現の場でもあるとともに，近隣との結びつきを意識することが大切である。

　外構を計画するにあたっては，
- 敷地条件の整理：敷地の規模，法的制限，前面道路，交通量，近隣の駐車場出入り口，隣地との高低差，方位など
- 自然環境の確認：周辺の気象状況，地形，植生，既存樹木，周辺イメージ（河川，公園）など
- ライフスタイルの確認：駐車場・駐輪場，趣味，外部空間に対する家族の趣向など

などを踏まえつつ，建築計画と合わせて考えていくこととなる。

　外構計画では，以下のような基礎的な事項があげられる。

●街並みの形成・近隣への配慮

　外構は，自然環境や近隣環境とのインターフェイスとなる。ていねいに計画することによって，美しく楽しい街並みが形作られ，近隣コミュニティの醸成につながる。

　また隣接する住戸に配慮して，屋外の設備機器や樹木の配置を考えることで，近隣との良好な関係へと結びつけられる。

●プライバシーの確保・防犯

　隣地もしくは前面道路を通行する人から，居住者のプライバシーを確保することを考える。一方，防犯の観点からは，侵入経路となる死角を生まないことが重要である。

●アプローチ空間の整備

　前面道路から玄関ポーチにいたるアプローチ空間は，子どもや高齢者でもアクセスしやすいように配慮したい。自転車やベビーカーなどの利用も考慮すべきである。屋外での転倒事故を防ぐためには，雨の日も滑りにくい床仕上げ，段差解消，手すりの設置なども検討する。

ⓙ 集合住宅共用部の基礎

　集合住宅においては，エントランスホールやエレベータホール，共用廊下といった，住棟全体の住人が用いる共用部が設けられる。そこでの配慮事項は戸建て住宅の外構と大きく異なることはないが，多数の人間が利用すること，また必ずしも管理の目が行き届くとは限らないことから，事故・災害の防止には細心の注意が必要である。

●バリアフリー，ユニバーサルデザイン
　集合住宅の共用空間では，車いすや高齢者の利用を想定した段差解消などのバリアフリー化に加えて，子どもを含めて誰でもが安全に用いることができるユニバーサルデザインが求められる。子どもでも利用しやすいように，手すりの高さや握りの太さを調整するなど，きめ細やかな配慮が望まれる。

●コミュニケーション
　集合住宅では，多数の人間によって空間や建物が共用される。共用するにあたって，対人関係がスムーズなものとなるよう，住民相互のコミュニケーションを図る計画としたい。

●防犯・プライバシー
　集合住宅の共用部には，多数が出入りすることとなる。その結果として，不審者も侵入しやすい環境となりがちである。同時に，居住空間のプライバシーが侵害される環境ともなりやすい。防犯・プライバシーに配慮した，住戸と共用空間との関係を考える必要がある。

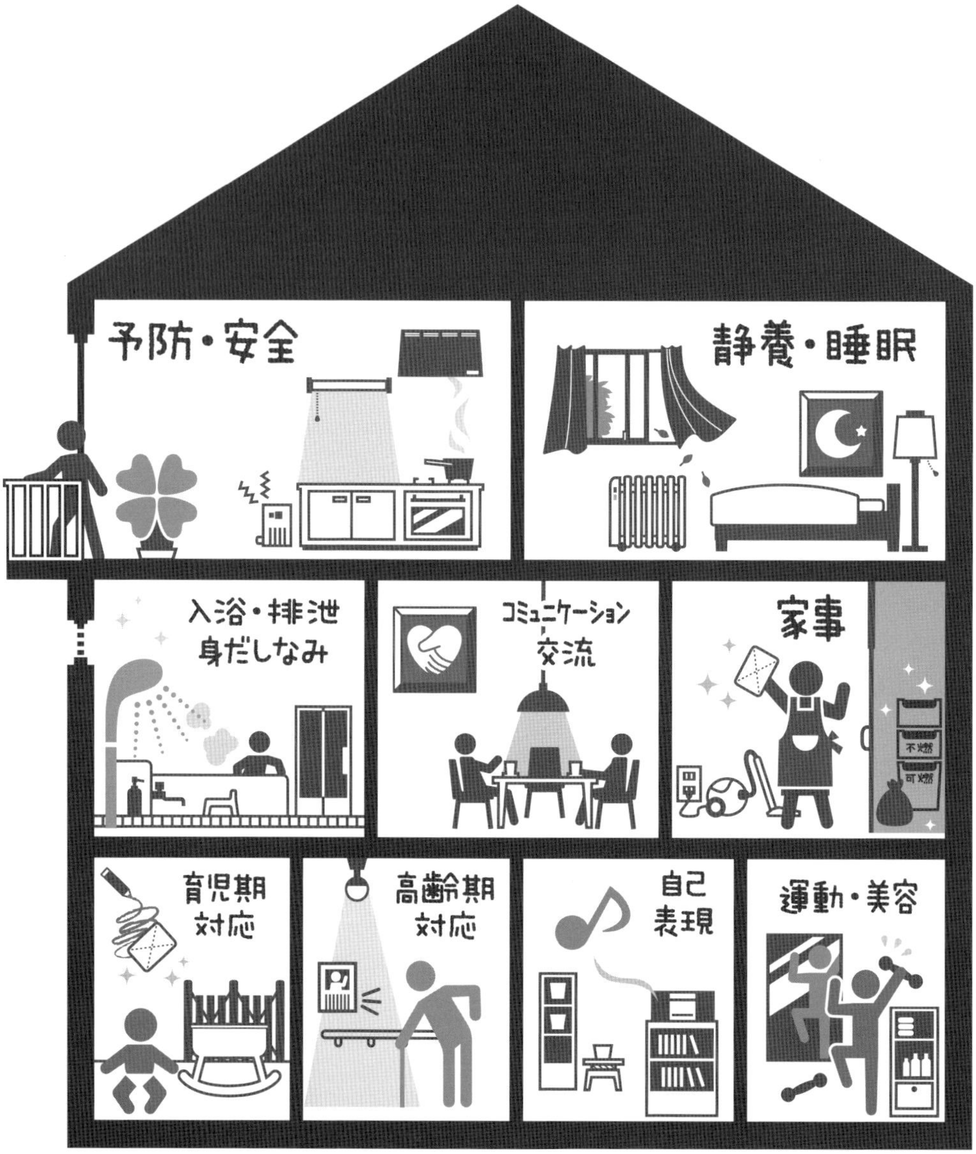
予防・安全
静養・睡眠
入浴・排泄
身だしなみ
コミュニケーション
交流
家事
不燃
可燃
育児期
対応
高齢期
対応
自己
表現
運動・美容

第3章
9つのキーワードと健康に暮らす住まいのポイント

本章は，健康に関わる9つのキーワード別に構成されている。
各パートの冒頭で，まず健康ニーズを解説し，
後半はそれらのニーズを満たすためのポイントを，10の部位・要素ごとに，
3つのレベルに分けて解説している。
キーワードごとに横断的に読み進める，または設計ガイドマップと照らし合わせながら，
事典のように特定のポイントについて調べることができる。
住まい手のニーズに合わせ，バランスよくポイントを組み合わせていく必要がある。

I 予防・安全

Contents

ニーズ①墜落・転落といった落下型の事故が起きない｜ニーズ②転倒事故が起きない｜ニーズ③火傷・熱傷による事故が起きない…52

ニーズ④一酸化炭素中毒・酸欠による事故が起きない｜ニーズ⑤感電による事故が起きない｜ニーズ⑥溺水の事故が起きない…53

ニーズ⑦室内の空気が安全である｜ニーズ⑧ぶつかり, こすり, 挟まれといった接触型の事故が起きない｜ニーズ⑨鋭利物によるケガが起きない…54

ニーズ⑩ヒートショックの心配がない｜ニーズ⑪カビ・ダニの発生が抑えられている…55

ニーズ⑫熱中症の心配がない｜ニーズ⑬防犯性を高める, 犯罪被害にあわない…56

ニーズ⑭シックハウスの心配がない…57

ⓐ空間の計画

推奨｜1.階段の昇り降り口と居室の出入り口との距離の確保｜2.室間で極端な温度差が生じない断熱・暖房計画…58

ⓑ屋根・屋上・壁・天井

基本｜1.バルコニーや屋上からの墜落を防ぐ手すり…59｜2.有害物質の放散が抑えられた内装材…60｜3.アスベストなどの有害物質の除去…61

推奨｜4.浴室・トイレの手すり用の壁補強…61｜5.擦り傷防止のための粗すぎない内装材｜6.結露が生じない壁断熱仕様…62

選択｜7.アレルギーの心配が少ない自然素材による内装材｜8.湿度をコントロールする内装材…63｜9.有機溶剤を用いない水溶性塗装｜10.防カビ性能の高い内装材｜11.動作補助の浴室・トイレの手すり…64

ⓒ床・段差・階段・廊下

基本｜1.ぬれても滑りにくい, 玄関・浴室・脱衣室の床材｜2.滑りにくい階段段板…65｜3.歩行補助の階段手すり｜4.有害な物質の放散が抑えられた床材…66

推奨｜5.認識しやすいよう, 前後で材質や色を変えた段差｜6.足を踏み外しやすい回り段に配慮した階段…67｜7.不要な段差の解消｜8.カビが生じないよう水はけのよい浴室床材…68

選択｜9.アレルギーの心配が少ない自然素材｜10.ダニ・ホコリなどが溜まりにくい床材…69

ⓓ開口・建具

基本｜1.トイレ・浴室の出入り口の非常時対応｜2.通風に配慮した開口部配置…70

推奨｜3.衝突防止のため, 外側に押し出さない廊下の出入り口…71｜4.指つめ・指挟み防止に配慮した建具…72｜5.侵入しにくい扉, 窓｜6.ガラス面への衝突防止…73

選択｜7.扉がゆっくりと閉まるドアクローザー・ソフトクローズ｜8.破損時のケガに配慮したガラス・面材…74｜9.より

家の中でのケガや病気を予防し，安全に暮らすためのキーワードである。家庭内で不慮の事故により死亡する人数は，毎年1万人以上といわれている。長期間住まうことで，徐々に健康を害することもある。事故や病気につながりうる要因は，未然に排除または対策を講じておく必要がある。

侵入しにくい扉，窓…㊄

ⓔ冷暖房・換気
基本｜**1.**汚染空気や湿気の排出などのために必要な換気量の確保…㊆
推奨｜**2.**機器が高温を発しない，または高温部に触れるおそれのない暖房機器…㊆｜**3.**脱衣時に体に負担をかけないための浴室，脱衣室，トイレの暖房｜**4.**燃焼ガスによる室内空気汚染がない暖房機器…㊆｜**5.**性能維持，カビ，ホコリ防止のためのエアコンのフィルター清掃｜**6.**清掃のしやすい換気扇…㊆
選択｜**7.**浴室を乾燥させる浴室乾燥機…㊆

ⓕ給排水・給湯・衛生機器
基本｜**1.**燃焼ガスによる室内空気の汚染がない給湯器…㊆
推奨｜**2.**急に熱湯が出ない給湯器・水栓｜**3.**適切な浴槽の縁の高さ…㊆
選択｜**4.**飲用水の水質を改善する機器…㊆

ⓖ情報・照明・その他
基本｜**1.**危険を知らせる警報器の設置｜**2.**事故防止を目的とした照度の確保…㊆
推奨｜**3.**階段・廊下・段差の足もと照明｜**4.**浴室での非常を知らせる緊急通報装置…㊆
選択｜**5.**感電を防止する感電防止コンセント｜**6.**訪問者をチェックできる設備…㊆

ⓗ家具・家電・調理機器
基本｜**1.**古い蛍光灯の廃棄時のPCBへの配慮…㊅
推奨｜**2.**温度管理，昇温防止，立ち消え防止等の安全対策がなされた調理器具…㊆｜**3.**接着剤などからの有害物質の放散が抑えられた家具…㊆
選択｜**4.**望ましい空気の状態を維持する家電…㊆

ⓘ外構
基本｜**1.**滑りにくく，つまずきにくいアプローチ空間の舗装｜**2.**足もとを照らすアプローチ空間の照明…㊆｜**3.**汚染されていない土壌…㊆
推奨｜**4.**死角を生まないフェンス形状・配置・生け垣｜**5.**侵入の足がかりとなるものの設置への配慮…㊆｜**6.**じめじめとしないための水はけの確保｜**7.**ヒールがはまらない目の細かい溝蓋…㊆
選択｜**8.**アプローチ空間への人感センサーライト｜**9.**侵入防止のための防犯設備｜**10.**歩くと音の出る砂利敷き…㊆

ⓙ集合住宅共用部
基本｜**1.**共用廊下や屋上からの墜落を防ぐ手すり｜**2.**滑りにくい床材…㊆
推奨｜**3.**駐車場や車路と分離された歩行者通路｜**4.**死角を生まない共用空間…㊆

I 予防・安全 | ニーズ❶
墜落・転落といった落下型の事故が起きない

　家庭内での不慮の事故により死亡する人数は1万人以上であり，その約2割が落下型の事故に該当する。落下型の事故として，屋根やバルコニーなどからの墜落や，階段およびステップからの転落があげられる。年齢別に見てみると，階段からの転落による死亡者は，65歳以上の高齢者が8割以上の割合を占めている。一方で，建物からの墜落はその他の年代でも発生しており，特に幼児での発生が目立つ。これらの墜落，転落事故が起きないようにすることが求められる。

家庭内における不慮の事故の主な死因別死亡数

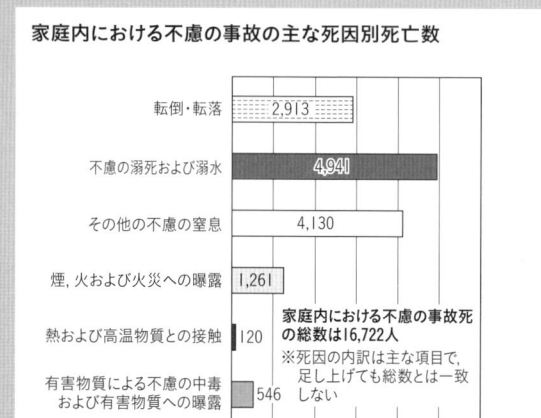

- 転倒・転落：2,913
- 不慮の溺死および溺水：4,941
- その他の不慮の窒息：4,130
- 煙, 火および火災への曝露：1,261
- 熱および高温物質との接触：120
- 有害物質による不慮の中毒および有害物質への曝露：546

家庭内における不慮の事故死の総数は16,722人
※死因の内訳は主な項目で，足し上げても総数とは一致しない

家庭内事故の年齢別死亡数

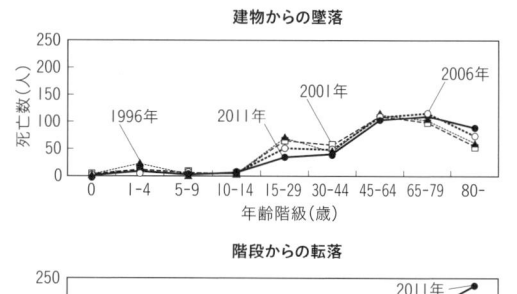

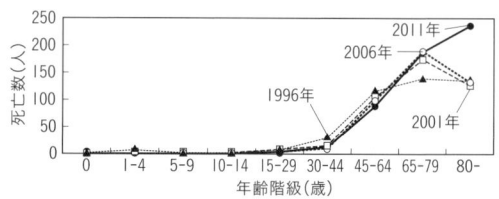

建物からの墜落（1996年，2001年，2006年，2011年）

階段からの転落（1996年，2001年，2006年，2011年）

出典　厚生労働省：人口動態統計（平成23年度）

I 予防・安全 | ニーズ❷
転倒事故が起きない

　足もとが見えにくく段差に気づかなかったり，思わぬところに段差があったりすると，つまずいてしまうことがある。また，床が滑りやすいと，足を滑らせることもある。つまずいたり，滑ったりして転び，床や壁面に体を強打したり，場合によっては骨折したりする転倒事故へと結びつく。こういった転倒事故の心配のないことが求められる。

I 予防・安全 | ニーズ❸
火傷・熱傷による事故が起きない

　家庭内での火傷・熱傷事故として，台所での調理時の炎による火傷や加熱された調理器具，給湯機器からの熱湯による熱傷などがあげられる。また，燃焼型の暖房器具本体や吹出し口などの高温部分に身体が触れて熱傷を負うこともある。さらに，ホットカーペットや床暖房などでは，微高温部が長時間体に接触することで低温やけどの原因となる。こういった火傷・熱傷事故が，起きないようにすることが求められる。

I 予防・安全｜ニーズ④
一酸化炭素中毒・酸欠による事故が起きない

　ストーブなど室内でガスや灯油を燃焼させる燃焼型器具（開放型・半密閉型燃焼器具）を使用すると，一酸化炭素，二酸化炭素，窒素酸化物などが発生する。これらの汚染された空気によって，頭痛が引き起こされるなど，健康への影響が心配される。特に，一酸化炭素が高濃度になると，中毒症状を呈し，死に至ることもある。汚染空気を速やかに排出し，換気によって新鮮空気を取り入れ，一酸化炭素中毒や酸欠状態を起こさないようにすることが求められる。

I 予防・安全｜ニーズ⑤
感電による事故が起きない

　感電による人体影響は，電圧が50V以上の場合に危険電圧とされ，周波数が40〜150Hzの場合に最も有害とされている。住宅内での商用電源は，電圧が100Vもしくは200V，周波数が50Hzもしくは60Hzであり，人体へ影響を及ぼす電圧ならびに周波数である。感電が身体に与える影響としては，軽度の場合は一時的な痛みやしびれなどの症状で済むが，重度の場合は心室細動，心停止など，死亡に至ることもある。感電による事故が起こるケースとしては，コンセントを濡れた手で触るなど電気機器の不適切な使用があげられる。

I 予防・安全｜ニーズ⑥
溺水の事故が起きない

　厚生労働省の人口動態統計によると，家庭内の浴槽でおぼれて死亡した人の数は年間5,000人近い。家庭内における不慮の事故死のうちでも，溺水事故の割合が最も高く，全体の30%を占めている。さらにその内訳を年齢別で見ると，65歳以上の高齢者が全体の約90%にのぼる。

　これは入浴時の血圧変動により，脳梗塞や心筋梗塞，意識障害を発生させ，浴室での溺水事故へとつながったものである。I 予防・安全ニーズ⑩を参照すること。特に高齢者の場合には，自律神経系の反応が低下しているため，入浴前後に意識障害が発生するリスクが高い。

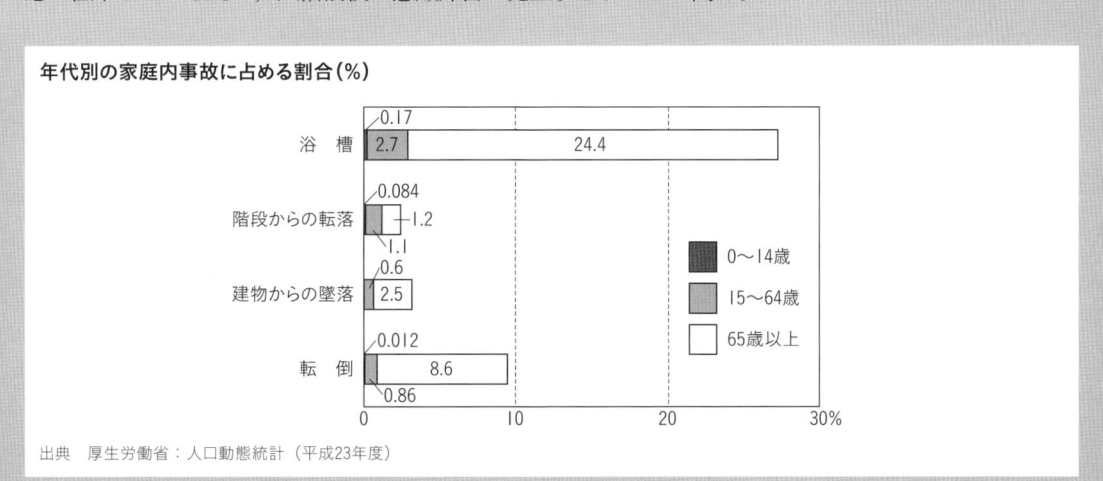

年代別の家庭内事故に占める割合（%）

項目	0〜14歳	15〜64歳	65歳以上
浴　槽	0.17	2.7	24.4
階段からの転落	0.084	1.2	1.1
建物からの墜落	0.6	2.5	—
転　倒	0.012	0.86	8.6

出典　厚生労働省：人口動態統計（平成23年度）

Ⅰ 予防・安全 ｜ ニーズ❼
室内の空気が安全である

　内装材や家具，防虫剤，ワックスなどからの化学物質の放散，燃焼型の調理・暖房器具による燃焼ガス，居住者の呼気や臭気など，さまざまな形で室内の空気は汚染される。人は，一日のうち約6割以上の時間を住宅内で過ごすといわれている。室内空気が汚染され，居住者が汚染物質にさらされると，健康に悪影響を及ぼす。汚染空気が，室内に滞留しないようにすることは不可欠である。

Ⅰ 予防・安全 ｜ ニーズ❽
ぶつかり，こすり，挟まれといった接触型の事故が起きない

　人が，建物や家具に接触することにより生じる事故は"接触型の事故"と呼ばれる。空間のスケールや家具配置が自然な身体の動きに対応していなかったり，思いがけないところに突起物があったりすることで，引き起こされる。また，突風や他者の行動によって，可動部が思いがけない動きをすることで，ぶつかったり挟まれたりするケースもある。扉が不意に閉じて体の一部や指が挟まれたり，引き戸の戸袋に指を挟んだりする事故へとつながってしまう。特に子供は指が細く，指が挟まれると大きな事故につながりやすいので，注意が必要である。

建具に挟まれる"接触型の事故"

Ⅰ 予防・安全 ｜ ニーズ❾
鋭利物によるケガが起きない

　家庭内には，はさみや包丁といった鋭利な什器・道具がある。それらの収納方法が不適切であれば，手を切るなどのケガへとつながってしまう。
　建築物本体が鋭利であることは少ないが，板金の水切り端部など手を切るのに十分な鋭利さをもっている。また，ガラスや鏡が割れると鋭利な破片が生じる。窓ガラスやガラス入り建具への衝突により，大きなケガをする危険性もある。これらのケガが，生じることがないような配慮が必要となる。

I 予防・安全 | ニーズ⑩
ヒートショックの心配がない

　冬季，暖房されている居室は適切な室温が確保されていても，トイレや浴室・脱衣室など暖房がなされていない空間の室温は低くなりがちである。室間を移動するときには，居住者は大きな温度差にさらされることになり，急激な温度変化による血圧変動が起こる。

　下図は，冬季の入浴に伴う血圧変動の例である。脱衣室や浴室は暖房されることが少ないため，暖かい居間から，裸になり寒さにさらされると血圧が急上昇する。その上，熱い湯に浸かると血圧は，驚愕反射により再上昇し，脳出血を発症しかねない。続いて，温熱効果により皮膚血管が拡張して，逆に血圧が低下する。温まって発汗により脱水が生じると，血液粘度が増し，心筋梗塞や脳梗塞を起こしやすくなる。また，浴槽から出るときに急に立ち上がると，血圧が急速に再低下し，失神し，意識障害に基づく溺死へとつながることもある。東京都健康長寿医療センター研究所の推計によると，全国で年間17,000人の入浴関連死が起きているという。これは，ヒートショック問題として認識されている。ヒートショックを防ぐため，室間の温度差を抑える配慮が不可欠である。

冬季の入浴に伴う血圧変動イメージ

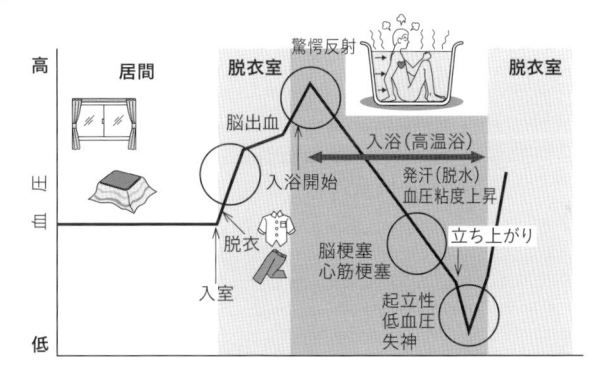

出典　健康に暮らすための住まいと住まい方エビデンス集，IBEC

I 予防・安全 | ニーズ⑪
カビ・ダニの発生が抑えられている

　居室などの湿度が高い状態が継続すると，ダニ・カビなどが繁殖しやすくなり，微生物由来のアレルゲン濃度の増加につながる。このような状態が，アレルギー性症状や呼吸器疾患の発症を誘発している可能性が高いことが指摘されている。カビの発生と健康影響との関係については，明確な相関性が示されているわけではない。しかしながら，健康維持や建物の汚損・劣化防止を含め，衛生的な室内環境を確保するためには，カビ・ダニの発生を抑えることが重要である。

I 予防・安全｜ニーズ⑫
熱中症の心配がない

　熱中症は，暑熱環境下にさらされることにより，身体適応に障害を生じる症状の総称であり，めまいや失神，頭痛，吐き気を伴う。熱中症の種類は症状により，熱失神，熱けいれん，熱疲労，熱射病に分類されている。

　熱中症は屋外で発症する印象が強いが，屋内で発症するケースも非常に多い。平成22年度では，熱中症死亡者数1,718人のうち，家での死亡者が783人を占める（厚生労働省「人口動態統計年表」）。

　気温との関係については，日最高気温が33℃程度を超えると発症数が増加し始め，35℃を超えると急激に増加するといわれている。近年では，発症リスクの高い気候が，長期間継続する傾向にある。熱中症の発症には，高温高湿だけでなく睡眠不足などの体調も影響するが，特に高齢になると暑さに対する感覚が鈍くなっていくため，注意が必要である。

熱中症による死亡数・発生場所

発生場所	死亡数			百分率		
	総数	男	女	総数	男	女
総数	1,718	920	798	100.0	100.0	100.0
家（庭）	783	387	396	45.6	42.1	49.6
居住施設	3	―	3	0.2	―	0.4
学校，施設および公共の地域	3	3	―	0.2	0.3	―
スポーツ施設および競技施設	3	3	―	0.2	0.3	―
街路およびハイウェイ	20	18	2	1.2	2.0	0.3
商業およびサービス施設	5	4	1	0.3	0.4	0.1
工業用地域および建築現場	19	19	―	1.1	2.1	―
農場	62	31	31	3.6	3.4	3.9
その他の明示された場所	46	37	9	2.7	4.0	1.1
詳細不明の場所	774	418	356	45.1	45.4	44.6

出典　厚生労働省：人口動態統計（平成22年度）

I 予防・安全｜ニーズ⑬
防犯性を高める，犯罪被害にあわない

　不審者などの侵入への不安を感じながらの生活は，心理的なストレスへとつながる。防犯性が高く，安心して暮らせる住まいは，ストレスを軽減し，健康的な生活を送る上で無視できないニーズである。

I 予防・安全｜ニーズ⑭
シックハウスの心配がない

　室内空気の汚染から引き起こされるシックハウス症候群は，「化学物質過敏症」「アレルギー疾患」「慢性疲労症候群」と関連する。各疾患の症状に重複する部分があるため，境界線を引くことは難しい。シックハウス症候群は，急性および慢性中毒，化学物質過敏症などの性格を兼ね備えており，低い濃度でも症状を訴える居住者が存在する。また，化学物質過敏症はアレルギー疾患を持っている人に起こりやすく，アレルギー疾患を顕在化させる可能性が疑われている。

　各自の症状の程度や症状を引き起こす物質，濃度など，個別の状況は異なる。それぞれに応じて，汚染物質を防ぐ配慮が必要となる。

シックハウス症候群と他の疾患との関連

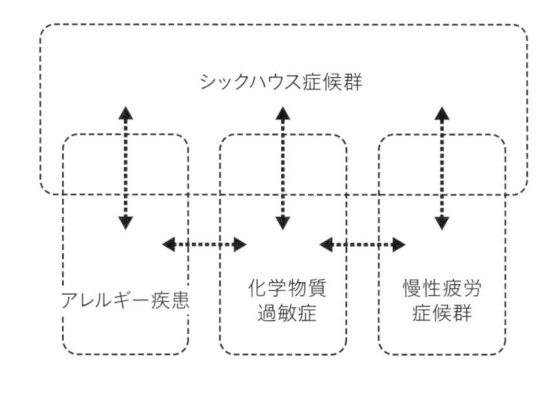

I 予防・安全　ⓐ空間の計画
1. 階段の昇り降り口と居室の出入り口との距離の確保　【推奨】

　屋内でのぶつかり，挟まれといった接触型の事故は，廊下や出入り口などの動線が交差する場所で発生しやすい。特に，階段の昇り口付近での接触事故は，降りてきた人に勢いがついているため，より大きなダメージにつながってしまう。さらに，階段の降り口の付近で接触事故が起きると，階段から転落して重大な事故につながる可能性もある。

　したがって，階段の昇り降り口付近で接触型の事故が起きないよう，階段の昇り降り口と居室の出入り口は離し，降り口に距離をとって配置する配慮が求められる。現実には，動線計画をコンパクトに納めていく中で，十分な距離を設けられないケースも多いが，大きな事故につながる可能性があることに留意したい。また，廊下や階段部分での見通しを確保する，出入り口を引き戸や内開きとするなどの配慮を行うことが推奨される。Ⅰ-ⓓ-3.を参照すること。

I 予防・安全　ⓐ空間の計画
2. 室間で極端な温度差が生じない断熱・暖房計画　【推奨】

　断熱・気密，冷暖房がきちんと計画され，適切な室内環境が実現されることは基本である（Ⅱ-ⓒ-1.（断熱・気密）とⅡ-ⓔ-1.（冷暖房）を参照すること）。それらを実現した上で，室間の温度差が抑えられ，温度ストレスの少ない熱環境であることが求められる。住宅内部の温度差を小さくすることは，ヒートショックなどの家庭内事故の抑止や，行動範囲が拡大することによる冬場の活動量の増加にもつながる。

　住宅内の温度差が原因となる事故は，冬場の浴室・脱衣室およびトイレで起こりやすい。これらの部屋は北側に配置され，かつ暖房されていないことが多いためである。具体的な対策については，Ⅰ-ⓔ-3.（冷暖房）とⅢ-ⓐ-6.（脱衣室・浴室）を参照にすること。

　また，冬場は暖房されていない廊下が寒いと，暖房された部屋の中にこもりがちになり，活動量が低下するケースが見られる。冬場でも活動的であるためには，家全体でのしっかりとした断熱性能・気密性能の確保，廊下部分にも暖気が行き渡るような換気計画，廊下などの動線を北側にしないなどの配置上の工夫が有効である。

Ⅰ-ⓐ-1. 階段の昇り降り口と出入り口は距離をとる

1. バルコニーや屋上からの墜落を防ぐ手すり

基本

バルコニーや屋上など，高所からの墜落は致命的な事故につながる。手すりは墜落事故を防ぐための基本要素といえる。

建築基準法でも「屋上広場又は二階以上の階にあるバルコニーその他これに類するものの周囲には，安全上必要な高さが1.1m以上の手すり壁，さく，又は金網を設けなければならない」（施行令第126条）として，法的にもバルコニーへの手すりの設置が義務づけられている。手すりの構造については建築基準法以外にも，その条件がかなり詳細に定められている。

1.1mという高さが定められているものの，足がかりがあると，当然墜落の危険性が増す。防水の立ち上がりなどがある場合には，そこに足がかからないようにする配慮が必要である。やむを得ず足がかりがある場合には，幼児がよじ登ることのできない高さ65cm以上とするか，足がかりからの手すり高さを85cm以上とする。手すりが横桟だと，手すり自体が足がかりとなってしまうので，パネル状の面材の手すりとするか，縦桟とすべきである。

また，縦桟でも，桟の間隔が広すぎると，その隙間からの墜落のおそれが出てくる。隙間を11cm以下とすることが目安となる。子どもが隙間から落ちない手すり形状については，**Ⅵ-ⓑ-1.**を参照すること。

参考：一般社団法人リビングアメニティ協会「手すりユニット」
　　　住宅の品質確保の促進等に関する法律

I-ⓑ-1. 墜落を防ぐ手すりの寸法

I 予防・安全　ⓑ屋根・屋上・壁・天井

2. 有害物質の放散が抑えられた内装材
（F☆☆☆☆材，低VOC材，接着剤・塗装への配慮など）

基本

　有害な化学物質（ホルムアルデヒド，揮発性有機化合物（VOC）など）を放散する材料が多く含まれている建材を使用すると，室内空気が有害物質に汚染され，シックハウス症候群やアレルギーなどの健康被害を引き起こしてしまう。

　有害物質の放散のおそれがある主な材料として，クロルピリホスを用いた防蟻剤，接着剤を用いた合板，有機溶剤を用いた塗料などがあげられる。クロルピリホスに関しては，2003年より使用が禁じられている。

　ホルムアルデヒドの放散量に関して，JISでは建材に対する放散量に応じた等級（Fマーク，☆☆☆☆～☆☆）付けがなされており，マークに応じて使用面積が規制される。F☆☆☆☆の建材を用いていれば使用面積の制約はないが，放散量がゼロということではないので，シックハウス症状をすでに発症している場合には，さらなる配慮が求められる。また，建材自体がF☆☆☆☆であっても，現場で使用する接着剤や溶剤が未対応であっては，まったく意味がない。施工者とも十分に意識を共有する必要がある。

　VOCに関しては，厚生労働省によって13物質（トルエン・キシレン・エチルベンゼン・スチレンなど）の室内濃度についての指針値が定められている。それらを参考にするとよい。

　またシックハウス対策は，内装材だけでなく，床材も含めて考える必要があり，搬入する家具類も合わせて配慮が必要である（Ⅰ-ⓗ-3.を参照すること）。最近の新しい建材では，ホルムアルデヒドを吸収・分解する機能をうたう建材もあるが，そもそも建材などからの放散を抑えることが基本である。

Ⅰ-ⓑ-2.　ホルムアルデヒド放散建材の等級区分と表示

等級区分	法規制対象外	3種	2種	1種
表示方法	F☆☆☆☆	F☆☆☆	F☆☆	記号なし
ホルムアルデヒド放散速度（$\mu g/m^2 h$）	5以下	5～20	20～120	120以上
ホルムアルデヒド放散量（mg/l）	0.12以下	0.12～0.35	0.35～1.80	1.80以上
使用制限	無制限に使用可	床面積の2倍の面積まで使用可	床面積の0.3倍まで使用可	使用禁止

I 予防・安全　ⓑ屋根・屋上・壁・天井

✿3. アスベストなどの有害物質の除去　【基本】

　アスベストは断熱・耐火被覆などの目的で用いられた建材であるが，微細な繊維が空中に飛散し，肺癌や中皮腫を引き起こすことが明らかになった。1975年に吹き付けアスベストが禁止され，現在では全面的に使用が禁止されている。しかし，平成元年以前に建設された建物では，ロックウールにアスベストが混入している可能性があり，注意が必要である。

　飛散のおそれがある吹き付けアスベストに関しては，直ちに除去する必要がある。除去にあたっては，専門業者によって周囲に影響を及ぼすことがないよう十分な養生のもとで行わなければならない。アスベストが一部混入されていても飛散のおそれのない建築に関しては，引続き利用が可能とされているが，改修などの場合には飛散する可能性があるので，同様の注意が必要である。
参考：建築物のアスベスト対策（国土交通省）

I 予防・安全　ⓑ屋根・屋上・壁・天井

✿4. 浴室・トイレの手すり用の壁補強　【推奨】

　浴室やトイレでは，座ったり立ったりといった動作が行われる。高齢期になり体力が落ちてくると，これらの動作がスムーズに行いにくくなり，転倒などの事故へとつながるおそれがある。

　動作を補助するための手すりがあると，これらの事故の防止に有効である。現在は手すり設置の必要性がなくとも，将来的に取り付けられるように，事前に壁補強をしておくことが望まれる。

　手すり補強の箇所としては，「行為をサポートする為の必要最低限の手すり」として，住宅の品質確保の促進等に関する法律による「高齢者等配慮対策等級」の等級2の仕様基準を参考とするのがよい。手すり設置に備えた壁下地の仕様としては，住宅金融支援機構のバリアフリー性に関する基準の「4.5.3 手すり取付下地」の項を参照するとよい。

I-ⓑ-3．建築物のアスベスト対策（国土交通省）

I-ⓑ-4．手すりの受け材設置（例）

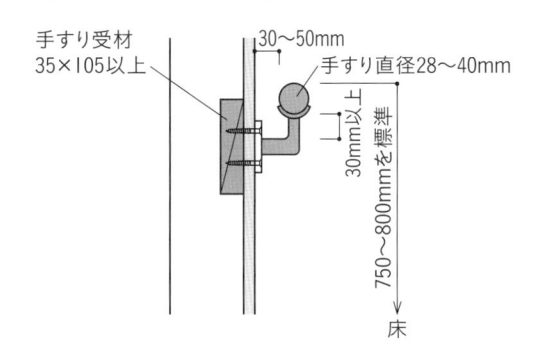

I 予防・安全　ⓑ屋根・屋上・壁・天井

5. 擦り傷防止のための粗すぎない内装材　【推奨】

　室内の壁仕上げがザラザラした粗いものだと，壁にぶつかったり擦れたりしたときに，擦り傷を負いやすい。特に廊下の出隅部分や階段の昇り降り口，玄関の上がり框付近など，バランスを崩して壁に手をつくような場所では要注意である。

　塗装仕上げやクロス仕上げでは，大きな問題が生じることはないが，左官塗り壁仕上げの場合は粒径によっては粗いものとなるので，注意が必要である。

I 予防・安全　ⓑ屋根・屋上・壁・天井

6. 結露が生じない壁断熱仕様　【推奨】

　断熱性能の低い住宅で暖房した場合，冷えている壁の表面で室内の水蒸気が結露することがある。これを表面結露というが，何度も繰り返し発生すると壁の表面にカビが生えてしまい，そのカビを餌にするダニが繁殖し，室内の空気および健康に悪影響を及ぼすことになる。住宅の断熱性能を高くすると，壁の表面温度が上がるので結露が発生しにくくなり，カビやダニの心配も減らすことができる。確保すべき断熱性能については，Ⅱ-ⓑ-1.を参照すること。

　木造住宅の場合，室内の湿気が外壁内部に入ってしまうと，表面温度が露点温度より低くなる部分で結露することがある。これを内部結露という。内部に湿気が入らないように，防湿フィルムのような透湿抵抗の高いものをボードの下に貼るなどの対処をすれば，内部結露は防げる。また，室内側から室外側へと向かって透湿抵抗の高いものから低いものへと壁を構成し，壁体内から外部へと湿気を逃がせばよい。通気層はその意味でたいへん有効である。

I-ⓑ-6.　外壁通気構法の壁構成（例）

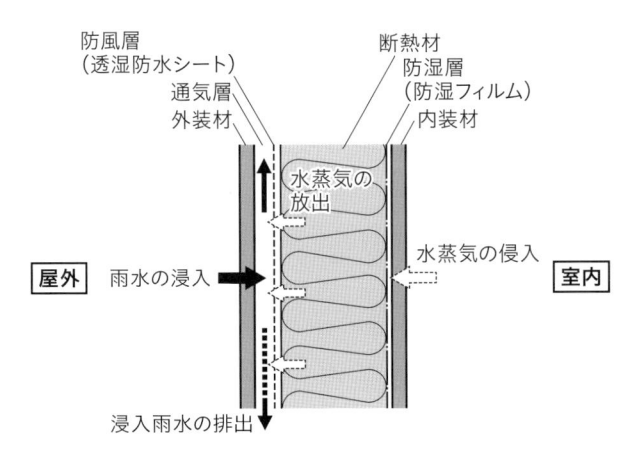

Ⅰ 予防・安全　ⓑ屋根・屋上・壁・天井
❇ 7. アレルギーの心配が少ない自然素材による内装材　［選択］

　シックハウス症候群などを引き起こす原因物質のひとつとして，ホルムアルデヒドがあげられるが，それ以外のさまざまな原因物質から，アレルギー症状が引き起こされる可能性がある。

　アレルギーの心配をより減らすために，工業材料による建材を避け，自然由来の建材による内装とする考え方もある。接着剤を用いない無垢の木材による内装や，珪藻土・漆喰などの左官塗り壁などがあげられる。他に，織物クロスや和紙壁紙といった建材や，塗装でも自然由来の材料を用いた自然塗料などがある。

　しかし，自然素材といっても原材料に防虫薬剤の処理をしていたり，表面塗装に有機溶剤を使っていたりするケースもある。また，化学物質過敏症患者の中には，木材由来の化学物質にも反応するなど，個人差も大きいため，注意が必要である。

Ⅰ 予防・安全　ⓑ屋根・屋上・壁・天井
❇ 8. 湿度をコントロールする内装材（調湿建材など）　［選択］

　カビやダニの繁殖は，湿度と大きな関係がある。そこで，建材自体にある程度の調湿性能を持たせる考え方もある。

　なお，一般社団法人日本建材・住宅設備産業協会では，「調湿建材」に客観的な評価を行い，一定以上の性能を有する製品に「調湿建材認定マーク」を表示する制度を運用しているので，こちらを参考にするとよい。

　具体的な素材に関しては，Ⅱ-ⓑ-7.を参照すること。

Ⅰ-ⓑ-7.　自然素材による内装

Ⅰ-ⓑ-8.　調湿建材認定マーク

Ⅰ 予防・安全　ⓑ 屋根・屋上・壁・天井
✿ 9. 有機溶剤を用いない水溶性塗装　　［選択］

　油性塗料を用いて塗装した場合，有機溶剤による室内空気汚染の心配がある。水溶性塗料は，有機溶剤（シンナー）を使わない塗料であり，汚染物質の揮発量を低減できるため，シックハウス対策のひとつとして有効である。水溶性といっても，乾燥後には硬化して，水によって薄まったり流れたりすることはない。
　ただし，水溶性塗料には，混ざり合わない油と水をエマルジョン化させるための界面活性剤などが含まれており，その健康への影響も指摘されている。

Ⅰ 予防・安全　ⓑ 屋根・屋上・壁・天井
✿ 10. 防カビ性能の高い内装材　　［選択］

　カビは，気温25℃以上，湿度70％以上の環境で繁殖するといわれる。浴室などの水回りは湿度が高く，カビの繁殖に適した環境といえる。
　カビの発生しやすい場所では，防カビ性能を付与した内装材を使用するとよい。

Ⅰ 予防・安全　ⓑ 屋根・屋上・壁・天井
✿ 11. 動作補助の浴室・トイレの手すり　　［選択］

　将来的に体力が低下したときのことを考えて，浴室・トイレの壁面にあらかじめ手すりを設置しておくことも考えたい。
　Ⅰ-ⓑ-4.を参照すること。

I 予防・安全　◉床・段差・階段・廊下

1. ぬれても滑りにくい，玄関・浴室・脱衣室の床材　【基本】

　床材は，水にぬれると摩擦係数が小さくなり滑りやすくなる。特に乾燥状態とぬれた状態での差が大きいと，滑りやすくなったことに気づかずに転倒しやすい。玄関や浴室，脱衣室など，水にぬれる可能性のある部位では，ぬれても滑りにくい床材とすべきである。滑りにくい床材全般に関しては，Ⅵ-◉-5.を参照すること。

　玄関床仕上げは，タイルや防滑性床シートが一般的である。タイルは，室内といえども表面が滑りにくい加工をした屋外床用のタイルを使用する。石貼りとする場合は，バーナー仕上げなどとして，本磨きや水磨きは避ける。

　浴室床は，ユニットバスの場合，各ユニットバスメーカーでフッ素仕上げなど，水はけをよくすることで，滑りにくい機能を持たせた床が設定されている。タイル貼りの場合は，水回り用や浴室床用のタイルを選択する。同時に，モザイクタイルなど目地を多くして滑りにくくするのも有効である。

　脱衣室の床は，水に強くかつ滑りにくい材質の仕様とすべきである。一般的には，耐水性や滑りにくさも兼ねた床シートが用いられる。石やタイルなどの素材を使う場合は，玄関と同様，滑りにくい表面仕上げとする配慮が必要である。

2. 滑りにくい階段段板（段鼻への溝，ノンスリップ加工など）　【基本】

　階段は，住宅の中では事故多発地点といえる。足が滑りにくい段板とすることが基本である。

　そのためには，段板の段鼻に溝加工をしたり，ノンスリップを取り付けるのが有効である。

　木製段板では溝を彫り込む加工を行い，タイルやゴムシートの場合は，凹凸が設けられた段鼻用の役物を使う。ノンスリップを取り付ける場合，ノンスリップが段板面より突出し，それがかえってつまずきの原因となる危険性もある。歩きにくくならないものを選ぶか，突出しないディテールとする配慮が必要である。

　カーペット仕上げは，一般的に木製階段より滑りにくいが，毛足が長いと逆に滑りやすくなる場合があるので，注意が必要である。

　また，使用時の注意事項ではあるが，素足ではなくスリッパなどの室内履きを常用する場合は，滑りにくい足底のものを選ぶことも大切である。

I-◉-2.　段板へのノンスリップ加工

I 予防・安全　◎床・段差・階段・廊下
3. 歩行補助の階段手すり　【基本】

　建築基準法では，「階段及びその踊り場の両側に側壁またはこれに代わるものがない場合においては，手すりを設けなければならない」と規定しているが，両側に側壁がある場合でも，足もとがぐらついたときに体を支えられるように手すりを設けることが基本である。

　手すりは，階段全域にわたって付けることが安全上重要である。理想的には連続してかつ両側に付けるべきであるが，片側のみの場合は降りるときの利き腕側に付けるとよい。ただし，階段の勾配が45°以上の場合は，両側につけることが望ましい。

　手すりの形状は，握りやすい形状にすべきである。例えば円形断面の場合，直径30〜40mm程度のものが握りやすいといえる。さらに手すりと壁の隙間も30〜50mm位で，指が壁にこすれない程度の間隔が必要である。取付け高さは，段鼻から700〜900mmの位置（一般的には850mm）が標準であるが，居住者の体格に合わせるとよい。端部は，袖が引っかからないよう，内側もしくは下側に曲げておく。

I 予防・安全　◎床・段差・階段・廊下
4. 有害な物質の放散が抑えられた床材（F☆☆☆☆材，低VOC材，接着剤・塗装・防虫剤への配慮など）　【基本】

　建材に含まれる有害物質によって室内空気が汚染されると，健康被害を受けてしまう。ホルムアルデヒド放散等級3のF☆☆☆☆等級相当以上の建材を，使用することが基本である。また，床材だけでなく，室内全体で考える必要がある。I-ⓑ-2.を参照すること。

　ホルムアルデヒド放散のおそれのある床材料としては，仕上げに用いられる積層フローリングなどがあげられるが，下地に用いられる合板，集成材，LVL，MDF，パーティクルボード，さらには接着剤，保温材，断熱材，塗料などから放散される可能性があり，すべてF☆☆☆☆等級相当以上の建材を使用するべきである。

I-ⓒ-3. 階段における手すりの寸法

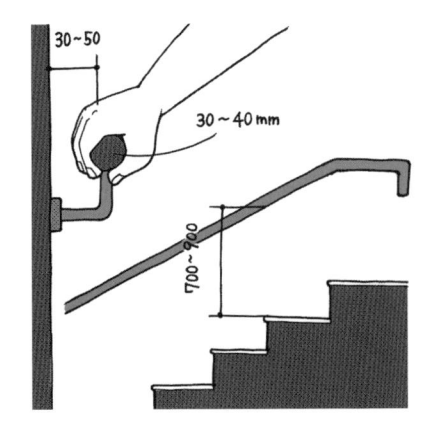

I 予防・安全　⊙床・段差・階段・廊下

5. 認識しやすいよう，前後で材質や色を変えた段差　【推奨】

　床に段差がある場合は，そこでつまずかないような設計上の配慮が必要である。小さい段差であっても，十分つまずくきっかけとなるし，かえって小さい段差の方が視認しづらいという面もある。

　段差の前後で色や明度を変える，もしくは材質を変える，上がり框のような目立つ見切材を設置するなどの工夫により，段差を視認しやすくすることが望ましい。同様に，階段の段鼻においても，色をつけて段鼻を視認しやすくするとよい。暗い場所にある段差については，照明との組み合わせも重要となる。高齢者など，視力の低下が懸念される居住者には特に推奨されるものである。**I-⊙-3.** を参照すること。

6. 足を踏み外しやすい回り段に配慮した階段　【推奨】

　階段での段板を踏み外しての転落を考慮すると，折り曲がり階段や折り返し階段で踊り場を付けたものは，一直線の直階段と比較すると転落距離が短くなるので，被害を食い止めやすい。また，上から見たときの恐怖心も少なく，望ましい階段形式といえる。

　ただし，折れ曲がり部を回り段とした場合には，単純な直階段より事故が起きやすい傾向にあることに留意しなければならない。一般部と回り段の部分で，踏面寸法が変化することが原因で，内周側は踏面が小さく，容易に足を踏みはずしてしまう。回り段は，できるだけ避けることが望ましい。

　やむを得ず折れ曲がり部を回り段とする場合は，折れ曲がり部を下階に近い所に設置するのがよい。踏み外した場合でも，転落距離が短くなる。

　また，階段勾配もできるだけ緩やかな階段が推奨される。45°以下とすることが推奨される。階段勾配については，**Ⅶ-⊙-10.** を参照すること。

I-⊙-6.　階段の種類と危険性

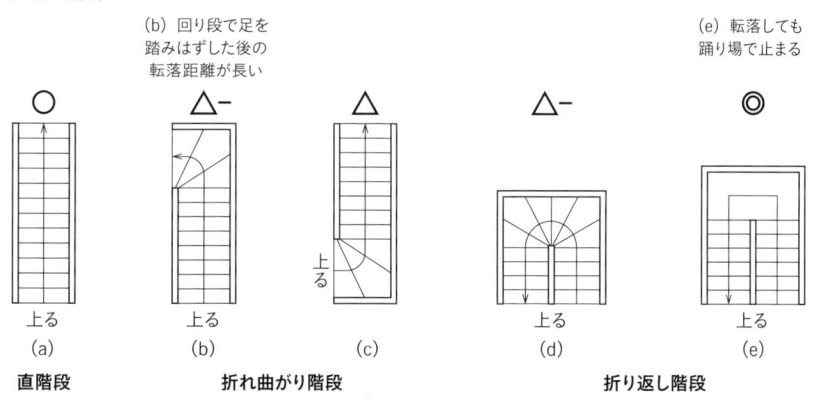

(b) 回り段で足を踏みはずした後の転落距離が長い

(e) 転落しても踊り場で止まる

(a) 直階段　　(b)(c) 折れ曲がり階段　　(d)(e) 折り返し階段

I 予防・安全　❻床・段差・階段・廊下
❀ 7. 不要な段差の解消　【推奨】

つまずいたり，転倒したりする原因となるので，不要な床段差は極力なくすことが望ましい。
　集合住宅の場合，トイレや浴室や洗面脱衣室などの水回りは床下配管を納めるために，他の部分と床段差が生じがちである。スラブの切り替えや床下配管の工夫により，廊下などとの段差をなくす工夫が求められる。浴室と洗面脱衣室との間でも，防水上の段差が生じるが，ユニットバス側の排水溝の工夫によって，段差なく設置できるタイプも普及してきている。
　さらに，異なる仕上げ面での段差解消を図ることも考えたい。仕上げ材料の厚さの違いによる，わずかな段差でもつまずく原因となる。むしろ段差が小さいと認識されにくく，より危険な段差ということもある。従来，和室は畳の厚さの分，他の部屋よりも床面が高く，敷居部分で数cmの段差が生じ，そこでの転倒事故が多発していた。住宅金融支援機構「バリアフリー性に関する基準」では，高低差を5mm以内に抑えることを求めている。根太や大引きの高さを低く調整したり，厚さの薄い畳を用いたりすることで，他の部屋との段差を解消できる。十分配慮したい。

I 予防・安全　❻床・段差・階段・廊下
❀ 8. カビが生じないよう水はけのよい浴室床材　【推奨】

普段水を使う，もしくは通風が取りにくい部位では，カビが発生しやすい。水はけのよい床材など，カビが生じにくい床仕上げとすることが推奨される。
　特に，浴室はカビの生えやすい部分である。近年のユニットバスでは，フッ素加工や溝に工夫が施された床材が用いられ，水はけがよく，汚れがたまりにくいものを選ぶことができる。タイル貼りの床では，目地がカビやすいので，防カビ目地を用いるなどの配慮が求められる。
　脱衣所では，床シートなどで防カビ性能が付与されたものがあるので，それらの機能的な建材を使用することも推奨される。

I-❻-7．仕上げ厚の異なる場合の段差解消（例）

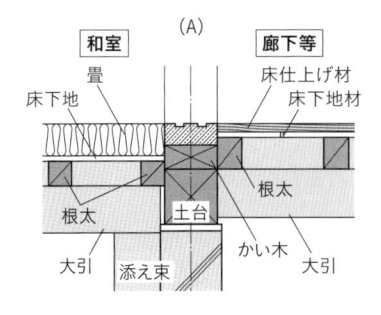

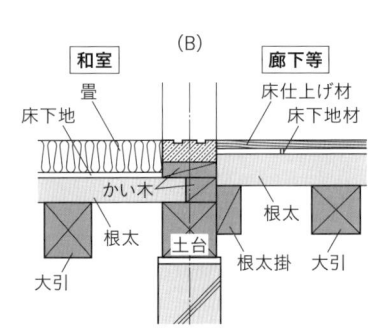

I 予防・安全　◎床・段差・階段・廊下
❋9. アレルギーの心配が少ない自然素材　　　　　　　選択

　アレルギーの心配を減らすために，工業材料による建材を避け，自然由来の床材とする考え方もある。I-❺-7.を参照すること。

　一般的な自然素材の床材としては，無垢材のフローリング，コルク，天然リノリウム，天然繊維のカーペット・畳などがある。

　無垢材のフローリングは，無垢材ゆえの質感・温かさ・調湿効果がある。ただし，表面塗装の塗料やメンテナンスの際のワックスなどにも，注意が必要である。また，反りやすいなど，維持管理の手間がかかることも理解しておく必要がある。

　コルクは断熱性・保湿性に加え弾力性もあるので，アレルギー防止のみならず家庭内事故防止にも効果のある素材である。日焼けしやすく独特のにおいがあるため，使用する部位を十分検討の上，選択すべきである。

　リノリウムは主原料の亜麻仁油により抗菌性も有しているが，独特のにおいがあるため，使用部位や面積を考慮のうえ使用すべきである。

　天然繊維のカーペットとして，ウールやサイザル麻などがある。足もとから素材感を楽しめる素材であるが，フローリングなどと比べてホコリを溜めやすいなど，別の観点からのアレルギー誘発の起因となる場合もあるので，居住者とよく相談の上，選択すべきである。

I 予防・安全　◎床・段差・階段・廊下
❋10. ダニ・ホコリなどが溜まりにくい床材　　　　　　選択

　ダニは，ハウスダストなどのアレルギーの原因となる。ダニやホコリが溜まらないよう，表面の凹凸の少ない床材とすることも検討したい。

　また，エアコンの風がホコリを巻き上げてしまう場合もあるので，放射（ふく射）式暖房とするなど，冷暖房機器も合わせて検討するとよい。

I-❸-9.　自然素材の床材

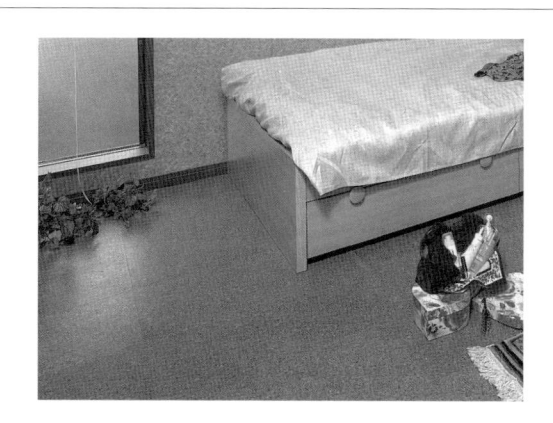

I 予防・安全　❹開口・建具
1. トイレ・浴室の出入り口の非常時対応
（折れ戸，引き戸，外開き，非常解錠など）

基本

　トイレ・浴室は，いきんだり，入浴したりすることで，血圧の変動が生じ，心臓疾患などを起こしやすい場所である。これらの室内で人が倒れてしまった場合，スペースが小さいため，倒れた人が障害となって扉が開けられず救助に苦慮するといったことが起きかねない。

　そこで，トイレの扉は外開きとするのが原則である。また，大きな開口を取ることができる引き戸とすることも有効である。

　浴室出入り口の建具は，引き戸または折れ戸とするが，水仕舞い上，内開き戸となることもある。その場合，緊急時に室外から扉や面材を簡便に取り外せる構造のものとする。

　また，浴室やトイレの建具の錠は，ピンやコインなどで非常時には室外から解錠可能なものとする。

I 予防・安全　❹開口・建具
2. 通風に配慮した開口部配置

基本

　室内の通風は，新鮮な空気を取り入れるばかりでなく，生活で生じる湿気やにおいを除去し，ダニやカビの発生のもととなる空気の淀みをなくす意味でも重要である。

　通風経路を計画する際には，風の入口と出口を結んだ経路をイメージして開口位置を設定する。卓越風向が明らかな場合，風上側に開口を設けると効果的である。隅角部の居室であれば，異なる二面に開口を設けることで，風の入口と出口が確保できる。また，外壁面が一面しかない居室では，居室の窓から，欄間などを経て，隣接する空間の窓まで通じる経路を設定するとよい。

　さらに，上下方向の風の経路を設定すると効果的である。2か所の開口部がある場合，一方を天井付近に，他方を床近くの低い位置に配置すると，風は通りやすくなる。勾配天井を持つ空間や，階段室などの吹抜け空間を利用するのも有効である。温度の高い空気は上のほうから抜け，低い位置から取り入れた風は床の上を滑るように抜け，床面の湿気を取り除くことができる。
参考：一般財団法人 建築環境・省エネルギー機構「自立循環型住宅への設計ガイドライン」3.1自然風の利用）

I-❹-1．中で倒れると扉が開かない

I-❹-2．通風と開口部配置

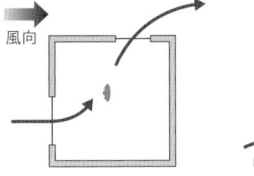

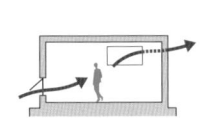

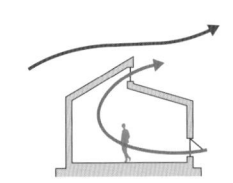

I 予防・安全　ⓓ開口・建具

🍀3. 衝突防止のため,外側に押し出さない
廊下の出入り口（内開き,引き戸など）

推奨

　廊下に面する開き戸は,廊下側に開くと廊下を歩く人の通行の妨げになり,衝突の原因になる。開き戸の場合,内開きにすること,廊下幅を広くする,出入り口回りをアルコーブ状にして引っ込めるなどの対応を考えたい。引き戸は,建具が壁に沿ってスライドするので,通行の妨げとなりにくい。

　特に,階段の降り口近くの居室の出入り口では,衝突して階段からの転落事故へとつながってしまうので,内開きか引き戸とすることが望ましい。本来は,階段の降り口から十分な引きをとって,出入り口を配置すべきである。

　さらに,扉と扉が近接する場合には,扉同士の衝突が起きないように開き勝手に配慮する。どちらかを引き戸にする,といった対応も有効である。開け放しとすることが多い扉や物を持ったまま通ることの多い扉は,引き戸の方が便利なことも多い。住まい方を見極めながら,扉の開き勝手を検討したい。

I-ⓓ-3.　階段の降り口と扉が近いと危険

I 予防・安全　d 開口・建具

4. 指つめ・指挟み防止に配慮した建具
（引き残しのある戸当たり付き引き戸など）

推奨

　扉やサッシを開閉する際，建具と枠の間や建具と建具の間に指を挟んだり，つめたりすることがある。
　引き戸の場合，障子と枠の隙間，障子の召し合わせ部，彫り込み引き手と枠との間などで，指をつめる危険性がある。ストッパーを付けて引き残しを設ける，障子の戸先に指つめ防止ゴムを取り付けるなどの対策がある。障子の召し合わせ部では，可動ストッパーを付けたり，障子の上下に樹脂製のストッパーを付けて，隙間を作ることで指挟みを防止する製品がある。引き込み戸としたい場合には，側面に別途引き出すタイプの引き手を設けるとよい。
　開き戸の場合，扉と戸当たり，扉の吊り元で手や指を挟まれる危険性がある。特に，玄関ドアについては，室内の扉に比して重量があるうえに，風にあおられて不意に閉まることもある。扉がゆっくりと閉まるドアクローザーを付けることが推奨される。また，扉と枠の間の気密ゴムを厚くして，万一指を挟んだ場合でも，ケガをしにくくする対応も有効である。さらに，吊り金具を扉に内蔵する「インナーピボットヒンジ」構造として，吊り元側に隙間ができない構造のドアも開発されている。また，風にあおられた際に，不用意に扉が動かないようにドアストッパーやあおり止めを設けることも有効である。
　室内の開き戸に，換気のためにアンダーカットを設ける場合があるが，床と開き戸下部との間で足指をつめる可能性がある。足指をつめないような寸法を確保したり，アンダーカットではなくガラリをつけるといった対策が考えられる。

参考：一般社団法人 日本サッシ協会HP「安全性に配慮した商品の紹介」

I-d-4．指つめ・指挟み防止に配慮した建具

I 予防・安全　d 開口・建具

✿ 5. 侵入しにくい扉, 窓（二重ロック・サムターン回し対応など）　　推奨

　侵入犯は，侵入に手間取るとあきらめることが特徴としてあげられ，時間が5分を過ぎると，約7割が退散するといわれている。防犯対策の一つとして，扉や窓に，侵入に時間を要する工夫を施すことが有効である。

　玄関扉については，鍵を2個取り付ける二重ロックとするとよい。鍵自体も，ピッキングがされにくいディンプルキーとしたり，サムターン回しに対応して両側から挟み込まないと回せないサムターンとするとよい。

　窓に関しても，鍵を2個取り付ける二重ロックが有効である。二重ロック窓とは，上下2か所にロックが掛けられているもので，2か所のガラスを破らないとロックが解除できないため，侵入に時間がかかる。また，クレセントを外から見せない新機構を採用した窓もある。

　2004年より防犯性の高い建物部品として指定されたものには，CPマークが表示されるようになった。CPマーク表示付の開口部製品が推奨される。

✿ 6. ガラス面への衝突防止　　推奨

　足もとまで開いた大きな透明ガラス面があると，その存在に気がつかずに衝突してしまうケースがある。勢いがついていると，ガラスが割れて大きな事故につながる。

　ガラスの存在を，自然に認知できるような措置を講じることが求められる。ガラス面に衝突防止シールや乳白フィルムを貼る，無目や横桟を設ける，手前に手すりを設けるなどの対策が考えられる。衝突防止シールは，明るいところから見る場合と暗いところから見る場合で視認性が大きく異なるので，その場所で視認しやすいシールの色や明度を確認する必要がある。

　また，階段を降りた突き当たり部分などの箇所には，階段からの転落事故に備えて，なるべく全面ガラスを設けないようにするといった平面計画上の配慮も求められる。

I-d-5. CPマーク

I-d-6. 衝突防止シール

I 予防・安全　❹開口・建具
✤ 7. 扉がゆっくりと閉まるドアクローザー・ソフトクローズ　[選択]

開き戸での挟まれ対策として,「ドアクローザー」を取り付けることが考えられる。ドアクローザーは,一定の速さで閉じ,最後はさらにゆっくりと閉まるように,調整可能な装置である。風にあおられたり人が強引に閉めたりしても,指つめの危険が少ない。

また引き戸では,勢いよく閉めた場合でも,障子が縦枠の手前で減速し,手を添えなくても最後までゆっくりと閉まりきる「ソフトクローズ機構」がある。障子を強く閉めたときの,衝突音や障子が跳ね返る問題の解消にも有効である。

I 予防・安全　❹開口・建具
✤ 8. 破損時のケガに配慮したガラス・面材　[選択]
（合わせガラス,強化ガラス,飛散防止フィルム,透明樹脂など）

人体の衝突などによるガラスの破損は,重大な事故に結びつく可能性がある。一般財団法人日本建築防災協会より「安全・安心ガラス設計施工指針」が出されているので,参考にされたい。

同指針では,短辺の長さが45cm以上のガラス面について,出入り口のドアおよびその隣接部において,床面から60cm未満に下辺がある場合,それ以外の開口部においては床面から30cm未満に下辺がある場合,安全設計を必要とするガラスとしている。

具体的には,割れても安全なガラス（合わせガラス,強化ガラス）を採用することが望ましい。

合わせガラスは,2枚のガラスの間に,特殊中間膜（ポリビニルブチラール）を挟んでおり,破損時に破片が飛び散らず,安全性に優れている。

強化ガラスは強度があり割れにくく,万が一割れても破片が細かくなるため,大きなケガを防ぐことができる。ただし,現場で切断などの加工ができないことに留意する。

また,ガラス面に飛散防止フィルムを貼ったり,破損のおそれが少ないポリカーボネートなどの透明樹脂を採用したりすることも有効である。

I-❹-7. ドアクローザー

I-❹-7. コンシールドタイプのドアクローザー

9. より侵入しにくい扉，窓（防犯ガラス・シャッター・雨戸など）

選択

扉やガラス面により，高度な防犯性能を持たせる考え方もある。

例えばガラス自体を簡単に割られないように，厚いフィルムを中間膜として挟み込んだ防犯ガラスがある。外部からの侵入のおそれのある箇所には，防犯ガラスを用いると有効である。

また，シャッターや雨戸を設けることで，防犯性を高めることも考えられる。通風（採風）シャッターのように，シャッターを閉めた状態で，外部からの視線を遮ぎりながら，風を取り入れることが可能なものもある。

I 予防・安全　e 冷暖房・換気
1. 汚染空気や湿気の排出などのために必要な換気量の確保　【基本】

　住宅内では居住者の呼吸で発生するCO_2や水蒸気の他に、ホコリや喫煙・調理による臭気や湯気などが発生する。また、建材や家具から化学物質が放散されることもある。これらの汚染物質や湿気は発生する時間も場所も特定できない場合があり、住宅を常に換気しておく必要がある。

　建築基準法では、シックハウス対策を含めて、住宅の居室に24時間換気設備の設置を義務づけている。24時間換気の風量は、室内の空気を2時間で1回入れ換える程度の風量となっている。

　浴室やキッチン・トイレなどでは、局所的な換気扇を設置して、それぞれの部位での目的に応じた必要な風量を確保することが求められる。浴室やキッチンの換気扇を24時間換気に利用することも可能であるが、室容積に応じた風量での連続運転ができるタイプを選定する必要がある。

　また、居住者の理解不足から24時間換気が止められてしまう場合もある。スイッチなどに24時間換気設備である旨を明記しておくとよい。

I 予防・安全　e 冷暖房・換気
2. 機器が高温を発しない、または高温部に触れるおそれのない暖房機器（エアコン、床暖房など）　【推奨】

　燃焼型の暖房機器や直接電熱線で加熱するヒーターなどは、機器から高熱が発せられ、また機器本体も高温になるなど、火傷をする危険性がある。

　火傷の防止という観点からは、高温を発しない暖房機器とすることが望ましい。温風を吹き出して暖房を行うエアコンは、燃焼型暖房機ほど機器の温度が上昇しない。また、床暖房は床面からの低温放射で暖めるので高温とならないが、長時間身体に触れることで低温ヤケドのおそれもあるので、注意が必要である。

　ファンを用いて温風を吹き出すファンヒーターは、直接火に触れることはなくても吹き出し口付近は高温となる。高温となる暖房機を使用する場合には、高温部に誤って触れないよう専用ガードを用いるなどの対策が求められる。

I 予防・安全 | ⓔ冷暖房・換気

❀3. 脱衣時に体に負担をかけないための浴室,脱衣室,トイレの暖房　【推奨】

　浴室,脱衣室,トイレでは脱衣した状態で過ごすこととなり,温度差による血圧の変動(ヒートショック)による突然死などが起きやすい。

　ヒートショックの防止には,室間での極端な温度差が生じないよう家全体の断熱性能を高め,温度面でのバリアフリー化を進めることが求められる。平面計画や換気の工夫での対策も考えられるが,さらにそれらの部屋に暖房機器を設置することも有効である。

　浴室では,防湿対策の施された暖房機器として,暖房機能の付いた浴室乾燥機の活用があげられる。浴室への暖房機設置が困難な場合は,浴槽へのお湯はりをシャワーから行うことで,浴室を温める効果が期待できる。

　脱衣室に暖房機器を設置する場合には,狭いスペースであり,衣類などの可燃物も多く,火傷や火災などの事故が起きないように,高温にならない放射式のパネルヒーターや温風式の暖房機器とするなどの配慮が必要である。

　トイレでは,シャワートイレに暖房機能が付属しているものもある。ただし,脱衣室もトイレも小さい空間であるため,機器を設置したことで脱衣や用便の支障とならないよう十分気をつけたい。

❀4. 燃焼ガスによる室内空気汚染がない暖房機器 (FF式,エアコンなど)　【推奨】

　ストーブやファンヒーターなど,燃焼に必要な空気を室内から取り入れ,排気ガスを室内へ排出する開放型燃焼暖房機器は,燃焼ガスによって室内空気質を悪化させるため,定期的に窓を開放するなどの換気が必要となる。換気を怠ると,一酸化炭素が高濃度となる。特に気密性の高い住宅では,注意が必要である。

　そこで,燃焼時に汚染空気を室内に放出することがない暖房機器の使用が推奨される。燃焼を伴わないエアコンや,燃焼機器を室外に設置した暖房機器(床暖房など),燃焼後の排気を直接屋外に排出するFF式(強制排気式)暖房機器を用いるとよい。その場合,屋外の排気ガスが給気口から室内に逆流することがないよう,燃焼機器と給気口との位置関係をよく考えておくべきである。

I-ⓔ-3. 浴室乾燥機による暖房

I-ⓔ-4. FF式暖房機器

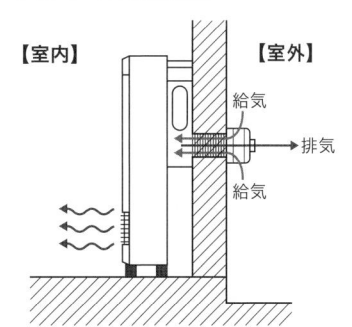

I 予防・安全　e 冷暖房・換気
5. 性能維持，カビ・ホコリ防止のためのエアコンのフィルター清掃　【推奨】

　エアコンのフィルターや本体が汚れると，抵抗（圧力損失）が増え風量や送風効率が低下するだけでなく，冷暖房時に汚染物質（カビ）やホコリを室内に撒き散らすことになってしまう。

　フィルターは，居住者が定期的に清掃する必要がある。フィルターを自動清掃する機能が搭載されたエアコンもあり，清掃作業の労力を軽減することができる。

　また，エアコン内部にもホコリなどが付着するが，その清掃は一般的には専門業者の手によることとなる。そこで，羽根や風路・熱交換器などの表面に防汚処置を施した機器もある。汚れ付着量を減らすことができる。

I 予防・安全　e 冷暖房・換気
6. 清掃のしやすい換気扇（換気風量を維持するための換気扇の清掃）　【推奨】

　良好な室内空気質を確保するためには，適切に換気が行われる必要がある（I-e-1.を参照すること）。しかし，換気扇の羽根やフィルターが汚れた状態だと十分な風量が得られず，本来の性能を発揮することができない。特にキッチンのレンジフードや換気扇は，油が付着しやすい。羽根やフィルターを定期的に清掃することが必要である。

　清掃が行われない場合の問題点として，風量の大幅な低下，騒音の増大，消費電力の増加などがあげられる。しかし，一般的な換気扇は，必ずしも清掃がしやすい構造となっていない。羽根の取り外しができる，撥水性フィルターで汚れが付着しにくいなど，清掃しやすい換気扇とすることが推奨される。

I 予防・安全　e 冷暖房・換気
7. 浴室を乾燥させる浴室乾燥機　【選択】

　浴室は，入浴中に発生した湿気により，湿度が高く，結露が発生し，カビが繁殖しやすい環境となる。

　湿気を排出するための基本は浴室用換気扇の設置と適切な運転であるが，さらに衣類乾燥や浴室乾燥の機能が備わった浴室乾燥機を設置するのもひとつの考え方である。

　浴室を暖房する機能もあり，浴室でのヒートショックの予防にも有効である。I-e-3.を参照すること。

I-e-5.　エアコンの自動フィルター清掃

I-e-6.　羽根取り外し可能な換気扇

I 予防・安全　❶給排水・給湯・衛生機器

1. 燃焼ガスによる室内空気の汚染がない給湯器

基本

　給湯器の選定・設置にあたっては，燃焼に伴なう室内空気汚染がないことが基本となる。

　ガス給湯器では開放燃焼式（排気ガスをそのまま屋内に放出するもの）や半密閉燃焼式（煙突で排ガスを排出するもの）を避け，屋外設置（RF式）か屋内設置であれば密閉燃焼式（燃焼用空気を屋外から取り入れ，排気ガスをそのまま屋外に排出するもの（BF式，FF式））を原則とする。気密性能の高い現在の住宅では，レンジフードや換気扇などを運転すると，室内の圧力が低下し，半密閉燃焼式では逆風止めより，排気が室内にあふれてしまう危険性がある。また，寒冷地では，凍結事故が生じないよう給湯器を屋内設置することが望ましい。多雪地域では，給・排気箇所が雪に埋もれないよう十分注意する必要がある。

　また，屋外へ排出された燃焼ガスが再度室内へ流入しないように，給湯器や排気口は窓や給気口から距離を取り，開放された位置へ設置する。隣家の窓や給気口との距離も，考慮すべきである。

　不完全燃焼防止装置が付いていない開放型燃焼機器が室内に設置されているような場合には，機器の交換を検討すべきである。

　なお，燃焼ガスの心配がない電気式，電気ヒートポンプ式の給湯・貯湯機もある。

I-❶-1.　多雪地域では，排気口の位置に注意する

I 予防・安全　❶給排水・給湯・衛生機器

2. 急に熱湯が出ない給湯器・水栓
（サーモスタット付きなど）

推奨

　誤操作などにより，給湯栓から熱湯を出して熱傷することを防止するため，給湯機は出湯温度を設定できるものを使用することが望ましい。特に，高温の貯湯槽から給湯を行う場合は要注意である。内部で水と混合し，設定温度で給湯する機能を備えている給湯器では，設定温度以上の湯が急に出ることがなく，熱傷などの事故を未然に防ぐことができる。

　給湯器自体にその機能がない場合は，サーモスタット付き水栓など出湯温度を調節できる水栓を使うことが推奨される。出湯温度を設定しておけば，吐水温度をほぼ一定に保つことができるため，事故防止に役立つ。ただし，水栓で出湯温度を調節する場合には，給湯配管部分が熱くなることがあるため，カバーをするなどの対策を講じる。

I 予防・安全　❶給排水・給湯・衛生機器

3. 適切な浴槽の縁の高さ

推奨

　浴室内で洗い場から浴槽へと跨ぐ際，体勢が不安定になり，転倒事故が起こりやすい。「高齢者が居住する住宅の設計に係る指針」の補足基準では，浴槽の縁の高さを300〜500mmとしており，浴槽の縁を跨いでの出入りに適した寸法を規定している。さらに，推奨基準として浴槽の縁の高さを350〜450mmとし，浴槽の縁に腰掛けて出入りできる形状のものを定めている。浴槽内での転倒防止対策として考慮したい。ただし，浴槽の縁が低いと子どもの溺水事故を誘発するので，水を溜め置かないようにする，浴室のドアを開放しておかないようにする，といった配慮が必要である。

　また，洗い場床面と浴槽底面との高低差が大きい場合，跨ぎ部分の浴槽縁の厚みが大きい場合にも，体勢が不安定となる。洗い場と浴槽面の高低差を100〜150mmに抑えると，跨ぎ動作時に安定した姿勢を確保しやすいといわれている。

I-❶-2.　サーモスタット付きシャワー水栓

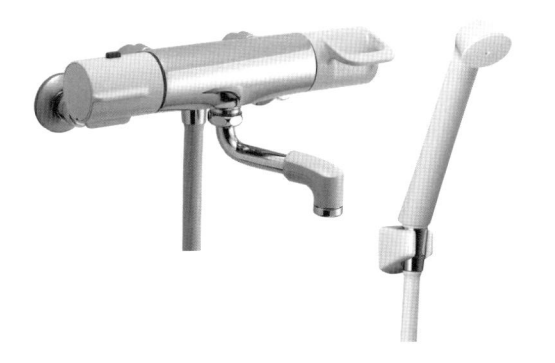

I-❶-3.　浴槽の跨ぎ寸法

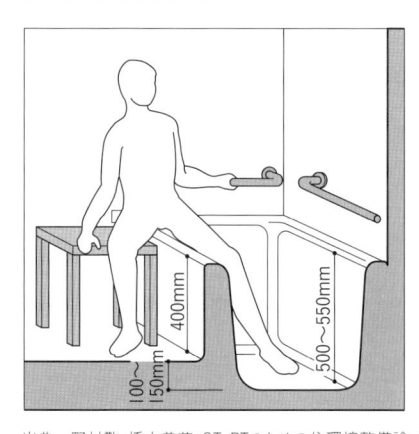

出典　野村歡・橋本美芽：OT・PTのための住環境整備論，三輪書店

I 予防・安全　❶給排水・給湯・衛生機器

✤ 4. 飲用水の水質を改善する機器(浄水器など)　選択

　飲用水の水質を改善するべく，浄水器を取り付けることもひとつの考え方である。
　浄水器は，水道中に含まれる飲用に適さない遊離残留塩素やトリハロメタンなどの有害物質やカビ臭などを取り除く一方，おいしさのもととなるミネラル分（カルシウム，マグネシウムなど）をそのまま残す機能がある。
　浄水器には，「ビルトインタイプ」「混合水栓内蔵タイプ」「据え置きタイプ」「蛇口直結タイプ」などの種類がある。使用水量，デザイン，メンテナンス方法の違いによって，それぞれ特徴がある。
　シンク下に本体を納めるビルトインタイプは，カウンター上のスペースが有効に使えるが，シンク下の収納スペースが減ってしまう。混合水栓内蔵タイプでは，シンク下のスペースも有効に使える。
　なお，カートリッジやフィルターは定期的に交換することが求められる。交換を怠ると浄水の効果がなくなるだけでなく，かえって水質を悪化させるおそれもあるので，居住者への注意喚起が必要である。

I-❶-4.　ビルトイン浄水器

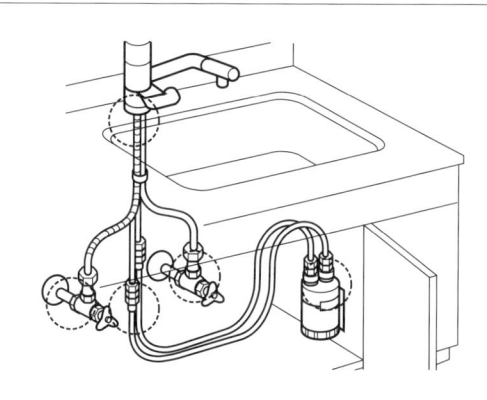

I 予防・安全　ⓖ情報・照明・その他
1. 危険を知らせる警報器の設置
（火災・ガス・一酸化炭素など）　　**基本**

住宅における安全を確保するために，各種の警報器を設置して火災やガス漏れ事故を予防することは基本事項といえる。機器の不具合や人為的なミスへの備えとして，考えておくべき対処である。

●火災

現在では，消防法によりすべての住宅（既存住宅を含む）に，住宅用火災警報器を設置することが義務づけられている。原則として寝室と階段に設置が必要であり，条例によりキッチンにも設置が必要となっている地域もある。基本的に煙感知式の機器を天井または壁に取り付けるが，キッチンや車庫などは熱感知式でもよい。警報の発報にあたっては火災箇所だけでなく，住宅内のすべての警報器が警報を発する連動型（配線式・無線式）もある。また，高齢者や耳の不自由な人向けに，光と音で警報を発する補助警報装置もある。

●ガス・一酸化炭素

ガス・一酸化炭素（CO）警報器は，ガス漏れや不完全燃焼によって生じた一酸化炭素（CO）を検知して警報を発する。ガス漏れはにおいによって感知できると考えがちだが，近くに人が居ない場合や就寝中などでにおいに気づかないこともある。また，一酸化炭素は無臭のため，人間が感知することは困難である。ガス・CO警報器の設置が必要である。ガス警報器を設置するにあたっては，都市ガスの場合は空気より軽いので上方に，プロパンガス（LPG）は空気より重いので下方に設置する。

また，火災警報器と一体になった複合機能を持つものもある。

I 予防・安全　ⓖ情報・照明・その他
2. 事故防止を目的とした照度の確保　　**基本**

住宅内を安全に移動したり，家事作業を行ったりするためには，足もとや作業面などが適切に見える照度が必要である。夜間にそれぞれの場所で，必要な照度が確保できるよう照明器具を配置することが求められる。照度の目安は，作業・場所ごとにJISに定められている。V-ⓖ-1.を参照すること。

昼間は窓からの採光によって照度を確保できるが，一部だけ照度が高いと相対的に他の照度の低い部分がかえって見にくくなることもある。それを補うには，夜間よりも高照度の照明が必要になる場合もある。採光計画と合わせて検討しておく必要がある。

夜間においては，必要照度が確保されていても照明が目に入るとまぶしくて逆光となり，手もとや足もとが見えづらいという状況が起こることもある。照明器具の配置にも十分配慮したい。

I-ⓖ-1.　住宅用火災・ガス・CO警報器

壁掛けタイプ　　天井付けタイプ

I 予防・安全　E 情報・照明・その他
🍀 3. 階段・廊下・段差の足もと照明　　　推奨

　階段や廊下では，段差が認識でき，障害物につまずかないように，床面に近い部分の照度確保が求められる。照明の方向によっては，歩く人自身が影となり，足もとが暗くなったり，段差の陰影が見えにくくなったりする。足もとを確実に視認できるようにするには，床面を照らす足もと照明の設置が有効である。

　就寝後は瞳孔の暗順応が進んでいるため，寝室からトイレに移動する際など，通常の照明ではまぶしく感じられることがある。足もと照明を点灯しておくことで，移動の安全が図られる。また，昼間でも足もとが見にくいような場合は，足もと照明のみ点灯しておくことで，全体を照明するよりも少ないエネルギーで安全を確保することができる。夜中の移動の安全を確保するために，常夜灯とする考え方もある。明るさセンサーや人感センサーを内蔵したタイプもある。

I 予防・安全　E 情報・照明・その他
🍀 4. 浴室での非常を知らせる緊急通報装置　　　推奨

　浴室は住宅内でも事故の発生しやすい場所であるが，一人で使用することが多く，また外部から見えないように独立した空間になっているので，ケガや体調不良が発生した場合にも外部から感知することが難しい。そこで，浴室での非常事態を他の部屋などに知らせる装置があると安心である。

　ワイヤレスの通報装置が市販されているが，給湯器の浴室用リモコンにインターホン機能や通報機能を備えたものもある。

I-E-3. 足もと照明

I-E-4. 通報装置付き給湯器リモコン

Ⅰ 予防・安全　⑥情報・照明・その他
✤ 5. 感電を防止する感電防止コンセント　[選択]

　危険の判別ができない幼児は，いたずらでコンセントにフォークや針金などを差し込んでしまい，感電する危険性がある。

　そのような感電防止のための部品として，感電防止コンセントがある。コンセントの差し込み穴部分の内側にガードがあり，2か所同時でないと物が差し込めないようになっている。

Ⅰ 予防・安全　⑥情報・照明・その他
✤ 6. 訪問者をチェックできる設備（カメラ付きインターホンなど）　[選択]

　防犯上，見知らぬ来訪者に対して，玄関ドアを開けて対応したくない場合もある。室内から玄関や門近辺の様子がうかがえる窓などがあればよいが，建物の配置によって難しいこともある。このような場合，カメラ付きのインターホンとすることが便利である。

　単にカメラが内蔵されただけでなく，録画機能を持つものや，LED照明を内蔵して夜間でもカラーで確認が可能なものなどもある。

Ⅰ-⑥-5.　差し込み穴内側にガードのある感電防止コンセント

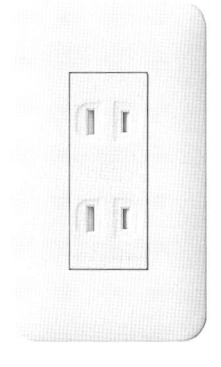

I 予防・安全　ⓗ家具・家電・調理機器

1. 古い蛍光灯の廃棄時のPCBへの配慮

基本

　PCB（ポリ塩化ビフェニル）は慢性的に摂取することで体内に蓄積し，爪の変形，まぶたや関節のはれなどの中毒症状を引き起こす。かつて（1957〜1972年），業務用・施設用の蛍光灯器具および水銀灯器具の一部，ならびに低圧ナトリウム灯器具の安定器に，PCBを含むコンデンサーが使用されていた。1972年8月末には全面的に使用が中止されたが，それ以前に製造された蛍光灯器具を廃棄する場合には，行政の清掃部門に相談するなど，注意が必要である。一般家庭用の蛍光灯器具には，PCBは使用されていないということだが，古い蛍光灯器具を使用している場合は確認すべきである。確認方法は，照明器具工業会のホームページに掲載されている。
参考：一般社団法人日本照明器具工業会HP

I 予防・安全　h 家具・家電・調理機器

2. 温度管理, 昇温防止, 立ち消え防止等の安全対策がなされた調理器具

推奨

　調理時に目を離した隙に，天ぷらの油温度が上昇しすぎたり，煮こぼれて立ち消えたりして，災害や健康被害を招くおそれがある。十分な安全対策の施された調理器具が推奨される。近年はガスコンロ，IHクッキングヒーターともに安全対策が進んでいるが，以前に製造された既存の調理器具には不十分なものもあるので，注意が必要である。

1）ガスコンロ

　ガスコンロは，平成20年10月1日以降に製造・輸入された製品は，すべてのバーナー部に「調理油過熱防止装置」と「立ち消え安全装置」の装着，およびPSマークの表示が義務づけられている（ただし，一口コンロを除く）。業界自主基準として，「コンロ消し忘れ防止装置」「グリル消し忘れ防止装置」も標準装着となっている。

2）IHクッキングヒーター

　炎や赤熱部がないので立ち消えの心配はなく，不完全燃焼もない。「異常温度上昇防止機能（温度過昇防止）」「切り忘れ防止機能」「鍋検知機能（鍋なし検知）」「小物検知機能」などの安全機能が装備されている。使用中・使用後しばらくの間はトッププレートなどが高温になるため，触れないよう注意が必要である。

　油は炎がなくても発火のおそれがあり（約370度で自然発火），IHクッキングヒーターでの揚げ物調理中にも発火する事例が発生している。規定油量より少なかったり鍋底にゆがみなどがあったりして，センサーが正常に作動しないことによる。

　熱源に関係なく，揚げ物調理中はそばから離れず，取り扱い説明書に記載されている油量を守って調理することが重要である。

参考：日本ガス協会および日本電機工業会HP

I-h-2.　安全装置付きガスコンロ

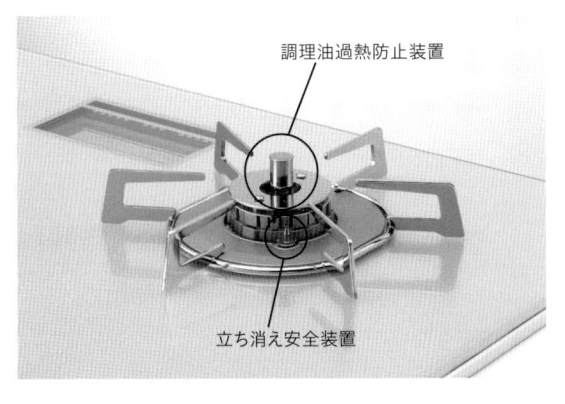

調理油過熱防止装置

立ち消え安全装置

Ⅰ 予防・安全　ⓗ 家具・家電・調理機器
✤ 3. 接着剤などからの有害物質の放散が抑えられた家具（低VOC家具）　【推奨】

　建材からのホルムアルデヒドの放散については，建築基準法で規制されている。Ⅰ-ⓑ-2.を参照すること。しかし，室内で使用される木製家具についての規制はなく，業界団体やメーカーがホルムアルデヒドに関する自主基準を設定し，それに基づくマーク表示を行うなどの対策が進められている。(社)日本家具産業振興会では，「使用される合板，繊維板，パーティクルボード及び接着剤はF☆☆☆またはF☆☆☆☆のもので，塗料はホルムアルデヒドを含まないもの」に「室内環境配慮マーク」を自主表示している。それらを参考に，家具を選ぶことが望ましい。

　ただし，こうしたマーク表示は自主表示制度であり，近年急増しているアジア諸国からの輸入家具には対応できていない。このような家具を購入するときには，異臭（化学物質臭）の有無を確認するなど注意が必要である。

参考：(社) 日本家具産業振興会HP

✤ 4. 望ましい空気の状態を維持する家電（空気清浄器，加湿器，除湿器，排気クリーン掃除機など）　【選択】

　室内の空気の状態をコントロール，維持するため，さまざまな家電がある。詳細はⅡ-ⓗ-1.を参照すること。

Ⅰ-ⓗ-3.　室内環境配慮マーク

提供　日本家具産業振興会

I 予防・安全　❶外構
1. 滑りにくく，つまずきにくいアプローチ空間の舗装　　基本

　屋外通路の床面舗装は，ぬれたときでも，滑りにくいものとする。軒下で雨が直接降り込まないようなところでも，靴や傘によって水が持ち込まれることがあるので，同様の配慮が求められる。I-❸-1.とI-❿-2.を参照すること。

　屋外の舗装材として，モルタル仕上げ，タイル，インターロッキングブロック，平板ブロックなどが用いられるが，それぞれ屋外の床面使用に適した粗面のものとすべきである。表面を研磨したテラゾーブロックや石材などは，滑りやすいものがあるので，注意が必要である。

　また，表面が平坦でなく凹凸が大きいと，歩きにくいばかりでなく，つまずいたりバランスを崩したりする原因となる。特に，ヒールが細い靴では，転倒やねんざなどにつながるおそれがある。飛び石でのアプローチ整備や小舗石での舗装などでは，凹凸が大きすぎないようにする配慮が求められる。

I 予防・安全　❶外構
2. 足もとを照らすアプローチ空間の照明　　基本

　夜間の出入りの際には，玄関や門など，アプローチ空間の足もとを照らす照明が必要である。特に段差があるところでは，昇りはじめや降りはじめがしっかりと視認できるように，照明を配置しておかなければならない。

　照明形式として，高所からのポール灯やブラケット照明，自立型のボラード灯，足もとだけを照らすフットライトなどがある。照明の光が眼に入ってまぶしくて，かえって足もとが見えにくい，ということにならないよう，光源の位置には十分注意したい。目線より高いところから下向きに照らすのが有効であるが，目線より低いところに照明を配置する場合は，直接光源が眼に入らないような器具としたり，光を拡散して輝度対比がきつくない器具とするなどの配慮が求められる。

I-❶-1.　小舗石による舗装

I-❶-2.　高所からの照明と足もと照明

I 予防・安全　❶外構

3. 汚染されていない土壌　　基本

　敷地やその周辺が従前に有害物質を取り扱っていた工場や事業所であった場合など，敷地内の土壌が汚染されている可能性がある。土壌汚染対策法が定められており，一定の条件にあてはまる場合には，汚染調査義務が課せられている。土壌調査を行い，汚染されている場合には，適切な処理を取る必要がある。

　汚染された土壌によるリスクとして，汚染された土壌に直接触れることでの直接摂取によるリスク，溶出した有害物質で汚染された地下水を飲用するなどの間接的なリスクがあげられる。これらのリスクを除去するために，土壌そのものを浄化したり，土壌や舗装を覆うなどの対策を講じることとなる。

4. 死角を生まないフェンス形状・配置・生け垣　　推奨

　防犯という観点から，敷地内に死角を生じないようにして，不審者の侵入を抑止することが求められる。そのために，プライバシーに配慮しつつ，道路からの見通しをある程度確保すること，アプローチ周辺に人の隠れる場所を作らないようにすることが大切である。敷地境を透過性のあるフェンスとしたり，生け垣の高さを抑えたり，といった配慮が必要である。また，アプローチから玄関への視認性を確保しておくことも重要である。I-❶-4.を参照すること。

5. 侵入の足がかりとなるものの設置への配慮　　推奨

　建物外周に室外機や物置などがあると，それらは高所の窓からの侵入の足がかりとなってしまう。これらの配置にあたっては，窓との関係をよく考慮すべきである。脚立やポリバケツなども，同様に足場となるので，庭に放置しないような配慮が求められる。

I-❶-5.　室外機が侵入の足がかりとなる

I 予防・安全　❶外構
6. じめじめとしないための水はけの確保
（水勾配の工夫，集水枡の設置など）

推奨

　住宅の周囲の水はけが悪いと，雨が降るたびにぬかるみができ，じめじめとした環境となってしまう。特に建物北側は日照時間が短く，苔むしたりしがちである。周囲の湿度が高ければ，その空気を取り込む室内環境にも影響を与えることとなる。

　建物周辺をじめじめとさせないためには，建物周囲の地盤レベルを高めにすること，外構部分で十分な水勾配を確保すること，適切な位置に集水枡や排水溝を設け，敷地外へと雨水を排出することが求められる。

　水勾配は1/50程度を確保したい。また，犬走りを砕石敷としたり，コンクリートの土間スラブとすることも効果がある。

I 予防・安全　❶外構
7. ヒールがはまらない目の細かい溝蓋

推奨

　アプローチに排水溝や集水枡があり，溝蓋や枡蓋に金属製グレーチングを用いる場合，目が粗すぎると靴のヒールが隙間にはまってしまい，予期しない転倒事故につながる。フラットバーのピッチを15mm程度に詰めた細目タイプのものを採用するか，面形状の蓋を採用することが望ましい。

I-❶-7. 目の細かい溝蓋

Ⅰ 予防・安全　❶外構
✤ 8. アプローチ空間への人感センサーライト　[選択]

　アプローチ空間には，夜間の照明が必要とされるが，人を感知して自動的に点灯する人感センサー付きライトを用いる考え方もある。帰宅時に家人が不在でも，アプローチ空間を明るくすることができる。必要なときにだけ点灯するので，省エネルギー性にも長けている。また安全性の確保とともに，防犯の役割を兼ねることが可能である。

Ⅰ 予防・安全　❶外構
✤ 9. 侵入防止のための防犯設備（フラッシュライト，カメラなど）　[選択]

　不審者に狙われない家作りをするには，まず敷地内に入られないようにすることが重要である。
　人感センサー付きのフラッシュライトは，人を感知して，強い光で威嚇し，不審者の侵入を防ぐ。周囲に対して，不審者の侵入を知らせる効果もある。警鳴器付きのものもある。
　また，屋外空間を見張る防犯カメラを設置することも，侵入の抑止効果がある。

Ⅰ 予防・安全　❶外構
✤ 10. 歩くと音の出る砂利敷き　[選択]

　家の周囲の犬走りに，防犯用の玉砂利を敷くことで，不審者が侵入したときに音で知らせ，自発的に退散させるという手法もある。足もとで石がこすれたときに，ジャリジャリと音がするというものだが，経年変化によって摩耗すると音が出にくくなるので，留意が必要である。

I 予防・安全　❶集合住宅共用部
1. 共用廊下や屋上からの墜落を防ぐ手すり　　基本

　集合住宅の共用廊下は，多くの人が利用する。外廊下の場合には，歩行中によろめき手すりにもたれかかったり，子どもが手すりにぶら下がったり，身を乗り出したりと，思わぬ行動をとるケースもある。高層階にも外部に面した共用部が設置されることが多く，共用廊下からの墜落は重大事故につながる。安全性への細心の注意が必要である。**Ⅰ-❻-1.** を参照すること。

I 予防・安全　❶集合住宅共用部
2. 滑りにくい床材　　基本

　集合住宅の共用部は外部に面している場合が多く，雨が吹き込んだり，冬季には雨や雪が凍結することなどを想定しなければならない。エントランスホールなどの室内空間であっても，利用者の傘や台車などで水が持ち込まれることもある。濡れた床面は，歩行者が滑って転倒事故を起こす原因となるので，ぬれても滑りにくい床材とする必要がある。

　エンボス加工を施した防滑性の床シートや，カタログなどで屋外床に使用可能と表示されたタイルなどを採用する。石材の場合であれば，割肌やバーナー仕上げとするのが有効である。**Ⅵ-❸-5.** を参照すること。

I 予防・安全　❶集合住宅共用部
❀3. 駐車場や車路と分離された歩行者通路　［推奨］

　集合住宅において駐車場が設けられる場合，敷地内に車路が設置される。車路は敷地内通路であり公道ではないが，交通事故の危険性があることは公道と変わらない。

　駐車場への車路と歩行者のアプローチ空間とを，きちんと区分することが望ましい。歩道を設ける，歩行動線と車路との不要な交差を避けるなどの配慮が求められる。

I 予防・安全　❶集合住宅共用部
❀4. 死角を生まない共用空間　［推奨］

　多くの人がアクセスする集合住宅の共用部は，不審者や犯罪者が侵入しやすいところでもある。特に見通しにくく死角となるような場所は，容易に不審者が潜むことができてしまう。犯罪やバンダリズム（落書きや破壊行為など）を未然に防ぐ観点から，極力死角を生まないような共用空間のしつらえとすることが望ましい。

　対策として，居住者の目が届くように，不要な凹凸や物陰をなくす，生け垣や庭木は高さを抑え茂みを透かす，見えにくいところには鏡や防犯カメラを設置するなどの対策を講じるとよい。非常階段や屋上など，あまり人が通らないところにも注意する必要がある。

　同様の観点から，不安な暗がりが生じないよう，夜間の共用部照明についても配慮したい。

I-❶-3.　駐車場と歩行者のアプローチ空間の区分

Ⅱ 静養・睡眠

Contents

ニーズ①適切な室内環境である…96
ニーズ②休息・睡眠がとれる，よく眠れる｜ニーズ③気持ちよく目覚められる…97
ニーズ④個人のタイムサイクルに合わせた睡眠ができる｜ニーズ⑤プライバシーへの適切な配慮がある…98
ニーズ⑥不快な振動がない｜ニーズ⑦害虫がいない…99
ニーズ⑧くつろげる，好みに合わせた休息ができる｜ニーズ⑨室内が静かである｜ニーズ⑩自然の変化が感じられる…100
ニーズ⑪室内外から自然や緑を楽しめる…101

ⓐ空間の計画
基本｜**1.**休息・睡眠のためのスペース｜**2.**個に対応した一人になれる空間｜**3.**外からの光，風，音などをコントロールして導き入れる空間構成…102
推奨｜**4.**リラックスできる広さや天井高さ｜**5.**不要な音が伝わらない部屋配置…103｜**6.**リビングやダイニングとトイレとの距離の確保｜**7.**静かで落ち着いた寝室…104｜**8.**寝苦しくないような夏季夜間の通風の確保…105
選択｜**9.**一人でくつろぐための小さな空間｜**10.**気軽にくつろぐことができるコーナー…105｜**11.**拡がりを感じられる空間｜**12.**身近に植物を配置できる場所｜**13.**個別就寝にできる寝室計画｜**14.**環境調整装置としての縁側…106

ⓑ屋根・屋上・壁・天井
基本｜**1.**適切な室内環境とするための断熱性能・気密性能をもった屋根・外壁・天井構成…107｜**2.**外部からの不快な騒音を遮断できる外壁・戸境壁…108
推奨｜**3.**くつろぐ，落ち着きのある色彩や素材による内装…109
選択｜**4.**落ち着いた音環境を実現する吸音性能をもった内装材…109｜**5.**安定した温熱環境とする熱容量の大きな内装材｜**6.**遮熱性能の高い外装材…110｜**7.**調湿効果のある内装材｜**8.**消臭効果のある内装材｜**9.**暖かみのある自然素材…111

ⓒ床・段差・階段・廊下
基本｜**1.**適切な室内環境とするための断熱性能・気密性能をもった床構成…112
推奨｜**2.**下階への遮音性をもった床構成…112
選択｜**3.**足触りのよい熱伝導率の低い床材…113

ⓓ開口・建具
基本｜**1.**遮音性能・気密性能のある建具｜**2.**基本的な断熱

適切な室内環境を確保し，家でしっかり休息するためのキーワードである。日々の心と体の疲れを癒すため，心地よく睡眠がとれる環境を整える必要がある。住まいは家族で集まって住む空間でもあるが，生活リズムが異なってもお互いがリラックスして過ごせることも重要である。

性能のある建具…⑭ | 3.通風やプライバシーを考慮した開口部配置・仕様…⑮ | 4.害虫対策としての網戸…⑯
推奨 | 5.夏の日射や西日を遮熱・遮光できる庇・ルーバー…⑰ | 6.高い断熱・遮熱性能をもったガラス・サッシ…⑱ | 7.就寝時に遮光できる窓回り…⑲
選択 | 8.視線の制御が可能な窓回り | 9.外光を制御できる窓回り…⑲ | 10.高い遮音性能をもった窓 | 11.高い遮音性能をもった室内家具…⑳

ⓔ 冷暖房・換気
基本 | 1.適切な能力の冷暖房機器…㉑ | 2.適切な風量と経路の換気設備…㉒ | 3.トイレの臭気や浴室の湿気の排出…㉓
推奨 | 4.冷暖房機器の適切な位置への設置…㉔
選択 | 5.安定した温熱環境とする高度な空調・暖房システム…㉔ | 6.不快な気流のない放射暖房システム | 7.高機能エアコン | 8.湿度センサー付き換気扇…㉕ | 9.熱交換型換気設備 | 10.くつろぎを演出する暖房機器…㉖

ⓕ 給排水・給湯・衛生機器
基本 | 1.汚水管・排水管からの臭気を防止するトラップの設置 | 2.トラップが破封しないための定期的な清掃・排水…㉗

ⓖ 情報・照明・その他
推奨 | 1.用途や機能に応じた照度・照明光色・器具配置…㉘
選択 | 2.好みに応じて調光可能な照明設備…㉘ | 3.落ち着いた光環境を作り出す間接照明 | 4.睡眠時の光や音をスケジュール管理する寝室環境制御システム…㉙ | 5.サーカディアンリズムを考慮した照明制御システム…㉚

ⓗ 家具・家電・調理機器
選択 | 1.望ましい空気の状態を維持する家電…㉚

ⓘ 外構
推奨 | 1.照り返しの少ない舗装材 | 2.プライバシーを考慮した塀やフェンス，生け垣，植栽…㉛ | 3.室内環境への影響を考慮した植栽…㉜
選択 | 4.目や耳を楽しませる庭 | 5.屋外でリラックスできる場所…㉜

ⓙ 集合住宅共用部
基本 | 1.共用空間と住戸との間の遮音性能の確保…㉝

Ⅱ 静養・睡眠｜ニーズ❶
適切な室内環境である（温湿度，換気，音，光，色彩など）

　適切な室内環境を整えることは日々の生活の不快感を取り除き，快適で健康な生活を送る上で必要不可欠である。静養や睡眠に影響を及ぼす要因として，温熱環境，空気環境，音環境，光環境に大別できる。特に，温熱環境，空気環境は，人間に心理的な影響を及ぼすとともに人体の生理に直接影響を及ぼす。

　温熱環境の目標は「不快な暑さ，寒さを取り除くこと」であり，気温・湿度・気流・放射熱の4つの要素が重要である。衣服の量と活動量を加味しつつ，一定の体温を維持できるような環境であることが求められる。

　空気環境の主な要因は，屋内空気に含まれる汚染物質の種類によってまとめられる。人体，暖房機器，調理機器，建材などから発生する汚染物質量が，抑制されていることが求められる

　音環境には望ましい音，不快な音，あるいは特にどちらとも思わない音など，さまざまな段階がある。心身のリラックス感を得るためには，望ましい音を採り入れつつ，不快な音を適度に遮断し，住宅内を快適な音環境とすることが求められる。屋外騒音への対策はもちろん，室内の生活音にも配慮する必要がある。

　光環境を考えていく上では，明るさ（照度），光の質（色温度・まぶしさ）が重要になる。さらに，そのような光をいつ利用するのかという時間的要素も加味しなければならない。また，色彩が人の体や心に影響を与えることも明らかになっている。住宅の内装における色彩の効果も考慮されるべきである。

II 静養・睡眠｜ニーズ❷
休息・睡眠がとれる，よく眠れる

　健康に暮らすためには，しっかりとした睡眠が不可欠である。居室で休息を取り，睡眠によって疲れた脳と体を休めることは，翌日の積極的な活動へと結びつく。睡眠不足は精神的ストレスを呼び起こし，身体の不調につながる。

　睡眠のための環境として，入眠をスムーズに行え，中途覚醒を起こさせないような環境が求められる。関係する要因として，温熱環境・音環境・光環境に大別できる。

　温熱環境が睡眠に及ぼす影響の大きいことはよく知られており，夏季の蒸暑な環境では寝苦しくて中途覚醒が多くなり，逆に冬季の寒冷な環境では手足などの冷えから，入眠が妨げられる。季節によっては冷暖房機器に頼ることもあるが，睡眠中は体温調節機能が低下しており，温度調節がうまくいかずに体調を崩す場合も少なくない。安眠が得られる温熱環境の確保は重要である。

　また，室内外の騒音が気になって入眠が妨げられたり，途中で目が覚めたりすることもある。適度に騒音レベルを抑えた室内環境であることも大切である。

　寝室の光環境が，入眠に適したものであることも求められる。余計な光が目に入り，睡眠が妨げられるようなことがないようにしたい。

II 静養・睡眠｜ニーズ❸
気持ちよく目覚められる

　一日のはじまりにあたって，気持ちよく目覚められることは，健康的な暮らしの重要なポイントである。朝日で目覚めるのは心地よいが，強い光を急に浴びるのは身体へのストレスともなる。瞼から入る光が徐々に増すことで，睡眠はゆっくりと浅くなり，交感神経も働き始めて体温や血圧が上がる。

　光環境が身体の状態へ大きく影響する理由として，体内時計があげられる。朝の太陽光のシグナルを受けることで体内時計はリセットされ，さらにそのおよそ14〜16時間後に自然な眠気が訪れるといわれる。リズムが整うことで睡眠の質も高まり，爽やかな気分で朝を迎えることができる。しかし，夜にも人工の光を浴びる現代では，体内時計は乱れがちである。光の質にもこだわって，眠りと目覚めのリズムを健やかに保つことが求められる。

II 静養・睡眠｜ニーズ❹
個人のタイムサイクルに合わせた睡眠ができる

　勤務時間などの社会的制約によって，家族の生活のタイムサイクルが違っている場合がある。そういったケースでは，個々のタイムスケジュールに応じて就寝できるような配慮も求められる。
　また，寝室の室内環境を個々の好みに合わせて，微調整することができればなお望ましい。

II 静養・睡眠｜ニーズ❺
プライバシーへの適切な配慮がある

　プライバシーは，居住者の心理に大きな影響を及ぼす。落ち着いて安心して過ごせる環境のために，対外部，居住者間など，さまざまなレベルでのプライバシーの確保が求められる。

●外部からのプライバシーの確保

　プライバシー確保の基本は，外部から内部への音や視線を制御・遮断することである。適度に自分たちの領域が守られている感覚を生みだすことで，心理的なストレスが軽減される。

●居住空間内での適度なプライバシーの確保

　年齢も生活時間も異なる個人がともに住まうので，それぞれの生活や行為を共存させるための工夫が必要である。視線は遮るが，気配が伝わる程度の距離感が求められることもある。コミュニケーションを図りながらも，個々のプライバシーを確保できるような配慮が必要である。

●その時々に応じた視線や音環境の制御

　眺望や通風，自然光を確保したいというニーズもあるが，プライバシー確保と相反することが往々にしてある。時々に応じて，視線や音環境を制御できる工夫も求められる。

音や視線を制御

II 静養・睡眠｜ニーズ❻
不快な振動がない

　振動は，自動車や鉄道などの通過交通や近隣の建設工事などによって引き起こされ，地盤を通して住宅へと伝搬する。また，室内外での家電機器の作動時に振動が伝わることもある。
　不快な振動が伝わると，その中で生活する居住者は，心身がリラックスできず，大きな心理的影響を受けることとなる。

振動が室内に伝わらない

II 静養・睡眠｜ニーズ❼
害虫がいない

　室内での休息時や就寝時に蚊やハエ，ゴキブリなどの虫が侵入すると，休息が阻害されたり不快で寝付けなくなったりする。さらに，ハチやガなど有毒な虫に刺されると，痛みやかゆみを生じ，時にはショック状態を引き起こすこともある。
　また，住宅内においては寝具やカーペットなどにダニが生息しやすいが，その影響でもたらされる病気も数多く存在する。ダニの糞や死骸の破片はアレルギー疾患を引き起こすもととなり，気管支喘息やアレルギー性鼻炎などにつながることもある。

害虫の侵入を防ぐ

II 静養・睡眠｜ニーズ❽
くつろげる，好みに合わせた休息ができる

　住まいで心身の安らぎを得るためには，生理的・心理的に快適な室内環境が整えられていることが望まれる。緑を眺めたり，音楽を楽しんだり，個人の趣味や嗜好に合わせて，くつろぐことができるようにしたい。

　温熱環境や視環境，音環境などは，個人によって感じ方が異なることがある。個々がリラックスできるように，環境をアレンジできる工夫があるとよい。

II 静養・睡眠｜ニーズ❾
室内が静かである

　ゆったり落ち着ける住まいづくりのためには，不快に感じないレベルまでバランスよく，騒音を低減させることが大切になる。大きな物音がする環境においては，精神が緊張を強いられ，知らず知らずにストレスを溜め込むこととなる。また，室内に音が響きすぎると，会話が困難になり，疲労を覚えることもある。精神の平安のためには，静かな環境が求められる。

　しかし，逆に完全に無音状態となると，人は不安になり，圧迫感を感じる。外部からの騒音を小さく抑えると，逆に室内の音が気になりやすくなる場合もある。居住者は与えられた音環境に順応していくし，また個人差もある。居住者のニーズに応じた音環境とすることが大切である。

II 静養・睡眠｜ニーズ❿
自然の変化が感じられる

　一日の時間の流れ，季節の変化を感じることは，生き物として生の営みを感じ取ることでもある。気温や光・風の変化を認識して，それがさまざまな精神の活動へと結びついていく。外界から遮断され自然の変化が感じられない環境に身を置くと，時間感覚が麻痺してしまい，精神的にも抑圧される。

II 静養・睡眠｜ニーズ⓫
室内外から自然や緑を楽しめる

　庭や屋外の四季折々の景観は，私たちに心理的な潤いや安らぎを与えてくれる。緑を介した心の癒しは，園芸療法としても大きな効果が認められている。さまざまなストレスにさらされた現代人にとって，アメニティを回復する大切な拠り所となっている。

リビングから見る庭の緑

II 静養・睡眠　ⓐ空間の計画
1. 休息・睡眠のためのスペース　【基本】

　住まいは人間の生活行動の起点となる場であり，休息・睡眠をとり，疲労回復に努めることをサポートする役割を担う。そこで，住まいにおいては，休息や睡眠に適したスペースが確保されることが基本事項としてあげられる。

　必要な面積は寝具の大きさから寸法を導くこととなる。一人用のシングルベッドの大きさはおおむね100×200cm，敷き布団は100×210cm，掛け布団は150×210cm程度であり，それらを参考にスペースを確保することとなる。天井高さは，睡眠時は横たわっているのでそれほど必要としない（カプセルホテルの天井高さは約1m）が，休息時を考えると一般的な居室としての天井高さが必要である。

　また，安定した休息・睡眠をとるためには，それに適した環境も重要である。就寝のスタイルは人それぞれであるが，温熱・通風などの室内環境に加え，遮音，遮光，視線制御などが一般的な配慮事項としてあげられる。

II 静養・睡眠　ⓐ空間の計画
2. 個に対応した一人になれる空間　【基本】

　住まいの中で自分の領域を形成し，落ち着いた生活を送るためには，自分の専有できる場所があることが不可欠である。

　家族の人数に応じた個室を確保したn-LDK型と呼ばれる住戸形式が普及したように，各人に対応した空間が確保されることへのニーズは高い。家庭内でのプライバシーも併せて考慮し，個人が専有でき，一人になれる個室や寝室といった空間を確保することが求められる。

II 静養・睡眠　ⓐ空間の計画
3. 外からの光，風，音などをコントロールして導き入れる空間構成　【基本】

　室内を完全に外界から完全に切り離すのではなく，適度に外部の光や風を取り入れることによって，環境を確保するのが一般的である。自然光により明るさや熱を取得し，風によって新鮮な空気を取得し，汚染空気を排出する。建築基準法でも，居室に対して一定の採光面積（有効面積が床面積の1／7相当），換気面積（床面積の1／20）を確保することが求められている。

　しかし，ときに外部からの光や風は過剰である場合もある。適度に和らげられた状態で，室内に導き入れる工夫がなされていることが望ましい。音については，完全に外部からの音を遮断すると，逆に室内の発生音が気になるという現象も起こる。外部の音が，不快にならない程度に和らげられ，外部状況を把握できるようになることが望ましい。

　光や風，音を効果的に室内に導くには，開口部回りの工夫が求められる（II-ⓓ-3.を参照すること）が，それに加えて屋外の自然環境の整備も重要である（II-ⓘ-3.を参照すること）。

II 静養・睡眠　ⓐ空間の計画

☾ 4. リラックスできる広さや天井高さ　【推奨】

　部屋の中で過ごすにあたって，面積が広いと開放感がある。その一方で，広すぎるとかえって落ち着かない場合もある。部屋が狭いと圧迫感を感じることがあるが，逆に落ち着いた印象となる場合もある。天井高さについても同様である。同じ天井高さでも，面積の大きな空間と小さな空間とでは感じ方が異なる。また，リラックスできる空間の感じ方にも個人差がある。居住者がリラックスできる空間を実現するには，デリケートな配慮が求められる。

　居室の広さについては，そこでの具体的な行為と置かれる家具とあわせて考える必要がある。居室の天井高さについては，建築基準法で2.1m以上と定められているが，これは最低基準であり，一般的には2.4m前後の天井高さとなっていることが多い。ただし，床座が主となる和室といす座の洋室では視点の高さが異なり，天井高さの感覚，ひいては圧迫感や開放感も変わるので留意したい。また，面積や天井高さだけでなく，開口部の位置や大きさによっても部屋の開放感は左右されるので，合わせて検討することが必要である。

II 静養・睡眠　ⓐ空間の計画

☾ 5. 不要な音が伝わらない部屋配置　【推奨】

　他の部屋からの耳障りな音は休息の妨げとなり，室間の音漏れはプライバシーの阻害要因となる。安心しリラックスして過ごすためには，不要な音を遮断する空間計画が求められる。

　トイレや洗濯機など好ましくない音が発生する部位と，リビングなどのくつろぐスペースとは，なるべく離した配置とすることが望ましい。ピアノや洗濯機など，床に直接振動や音が伝わるものは，1階に設置することで，ある程度制御できる。

　また，寝室などプライベートな部屋での音が，他の部屋に拡がらないことも大切な配慮事項である。個室と個室の間に収納・押入れなどの音の緩衝スペースを設ける，室間の隔壁の遮音性能を高める，内装に吸音性能を持たせ，音圧レベルを下げる（II-ⓑ-4.を参照すること）といった工夫が考えられる。

II-ⓐ-4.　床座といす座の高さ寸法

330前後　　700前後

II 静養・睡眠 ⓐ空間の計画
6. リビングやダイニングとトイレとの距離の確保

推奨

　食事をしている時や来客の応対時に、トイレからの音が聞こえたりするのは、プライバシーの観点からも避けたいところである。空気伝播音は、距離の2乗に反比例して減衰していく。トイレなどプライバシーのレベルが高い空間は、リビングなどの共用スペースから適度に離して配置することが望ましい。隔壁の遮音性能を向上させることも有効である。

　また、トイレへの入口扉が玄関に面していると、来客時のトイレへの出入りに気をつかうこととなる。トイレの扉の位置や開き勝手にも気を配りたい。

II 静養・睡眠 ⓐ空間の計画
7. 静かで落ち着いた寝室

推奨

　寝室には、ゆったりと休息・睡眠ができる環境を確保したい。外からの騒音に邪魔されたり、外部からの視線が気になったりしないように、部屋の配置や窓の位置に配慮したい。

　また、食器洗浄機、浴室乾燥機、洗濯機など深夜にタイマーで稼働させる設備機器もあり、それらが寝室へ悪影響を及ぼさないような設備機器配置への配慮も必要である。

　さらに、空調室外機の騒音や深夜に駆動するヒートポンプ式給湯器の音が気になるケースもある。寝室の壁の遮音性能を高めることで解決する部分もあるが、夏季に窓を開けた場合には問題となる。そもそもそれらの騒音源の位置を、寝室から離すのが有効である。II-ⓔ-4.を参照すること。

II-ⓐ-6. トイレの音がリビングにもれてしまう

II-ⓐ-7. 窓下の室外機

II 静養・睡眠　ⓐ空間の計画
☾ 8. 寝苦しくないような夏季夜間の通風の確保　[推奨]

　夏季，夜間に外気温が十分に下がる地域では，通風によって良好な室内の温熱環境を確保し，睡眠環境を向上させたい。一方で，防犯，天候の急変などが心配される。防犯格子の付いた窓としたり，雨の浸入しにくい外押し出し窓や辷り出し窓としたりするなどの配慮が必要である。

　一般的にそのような夜間用の通風窓は数と位置が限定されるので，就寝位置に風を行き渡らせることができるような室形状や開口部配置を検討する。

　日中の熱は上方に溜まるので，ロフトなどでは下から取り入れた空気を上方から排出する空気の流れを作り出すことが有効である。また，換気設備を併用することも考えられる。ただし，風が長時間人体に当たると体の冷えにつながることもあるため，過冷却とならないように気流を調節できる工夫も必要である。

II 静養・睡眠　ⓐ空間の計画
☾ 9. 一人でくつろぐための小さな空間（屋根裏部屋，書斎など）　[選択]

　家族との団らんとは異なり，他人の目を気にせずに一人で心おきなくくつろげるスペースがあるとよい。部屋とまでいかなくとも，ちょっとしたコーナーなどがあることでゆったりと時を過ごすことができる。

II 静養・睡眠　ⓐ空間の計画
☾ 10. 気軽にくつろぐことができるコーナー（畳コーナーなど）　[選択]

　日常的に利用しやすい場所に，気軽にくつろぐことができる場所があると有効である。休憩やお茶，気分転換などに用いることができる。それ専用の部屋がなくとも，そのような行動のきっかけとなるような空間的工夫があればよい。例えば，畳敷きのコーナーがリビングの一角に設けられていたり，小上がりで腰掛けられるようになっているだけでも，十分に機能する。

II-ⓐ-9.　小さな書斎

II-ⓐ-10.　畳コーナー

Ⅱ 静養・睡眠　ⓐ空間の計画
☾ 11. 拡がりを感じられる空間（天井の高い空間，視線が通る空間など）　[選択]

　拡がりのある空間の中に身を置くと，のびのびとして精神的にもゆとりが生じる。しかし，敷地の制約から，面積的に大きな空間を確保することはなかなか難しい。そのような場合には，天井を高くしたり，なるべく空間を見通せるようにしたりすることで，同じ床面積でも拡がりを感じられる空間とすることができる。

Ⅱ 静養・睡眠　ⓐ空間の計画
☾ 12. 身近に植物を配置できる場所（インナーガーデン，温室など）　[選択]

　園芸を通じて心身の回復を図る園芸療法というものがあるように，植物の緑には精神的に癒やす効果がある。住まいの中に積極的に緑を取り入れ，安らぎを感じられる住空間としていくことも一つのアイディアといえよう。

　植物によっては，温度や日照条件など人間とは異なる生育環境を必要とするものもあり，植物専用の温室などを設けるケースも考えられる。

Ⅱ 静養・睡眠　ⓐ空間の計画
☾ 13. 個別就寝にできる寝室計画　[選択]

　それぞれの生活時間帯が異なる，パートナーのいびきで安眠できないなどの理由で，個別に就寝するケースがある。それぞれが十分な睡眠をとるための工夫といえるだろう。恒常的にそのような就寝形態をとる場合であれば，別途寝室を計画するのもひとつの考え方である。子どもが独立した後に，子ども室をリフォームして夫婦別寝室にするというケースもある。

Ⅱ 静養・睡眠　ⓐ空間の計画
☾ 14. 環境調整装置としての縁側　[選択]

　屋外との接点となる場所に縁側のような中間的な領域を設けることで，室内への環境調整の役割を担わせることができる。建具の開閉を工夫することによって，季節や時刻に応じて，適した環境を居住者自身がアレンジすることができる。

Ⅱ-ⓐ-13.　いびきによる睡眠妨害

Ⅱ-ⓐ-14.　環境調整装置としての縁側

II 静養・睡眠　ⓑ屋根・屋上・壁・天井

1. 適切な室内環境とするための断熱性能・気密性能をもった屋根・外壁・天井構成

基本

　質の高い静養・睡眠のためは，夏は暑すぎず，冬は寒すぎない，適切な居室の温熱環境が確保されることが重要である。家全体の屋根・外壁・天井の断熱性能，気密性能が適切に確保されていることが求められる。

　断熱性能の基準として改正省エネルギー基準があり，屋根・外壁・天井の構成が改正省エネルギー基準の外皮平均熱貫流率（U_A値）以下になっていることが，基本的事項といえる。「住宅の品質確保の促進等に関する法律」に基づく省エネルギー対策等級に定められている等級4の基準がそれに当たる。屋根・外壁・天井それぞれの仕様は，住宅金融支援機構の仕様書にある次世代省エネ基準のみなし仕様が参考になる。省エネルギー性能を向上させ，断熱性能，気密性能を高めることによって，室内環境もコントロールもしやすくなり，快適性も向上し，健康にも寄与する。

　また，外皮の熱貫流率が小さくなればなるほど，隙間風の熱負荷（損失）の割合が大きくなる。同時に，気密，通気止めなども考慮しなくてはならない。

参考：住宅金融支援機構「木造住宅工事仕様書」省エネルギー性に関する基準

Ⅱ-ⓑ-1. 断熱施工

Ⅱ-ⓑ-1. 気密シート施工

II 静養・睡眠　ⓑ屋根・屋上・壁・天井
2. 外部からの不快な騒音を遮断できる外壁・戸境壁

基本

　快適な静養・睡眠をとるために、外部からの不快な音を適度に遮断できるようになっていることが求められる。音には空気伝播と固体伝播があるが、空気伝播のほうが大きく、隙間からの音漏れに多くの注意が必要である。特に集合住宅においては、住戸間の遮音に配慮しなければならない。

●壁の遮音性能に関する指標

　空気音の伝播に対する住戸間での壁の遮音等級（D数）として、日本建築学会から下表の指針が示されている。また、「住宅の品質確保の促進等に関する法律」でも、透過損失等級（界壁）が示されており、その等級も参考にされたい。

●住戸外からの音の伝播を低減する措置

　躯体の遮音性能は、単位面積当たりの重量（面密度kg/m^2）が増すほど、効果が大きい。集合住宅の場合は戸境壁をコンクリートなど重量のある躯体として、さらに厚さを増すなどの配慮が求められる。戸境壁を乾式工法とする場合には、吸音材を挟み込み石こうボードを増し貼りするなどの工法が提案されているので、それらを参考にする。コンクリート躯体の場合でも、GL工法で石こうボードを張ると、遮音性能が低下することが知られており、コンクリート躯体に直に仕上げをするか、LGSで壁下地を組む工法をとる。

　他に、重い金属、鉛などが入っている遮音シートを貼る手法もある。ジョイント部は隙間なく重ね貼りするとよい。ただし、外壁と開口部を比べると開口部からの音の透過損失が桁違いに大きく、開口部の遮音性能を高める方が効果的である。II-ⓓ-1.を参照すること。

II-ⓑ-2.　集合住宅の界壁遮音性能等級（日本建築学会）

日本建築学会 適用等級	部位	適用等級			
		特級(特別仕様)	1級(標準)	2級(許容)	3級(最低)
集合住宅	隣戸間界壁	D-55	D-50	D-45	D-40

II 静養・睡眠　ⓑ屋根・屋上・壁・天井
☾ 3. くつろぐ，落ち着きのある色彩や素材による内装　【推奨】

　住宅の内装は，居住者の視覚の大部分を占める重要な部分である。色彩や素材に配慮して，居住者がくつろぎ，落ち着きを感じられるような内装とすることが望ましい。

　色彩は，人の心理に大きく影響を与えるといわれている。白は，清潔で爽やかな印象を与え，実際より広く見せる効果がある。ただし，光の当たり方によっては明るくなりすぎて，まぶしさを生じる場合もある。緑は人間の目で捉えやすい領域の光であり，血圧を整え，リラックスさせる働きもあるといわれる。目と心を休めるのに有効である。青は精神を安定させる役割を果たし，運動神経の興奮も鎮めてくれる。寝室のインテリアの一部を，青系統とすることも考えられる。赤は刺激が強く，体を温める作用がある。暖色と寒色とでは，心理的な温度差があるといわれる。これらの色彩の効果を踏まえた計画を行いたい。

　また，素材としても，木質系の内装は温かみを感じさせるなどの特性がある。個人の好みなども合わせて検討を行いたい。

II 静養・睡眠　ⓑ屋根・屋上・壁・天井
☾ 4. 落ち着いた音環境を実現する吸音性能をもった内装材　【選択】

　静養・睡眠に適した落ち着いた環境を実現するためには，音環境が果たす役割は大きい。室内が騒がしいとなかなか心が安まらず，フラッターエコーなど不要な音の残響があると，不快に感じる場面もある。

　そこで，吸音性のある内装材を採用し，室内を適切な音圧レベルに調節することも考えたい。特に天井の高い空間では，残響時間が長くなりがちなので吸音に留意したい。また寝室でも，吸音処理によって，反射音を減らし騒音レベルを下げることが可能となる。

　吸音材にはグラスウール・ロックウールのような繊維状のものや，岩綿（ロックウール）吸音板のような成形板がある。グラスウールやロックウールは化粧クロスの貼られたボードもあるが，有孔板と組み合わせて使うことが一般的である。吸音面としては，多くの吸音板にあまり強度がないこともあり，手の触れない天井面とすることが多い。

　実際の部屋の音環境は，壁面の本棚や布製のソファーの有無などによっても大きく異なる。それぞれの素材が，音を反射したり吸音したりするからである。また，窓にカーテンを掛けるなどの対応でも，吸音性を高めることができる。部屋の使い勝手と合わせて，吸音性をもった内装を検討したい。

II-ⓑ-4. 岩綿吸音板

II 静養・睡眠　ⓑ屋根・屋上・壁・天井
☾ 5. 安定した温熱環境とする熱容量の大きな内装材

選択

　室内の熱容量が大きいと、暖まるのに時間がかかるが、冷めるのにも時間がかかる。外部の温度変動を和らげ、快適で安定した温熱環境とするのに有効である。

　熱容量の大きな素材として、コンクリートや土壁などがあげられる。外断熱工法とした上で室内側をコンクリートや土壁の素地とすると、大きな熱容量を確保できる。熱容量の大きな素材であっても、材の厚さが薄ければ十分な熱容量は確保できない。石こうボードの上に2mmほどの漆喰を塗った壁では、それほど熱容量を大きくする効果は見込めない。

　熱容量の大きな住宅では、冷暖房は可能な範囲で連続運転とすることが有効である。一方で、日中不在がちで夜のみ在宅するような場合、冷暖房の立ち上がりが遅く、かえって快適性を損ねてしまうこともある。ライフスタイルと合わせて考える必要がある。

II 静養・睡眠　ⓑ屋根・屋上・壁・天井
☾ 6. 遮熱性能の高い外装材

選択

　夏季、日射によって、外壁・屋根面の表面温度は外気温の2倍にもなることもある。外壁や屋根の断熱性能が悪いと室内の表面温度が高くなり、室温の上昇や壁や天井からの放射による暑さにつながる。

　外表面温度の上昇を抑えるには、外壁や屋根を白系の色とする、遮熱塗料を採用する、緑化するなどが有効である。また、外壁や屋根の断熱性能を高めることで、室内への熱の侵入を抑えることができる。

II-ⓑ-5. 熱容量の大きな部屋の室温の推移イメージ

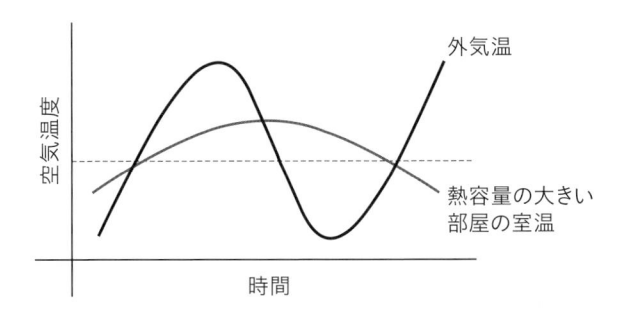

Ⅱ 静養・睡眠　ⓑ屋根・屋上・壁・天井
☾ 7. 調湿効果のある内装材　　　選択

　湿度が低すぎると唇や肌が荒れるなど過乾燥の症状を生じ，湿度が高すぎると不快に感じる。室内を快適湿度(50％程度)にするためには，冬季は加湿が必要であり，梅雨時などは除湿が必要となる。そこで，ある程度湿度をコントロールする性能をもった内装材とすることも考えられる。

　多孔質な素材は，梅雨などの高湿度時に湿気を吸着しやすい性質を持つ。珪藻土や土壁・漆喰といった塗り壁は，湿度をコントロールできる建材として，注目されている。石灰や火山灰を原料として，同様の性能をもたせたものもある。より簡便に使えるようタイル形状で多孔質としたものもある。

　他に，炭化コルクを壁内に設置する考え方もあるが，防湿ラインをどこに取るか気をつけなければならない。また，天井などに用いられるロックウール吸音板で，調湿・消臭性能を付与させたものもある。

Ⅱ 静養・睡眠　ⓑ屋根・屋上・壁・天井
☾ 8. 消臭効果のある内装材　　　選択

　住宅内で定常的に発生する臭気として，調理臭や生ゴミのにおい，またタバコ臭やペット臭などが考えられる。不快に感じる臭気があると，ゆっくり落ち着いて過ごすことができない。

　まずにおいが発生しない(生ゴミのゴミ箱に蓋をするなど)ように留意し，発生した臭気は換気して排出することが第一だが，消臭効果のある内装材を選択するのもひとつの考え方である。

　消臭建材は多孔質でにおいを吸着する性能をもたせたもので，調湿機能などを併せもつものが多い。消臭クロス，消臭塗装，調湿・消臭タイル，押入れ用ボードなどがあげられる。

　その性能に関しては，消臭というよりはにおいが残りにくいと捉えた方が適切な場合も多い。

Ⅱ 静養・睡眠　ⓑ屋根・屋上・壁・天井
☾ 9. 暖かみのある自然素材　　　選択

　インテリアの構成材に温かみのある自然素材を使用すると，肌触りや質感，色など心和むぬくもりのある空間を実現できる。壁・天井は室内において大きな面積を占めるので，自然素材を活かしてインテリアを考えるのもひとつの考え方である。部分的に使用しても，十分効果がある。

　内装材に用いられる温かみのある自然素材として，木材，土壁，珪藻土などがあげられる。特に木の無垢材は肌触りもよく，親しみやすい素材である。

Ⅱ-ⓑ-7.　調湿内装材

II 静養・睡眠　ⓒ床・段差・階段・廊下
1. 適切な室内環境とするための断熱性能・気密性能をもった床構成　【基本】

室内の温熱環境を整えるためには，床だけでなく家全体で考えなければならない。基本的には，必要な断熱性能の確保と，それを実現するために気密性能の確保が求められる。断熱性能の基準については，II-ⓑ-1.を参照すること。

II 静養・睡眠　ⓒ床・段差・階段・廊下
2. 下階への遮音性能をもった床構成　【推奨】

集合住宅の場合，下階の住人への影響を考え，層間での遮音性への配慮が求められる。

上下階での遮音には，重量床衝撃音と軽量床衝撃音の対策がある。日本建築学会から床の遮音等級（L数）の指針が示されている。また，「住宅の品質確保の促進等に関する法律」では，重量床衝撃音対策等級および軽量衝撃音対策等級，透過損失等級（界壁）が示されており，その等級も参考にされたい。

重量床衝撃音は，主に床の構造や仕上げ材の下地によって対策を行う。鉄筋コンクリート造では床スラブ厚，木造では構造用合板や石膏ボードなど，下地の床重量によるところが大きい。これらは，住宅全体の構造計画と合わせて検討すべきである。

軽量床衝撃音の性能は，床の仕上げによるところが大きい。フローリングなどの硬質の床仕上げ材は軽量床衝撃音を発生しやすいため，フローリング材に緩衝材が裏打ちされている遮音フローリングや制振シートを下地に利用するなど，軽量床衝撃音を発生させにくい構法が推奨される。

フローリングに比べ，カーペットなどを用いる方が軽量床衝撃音が発生しにくいが，ハウスダストやダニを気にする場合は使用を控えた方がよい。いずれにしろ，居住者との十分な打合せが必要である。

II-ⓒ-2.　集合住宅の界床の遮音等級（日本建築学会）

部屋用途	部位	衝撃源	適用等級			
			特級(特別仕様)	1級(標準)	2級(許容)	3級(最低)
居室	隣戸間界床	重量衝撃源	L-45	L-50	L-55	L-60・65※
		軽量衝撃源	L-40	L-45	L-55	L-60

※印は，木造，軽量鉄骨造またはこれに類する構造の集合住宅に適用する。

II 静養・睡眠　◐床・段差・階段・廊下

◐3.足触りのよい熱伝導率の低い床材

選択

　室内で靴を脱ぐ日本の住生活においては，床材は足に直接触れることとなる。冷たい床面で不快にならないよう，床材の足触りも考えたい。

　該当する床材として木質系素材，もしくは繊維系の素材で，多孔質もしくは毛足があり空気層があるものがあげられる。具体的には，木質系素材でいえば無垢材のフローリング，コルク，繊維系のものであればカーペットや畳などがある。無垢材のフローリングでも，木材の種類・表面塗装によって，足触りや暖かさ・熱伝導率の違いがあるので，サンプルなどで確認することが望ましい。

　意匠やメンテナンス性・住まい手の要望とも合わせて，選択肢を検討する必要がある。

II 静養・睡眠　ⓓ開口・建具
1. 遮音性能・気密性能のある建具　【基本】

　周辺環境によっては屋外の音が室内に侵入し、睡眠に支障を生じることがある。住宅内を快適な音環境として心身をリラックスさせるためには、不快な音をある程度遮断することが基本といえる。

　一般に建築物の遮音性能は、質量が大きいほど、また隙間が少ないほど高くなる。しかし、窓や扉には隙間ができやすく、開口部は遮音上の弱点といえる。建築物全体の遮音性能を高めるためには、開口部の遮音性能の向上が欠かせない。

　開口部の遮音性能として、JIS規格（JIS A 4706 サッシ）や「住宅の品質確保の促進等に関する法律」で遮音に関わる等級が示されているので、それを参考にするとよい。

　また、開口部の隙間が大きいと、適切な温熱環境・音環境の確保が困難となる。同様に、建具の気密性能の確保が求められる。開口部の気密性能として、JIS規格において気密等級が示されているので、その等級も参考にされたい。

II 静養・睡眠　ⓓ開口・建具
2. 基本的な断熱性能のある建具（複層ガラスなど）　【基本】

　健康や快適性の観点から、適切な温熱環境を実現することは重要である。住宅の外周壁に占める開口部の面積割合はそれほど大きくないにも関わらず、熱損失に占める割合は開口部が圧倒的に高い。したがって、適切な温熱環境実現のためには窓回りの断熱・遮熱性能を高めることが基本となる。冬には室内の熱を外へ逃さず、夏には日射熱の室内への侵入を遮るように開口部を計画する。

　開口部の断熱性能は、ガラスとサッシの組み合わせで決まる。計画地が「省エネ基準」のどの地域に該当するかを確認し、地域区分に応じて設定されている断熱仕様のガラスとサッシの組み合わせを選択する。

　近年、基本的な断熱性能が確保された複層ガラスが普及してきている。2枚のガラス間に乾燥空気を封入し、中空層をもたせたもので、単板ガラスと比較して約1.5倍の断熱性能があるといわれている。単板ガラスでは室内外のガラス面に大きな温度差ができ、ガラス面で結露することがあるが、断熱性能の高い複層ガラスでは結露が発生しにくく、アレルギーの原因となるカビの発生を抑制することができる。また、不快な窓面からのコールドドラフト対策にも有効である。

II-ⓓ-1. 遮音に関わる等級（住宅品質確保の促進等に関する法律）

住宅性能表示等級	1等級	2等級	3等級
遮音性能等級	制限なし	T-1	T-2
遮音性能(500Hz)	15dB程度	25dB	30dB

II-ⓓ-2. 複層ガラスの構成

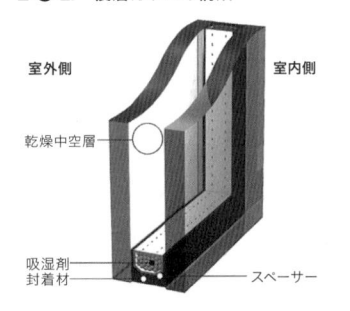

（室外側／室内側／乾燥中空層／吸湿剤／封着材／スペーサー）

II 静養・睡眠　ⓓ開口・建具
3. 通風やプライバシーを考慮した開口部配置・仕様
（2面開口，目隠しなど）　　基本

　開口部を設けるにあたっては，自然の通風を確保すると同時に，室内のプライバシーへの配慮をしなければならない。

　通風確保のための開口配置については，水平，垂直方向の通風経路の検討が求められる。詳細はⅠ-ⓓ-2.を参照すること。

　隣家との距離が近い場合は，隣家の窓と極力対面しないように，平面位置や高さをずらしたりするとよい。往来の激しい道路に面する場合には，高窓と地窓を組み合わせて視線をカットしたりすることも有効である。

　対面せざるを得ないような場合には，窓ガラスを視線が透過しにくい型板ガラスとしたり，曇りフィルムを貼ったりすることを考える。また，通風のため窓を開放する場合のことも考えて，窓の外側に目隠しパネルを付けたり，植栽で目隠しすることも有効である。

Ⅱ-ⓓ-3. 通風やプライバシーに配慮した開口部配置

II 静養・睡眠　d 開口・建具
4. 害虫対策としての網戸

基本

室内にハエなどの虫が侵入すると，不快となる。さらに，蚊やハチなど有毒な虫に刺されると痛みやかゆみを生じ，時にはショック状態を引き起こすこともある。

開口部での防虫対策としては，網戸が最も一般的である。最近では引き違いサッシ用の網戸のみならず，全開口サッシ用，辷り出し窓用，玄関扉用といった，各種の開口部に取り付け可能な網戸が開発されている。また，網戸自体の種類も増えてきている。

- パネル網戸
  最も一般的な網戸で引き違い窓に多く使われる。
- アコーディオン網戸
  ネットがプリーツ状で，必要な時に引き出し，使わない時はコンパクトに収納できる。窓からの景観を損なわないため，眺望を重視したい場合に用いると効果的である。
- ロール網戸
  ネットをロール式に巻き上げる「ロールアップ網戸」と，左右に開閉操作を行う「横引きロール網戸」がある。使いやすさとデザイン性に優れている。
- 折戸式網戸
  ネット部が2つに折れ開閉する網戸。出入りする際に邪魔にならない。

網戸とサッシとの隙間から害虫が侵入することがあり，ゴムやモヘヤがついている網戸としたり，市販の隙間テープなどを使うなどの対策も考えられる。また，花粉・ホコリ対策用のフィルター網戸もある。

網戸は風を通すため，ホコリや汚れが付着しやすい。清掃が必要となるので，清掃方法を考えておく必要がある。特に高所の場合，取り外しや清掃に危険が伴わないよう，配慮したい。

II-d-4. ロール網戸

II 静養・睡眠　d 開口・建具

5. 夏の日射や西日を遮熱・遮光できる庇・ルーバー

推奨

　開口部の日射遮蔽の目的は，室内への熱の侵入を抑え冷房負荷を低減するとともに，直射日光によるまぶしさをコントロールすることである。

　熱の侵入を防ぐには，外側で日射を遮蔽するほど効果が高く，窓屋外側での遮蔽＞窓自体での遮蔽＞窓屋内側での遮蔽，という順になる。そこで，庇や軒などによって開口部への日射の影響を屋外で低減させることがポイントとなる。十分な日射遮蔽効果を得るためには，方位によって太陽高度が異なるので，方位に応じた庇や軒の出寸法とすることが大切である。東西面では，冬季も夏季も日射の入射角度が低いため，庇や軒による日射遮蔽効果は南面ほど期待できない。窓の外側に，外付けルーバーやオーニングなどの日射遮蔽部材を設置することが望ましい。また，すだれを掛けられるようにしておくことも考えられる。樹木やつる性植物による日射遮蔽や，地表面やベランダ床からの照り返し防止などの対策も有効である。

　まぶしさの軽減という観点でも，庇やオーニング・ルーバーは有効であるが，簡便に室内側にブラインドやカーテンを設けることでも対応が可能である。

II-d-5. 開口部の日射遮蔽

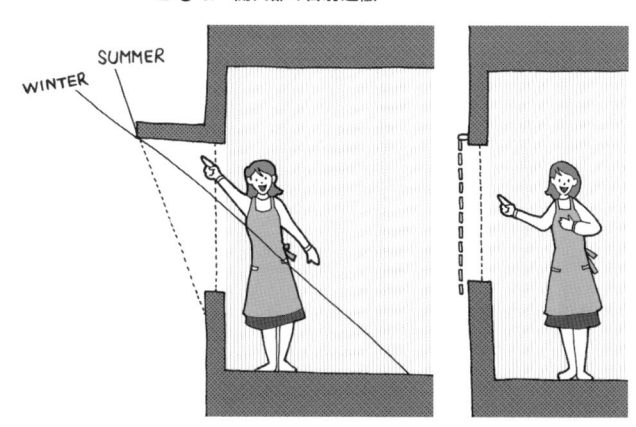

II-d-5. 日射遮蔽ルーバー

II 静養・睡眠　❹開口・建具
6. 高い断熱・遮熱性能をもったガラス・サッシ（断熱サッシ，断熱扉など）

【推奨】

室内の快適な温熱環境のためには，開口部の断熱性能を高めることが不可欠である（II-❹-2.を参照すること）。より高いレベルの断熱・遮熱性能をもった開口部として，夏季に室内に侵入する日射熱を減らし，冬季に日射熱を室内に取り入れるようにするとよい。

●ガラス

複層ガラスの中空層に，特殊金属膜（Low-E膜）を配したLow-Eガラスがある。金属膜を室外側ガラス側に配した「遮熱低放射複層ガラス」と，室内側に配した「低放射複層ガラス」の2種類がある。

遮熱低放射複層ガラスは主に日射遮蔽性能を重視する温暖地で使われ，低放射複層ガラスは主に断熱性能を重視する寒冷地で使われる。ただし，温暖地でも開口部の方位によっては，低放射複層ガラスの方が効果的な場合があるので，適切に使い分ける。なお，Low-Eガラスの特殊金属膜は紫外線も大幅にカットでき，内装や家具の色あせや劣化を防止する効果も期待できる。

他に，複層ガラスの中空層を厚くしたもの，中空層にアルゴンガスを封入したもの，ガラスを三重にしたトリプルガラスなど，さらに高い性能を有するガラスもある。

●断熱サッシ

サッシ枠からも熱が通過しやすいため，サッシそのものの断熱性能の向上も図りたい。サッシ枠を外部側と内部側に分割し，硬質ウレタンなどの熱を通しにくい材料でつないだ熱遮断構造のサッシ（断熱サッシ）や，室内側を樹脂製にしたアルミ樹脂複合タイプのサッシが普及してきている。さらに，熱伝導率が小さいものとして，樹脂サッシや木製サッシもある。サッシ面自体の結露も発生しにくくなり，アレルギーの原因となるカビの発生を抑制することができる。

●高断熱性能扉

扉も，高い断熱性能を有したものが開発されている。扉本体内部にウレタンなどの断熱材を充填し，枠に断熱樹脂や気密材を用いるなど，冷気や暖気の侵入や流出を抑える工夫をしたものである。一般的なドアよりも厚みがある（40〜60mm程度）。

なお，開口部の断熱性能を高めるために，厚手のカーテンを設置することも有効である。丈を伸ばし床に引きずる程度とすると，窓面からのコールドドラフトの防止に役立つ。

II-❹-6. 断熱サッシ断面構成

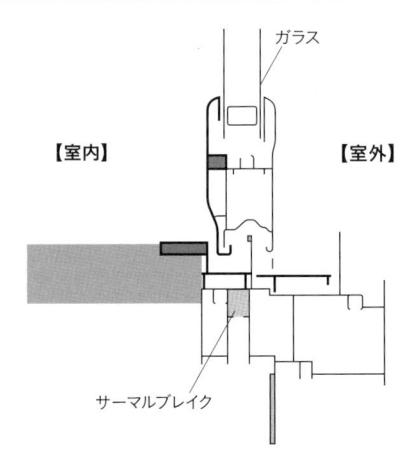

Ⅱ 静養・睡眠　ⓓ開口・建具
7. 就寝時に遮光できる窓回り
（雨戸，シャッター，遮光カーテン，遮光ブラインドなど）

推奨

　朝明るくなるとゆっくり眠れないため，日差しを完全に遮断したいという要望をもつ人も多い。また，街路灯の光が寝室内に入り，就寝時に気になるような場合もある。外の光を遮り，ゆっくりと眠れる環境を用意したい。

　遮光に配慮した窓装置として，雨戸やシャッターなどがある。外からシルエットが見えないため，プライバシー面からも有効であり，断熱効果もあるため寝室の室内環境の改善にもつながる。防犯，強風時の飛来物への対処という長所もある。

　また，より簡便には，カーテンやブラインドの使用が有効である。遮光度合いの異なる種類があるので，用途に合わせて選択すればよい。ある程度の断熱効果も期待できる。

Ⅱ 静養・睡眠　ⓓ開口・建具
8. 視線の制御が可能な窓回り
（シャッター，ブラインド，カーテン，ロールスクリーンなど）

選択

　隣家との距離が近かったり，道路からの視線が気になるような開口部では，状況に応じて外部からの視線をコントロールする必要がある。

　外部からの視線を制御するアイテムとして，カーテン，水平ブラインド，垂直ブラインド（バーチカルブラインド），ローマンシェード，ロールスクリーン，障子などがある。

Ⅱ 静養・睡眠　ⓓ開口・建具
9. 外光を制御できる窓回り（ライトシェルフ，高機能ブラインドなど）

選択

　外光を制御する工夫として，室外側（Ⅱ-ⓓ-5.を参照すること），室内側（Ⅱ-ⓓ-7.を参照すること）でさまざまな手法がある。

　さらなる工夫として，建具の中間レベルに水平庇を設けるライトシェルフがある。上面で直射光を天井面へと反射させ，和らげた状態で光を室内に取り入れるものである。

　また，光の状態に合わせて自動制御するブラインドや，上部と下部とでスラット角度を変えることのできるブラインドなどもある。まぶしさ感を抑えつつ，光を部屋の奥まで導き入れることができる。

Ⅱ-ⓓ-8. 障子による視線制御

II 静養・睡眠　d 開口・建具
☪ 10. 高い遮音性能をもった窓（二重サッシなど）　　選択

　幹線道路や線路沿いなど，屋外の騒音への対策が必要な環境では，外部開口部の遮音性能が室内の快適性という点から重要なポイントになる。また，密集市街地で隣戸との距離が近い場合には，プライバシー・近隣への配慮という観点からも高い遮音性能が求められる。

　サッシの遮音性能（T値）は，4段階の等級がJISにて定められており，T-1からT-4まで4つの等級に分類されている。39頁を参照すること。

　住宅用のサッシは，ルーバーサッシを除いて，一般的にはT-1の遮音性能となっている。遮音性能を上げるには，アルミと樹脂を複合したサッシ（T-2）を使用するか，二重サッシとする対策が必要となる。後付けで簡便に内窓を追加する方法もある。

　また，遮音性能の高いシャッターもある。スラットの気密性能を高め，音の透過を防ぐものである。さらに，座板の下端部分にも遮音材を取り付けて，シャッターの自重で開口部床面に圧着して遮音効果を高めたものも開発されている。

II 静養・睡眠　d 開口・建具
☪ 11. 高い遮音性能をもった室内建具（遮音・防音ドアなど）　　選択

　ホームシアターなどの高い遮音性能を必要とされる部屋を計画する場合には，外部開口部だけでなく，室内扉にも防音扉を設置するなど遮音の工夫が求められる。一般の室内扉では，戸当たり部分の隙間処理がなされず，高音域での遮音性能が確保できない。エアタイトゴム，グレモン締め，扉へのロックウール充填や遮音シートなどの対処が施された防音扉を使用するとよい。

II-d-10.　二重サッシ

II 静養・睡眠　e 冷暖房・換気

1. 適切な能力の冷暖房機器

基本

　家の中でゆったりと静養し，しっかりとした睡眠をとるためには，室内が適切な温熱環境であることが必要である。部屋が暑すぎると，夜中に目覚めてしまい，睡眠を阻害するおそれがある。また，寒すぎると手足が冷え，リラックスすることができない。

　快適な温熱環境の実現のためには，断熱性能の確保（II-b-1., II-c-1., II-d-2.を参照すること）に加え，適切な能力の冷暖房機器の設置が求められる。部屋の大きさや冷暖房負荷に見合った能力の冷暖房機器を設置することで，過不足ない冷暖房が可能となる。冷暖房負荷は，建物の断熱・気密性能，窓面積，最上階であるか否かや，方位などによっても左右される。吹抜けがある場合は気積にも影響される。単純に，床面積だけで決まらないことに留意する。冷暖房負荷算出には（社）空気調和・衛生工学会の冷暖房熱負荷簡易計算法があるので，下図を参照するとよい。冷房負荷には部屋の方位や位置する階，暖房負荷には窓面積率の影響が大きいことがわかる。

　また，これらの機器の運転制御にも配慮が必要である。夏に冷やしすぎたり，冬に暖めすぎたりすると，快適さが損なわれることになりかねない。制御の容易な冷暖房機器であることも大切である。

II-e-1.　部屋配置と窓面積による冷暖房負荷の違い

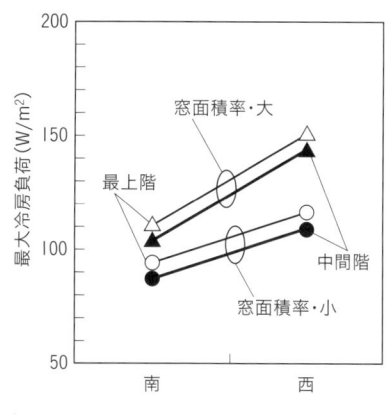

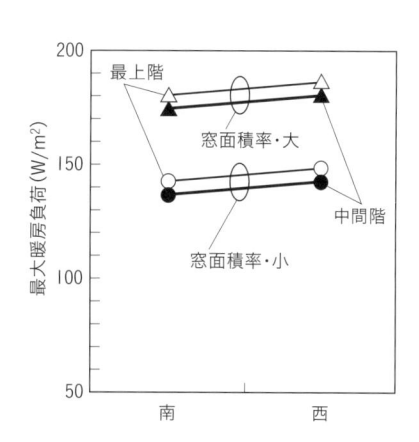

出典　（社）空気調和・衛生工学会規格：冷暖房負荷簡易計算法 SHASE-S 112-2009

II 静養・睡眠　e 冷暖房・換気

2. 適切な風量と経路の換気設備

基本

　適切な換気量（換気回数0.5回／時）を確保して，良好な室内空気質を保つことは必須である（I-e-1.を参照すること）。同時に，各部屋に良好な空気が行き渡るような換気経路の設計も重要である。

　排気のための換気扇と給気口が近接していると，入ってきた新鮮な空気がそのまま排出されてしまい，室内に新鮮空気が取り込まれない（ショートサーキット）。部屋全体，もしくは家全体に空気が行き渡るように，取り付け面を違えるなど，離して配置するべきである。そのような観点から，空気の入口と出口が明確な第1種換気（41頁参照）は，適切な換気経路を確保しやすい形式といえる。

　家具等で給気口がふさがれてしまうと，有効に給気がなされないこととなる。家具の配置とも併せて考えたい。一方で，人の長く滞在する場所の近くに給気口があると，外気が流入して熱い空気や冷気が直接体にあたり，不快となる。滞在位置から離して給気口を配置するよう留意する。特に寝室では，ベッドや布団の配置を想定して設置位置を決定する。

　また，屋外からの給気口の位置も，排出された汚染空気や臭気を，再度室内に取り込むことがないよう配慮したい（下図参照）。トイレやキッチンの排気口と離して配置する。隣接する住戸の給湯器，室外機，キッチン・トイレの排気口の位置も確認しておくべきである。

II-e-2.　給気口の配置への配慮

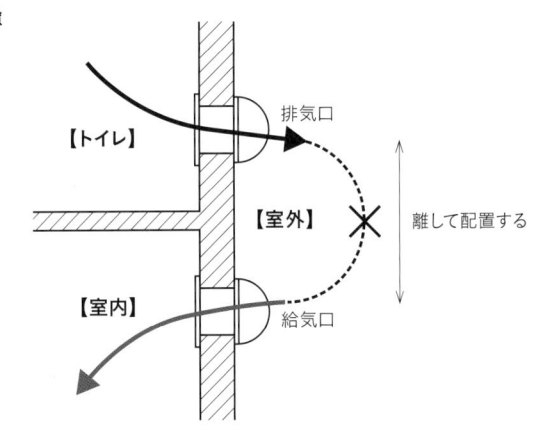

3. トイレの臭気や浴室の湿気の排出

基本

浴室は湿気が，トイレは臭気がこもりやすい。これらの部屋が負圧となる状態を保ち，廊下やリビングなどに湿気や臭気が漏れないようにする必要がある。そこで，各々の必要換気量を満たす能力の換気設備を設置，運転することが求められる。

トイレの臭気を確実に排出するためには，換気扇の残置運転や少風量での24時間換気が望ましい。換気扇が設置されていない場合は，新たに設置を検討するとよい。また，浴室についても，室内の湿気を確実に排出するには，入浴後一定時間の残置運転が有効である。目安となる換気回数は，トイレで5～15回／時，浴室で10回／時である。

あわせて，トイレや浴室の扉には，換気口やガラリ，アンダーカット（トイレの場合）などを設けておく。気密性の高い住宅の場合，風量の大きいキッチンのレンジフードを回すと，トイレや浴室から空気が逆流するおそれもある。レンジフードに対応した給気口をレンジフードの近くに設けておくとよい。また，扉下部にアンダーカットを設ける場合，足指をつめるおそれがあるので注意が必要である。I-d-4.を参照すること。

II-e-3. トイレ入口扉のアンダーカット

II 静養・睡眠　e 冷暖房・換気
4. 冷暖房機器の適切な位置への設置
（直接体に冷気が当たらないなど）

推奨

　四季を通じての温熱環境の確保には適切な能力の冷暖房機器が求められるが（**II-e-1.**を参照すること），その選定・配置にあたっては，室内での静養や睡眠を妨げないよう配慮したい。

　冷暖房機器は運転音がするものもあり，静寂を必要とする寝室での設置にあたっては，音が静かな機器を選ぶか，気にならないような位置とする工夫が求められる。

　また，冷暖房機器からの冷気や暖気は，長時間身体に当たっていると，不快に感じたり，疲労につながったりする。長期間滞在する部屋では，冷暖房機器からの吹出し気流が直接身体に当たらないようにするなど，使用シーンや滞在エリアを考えて配置したい。

　特にエアコンの室内機やFF式暖房機では，室外配管との関係で設置位置の制約がある。壁掛けタイプのエアコンの真下にベッドや布団があって就寝時に冷風を直接浴びる，勉強机の真横にファンヒーターがあって温風を顔に受けて不快となる，といった不具合も想定される。機器側の制御で補うことのできる部分もあるが，限界もある。配置計画でも十分配慮したい。

　また，エアコンやヒートポンプ式給湯器の室外機が騒音源となる場合もある。室外機は窓際に設置されることが多いが，就寝時の頭の位置から離れたところに設置する，防振ゴムなどで振動音を軽減するなどの配慮・対策が求められる。

II 静養・睡眠　e 冷暖房・換気
5. 安定した温熱環境とする高度な空調・暖房システム
（24時間全館空調など）

選択

　より高いレベルの温熱環境を実現する方策として，ダクトを使って24時間全館空調を行うシステムもある。中央熱源からの熱を，家の隅々まで行き渡らせるものである。連続運転することで安定した温熱環境が実現し，家の中での熱的なバリアをなくすことができる。断熱性能・気密性能が高ければ空調負荷はさほど増えず，また連続運転することによって急激な立ち上がりがなくなるので，能力の小さい空調機で全館空調が可能となるメリットもある。一方で，ダクトルートや配管スペースを確保するための事前の検討が必要である。

　また，同様に安定した熱環境を実現する観点から，寒冷地では冬季の24時間暖房が採用される例も多い。地域性やランニングコスト，消費エネルギーなどと合わせて，検討したい。

II-e-4.　寝室でのエアコン設置の注意

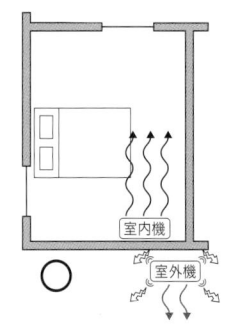

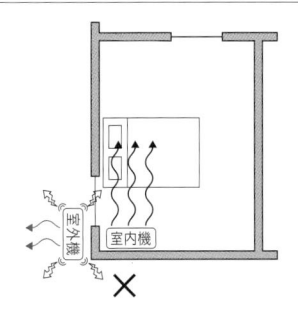

II 静養・睡眠　⊖冷暖房・換気
☾6. 不快な気流のない放射暖房システム
（床暖房，放射暖房パネルなど）

［選択］

　エアコンや温風暖房機などの対流式空調機は，温風や冷風で室内を空調するため，居住者に温風や冷風が当たって快適性を損なう場合がある。また暖房時は，暖かい空気が上昇して上下温度分布が発生し，頭部が暖かく足もとが寒い環境になりやすい。

　そこで，温風ではなく放射（ふく射）で暖房を行うのが，放射パネルや床暖房による暖房システムである。対流式と比較して立ち上がりの時間はかかるものの，足もとが暖かいため快適性が高く，また体感温度も上がるため室温を低く設定でき，省エネとなる場合もある。

　パネルヒーターでは，冷水を熱源とした冷房も可能な製品もある。しかし，パネル面が結露してカビを生じることもあるので，居住者への注意喚起が必要である。

II 静養・睡眠　⊖冷暖房・換気
☾7. 高機能エアコン（気流制御，再加熱除湿，空気清浄，脱臭など）

［選択］

　最近では，快適性を高めるためのさまざまな機能を付加した高機能エアコンが開発されている。気流制御・再加熱除湿・空気清浄・脱臭などの機能がある。

　住まい手の滞在時間が長いリビングや寝室などには，こういった高機能エアコンを設置することも有効である。多くの製品・機能が開発・販売されているので，ニーズに合った機器や運転方法を選択するとよい。

II 静養・睡眠　⊖冷暖房・換気
☾8. 湿度センサー付き換気扇

［選択］

　住宅の気密性能の向上に伴い，室内で生じた水蒸気が十分に排出されずに結露を誘発するケースも見られる。対策として，湿度に応じて運転するタイプの湿度センサー付き換気扇の設置も考えられる。

　特に寝室では，就寝時に人体から排出される多量の水蒸気への対策が必要である。また，洗面所で発生する湿気の排出にも有効である。

II-⊖-6.　放射暖房パネル

II 静養・睡眠　e冷暖房・換気

9. 熱交換型換気設備　　　　　　　　　　　　選択

　換気を行うにあたって、冬季には冷たい外気が、夏季には暑い湿った外気が取り込まれると、快適性を損なうこととなる。

　換気時に熱交換器を介することで、室内に取り込まれる冷気や熱の影響を和らげることができる。より快適な温熱環境を実現するために、全熱交換型換気扇とすることもひとつの考え方である。

　空気の出入り口が明快な第1種換気であることもメリットといえる。また、排熱回収することで、空調負荷を下げる効果も得られる。

　一方で、ダクトルートを天井裏などに確保する必要があるので、事前に十分な検討が必要である。

II 静養・睡眠　e冷暖房・換気

10. くつろぎを演出する暖房機器　　　　　　　選択
（暖炉, 薪ストーブ, ペレットストーブなど）

　暖炉や薪ストーブは暖房としての機能だけでなく、家族の団らんを促し、"癒し"や"ぬくもり"を感じさせるといった効果も期待できる。ゆったりと時を過ごすことにもつながる。

　一方、熱を家全体に行き渡らせるには限界があり、ヒートショックの原因となる室間の温度差を生じたり、機器が高温になるので火傷の危険性があったり、といった健康上の心配もある。

　また、こまめなオンオフや部屋ごとの個別暖房に向かないこと、室温設定が難しいこと、薪などの燃料の手配が必要なことなどのデメリットもある。

　なお、燃焼を伴うので、給気・排気には十分な注意が必要である。給気が不十分だと、一酸化炭素中毒を引き起こしかねない。またレンジフードを運転させると、排気が吸引されて煙道を逆流することも起こりうる。

　居住者がメリットやデメリットを十分理解した上で、選択肢となる暖房機器といえる。

II-e-9. 熱交換型換気の原理

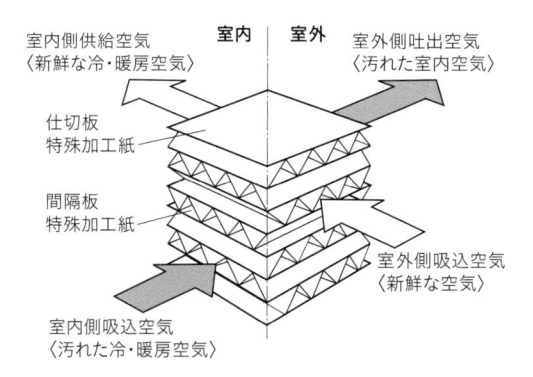

（図：熱交換型換気の原理
- 室内側供給空気〈新鮮な冷・暖房空気〉
- 室外側吐出空気〈汚れた室内空気〉
- 仕切板　特殊加工紙
- 間隔板　特殊加工紙
- 室外側吸込空気〈新鮮な空気〉
- 室内側吸込空気〈汚れた冷・暖房空気〉）

II 静養・睡眠　❶給排水・給湯・衛生機器

1. 汚水管・排水管からの臭気を防止するトラップの設置　【基本】

　住宅にはキッチン流し台，洗面台，浴槽などの水回りの設備があり，そこから汚れた水や余分な水が排水管を通して排水される。その際，排水管を経由して下水の臭気が室内に入ってこないように，水回りの排水配管の一部に水を溜める排水トラップ（封水）を設置する必要がある。また，排水トラップには，害虫やネズミなどを屋内に侵入させない働きもある。建築基準法施行令129条の2の5により，建築物の排水管への排水トラップの設置が義務づけられている。

　排水トラップには，「S型トラップ」「P型トラップ」「わんトラップ」などの種類があり，排水の方向，排水口の種類などで使い分ける。また，1個の衛生器具配管に直列に2個以上のトラップを接続する二重トラップは，流れの抵抗が増大し排水不良の原因となるため禁止されている。

2. トラップが破封しないための定期的な清掃・排水　【基本】

　長期にわたり排水が行われないと，蒸発によりトラップに溜められている封水が減少し，さらにはなくなってしまう。また，排水縦管の急激な圧力変化で，トラップ内の水がはね出したり吸い出されたりすることがある。このような状態を破封と呼び，ガスや臭気などが排水管を通じて，室内へ侵入することになり，衛生上問題がある。

　破封を防ぐための対策として
①髪の毛やゴミによる毛細管現象で封水がなくならないよう，排水口を定期的に清掃する。
②封水が蒸発してしまわないよう定期的に排水を行い，トラップの封水を確保する。
などがあげられる。また，一度に大量の排水をすることで，自己サイホンを起こして破封することもあるので，居住者に注意を喚起すべきである。

II-❶-1.　トラップ

II-❶-2.　トラップの破封のパターン

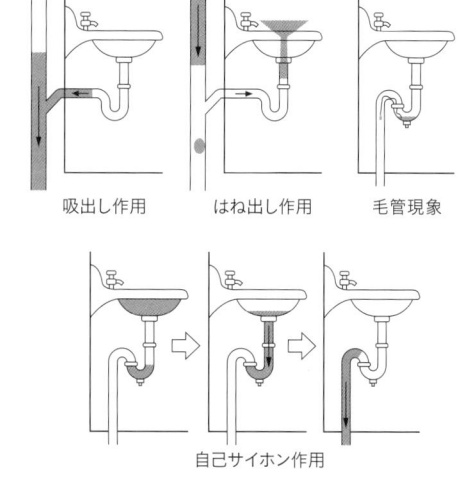

吸出し作用　　はね出し作用　　毛管現象

自己サイホン作用

| Ⅱ 静養・睡眠 | ⓖ情報・照明・その他 |

☾ 1. 用途や機能に応じた照度・照明光色・器具配置

推奨

　不安やストレスなく室内で過ごすためには，室の用途やそこでの作業に応じた相応しい光環境とすることが推奨される。部屋のどの位置で，どのような作業が行われるかを想定して，照明器具の選択とその配置の検討を行うとよい。

　部屋，作業に応じた照度基準はJISで示されている（Ⅴ-ⓖ-1.を参照すること）。光色は色温度（単位：ケルビン K）によって表され，住宅では2,700〜6,700Kのものが推奨されている。この範囲の光色は，さらに暖（3,300K以下），中間（3,300〜5,300K），涼（5,300K以上）のグループに分けられる。

　書斎は作業の場所として考えれば高照度で，比較的色温度の高い中間または涼のグループの光色が相応しい。しかしじっくりと本を読んだり，音楽を聴いたりすることを想定すれば，くつろぎの場として色温度の低い暖のグループの光色とすることも考えられる。室名にとらわれず，実際の空間の使われ方に基づいて照明計画を行いたい。

　なお，就寝前の部屋を想定した研究では，低照度で暖のグループに入る低色温度が好まれるという結果が得られている。計画にあたって留意したい。

| Ⅱ 静養・睡眠 | ⓖ情報・照明・その他 |

☾ 2. 好みに応じて調光可能な照明設備

選択

　作業のために必要な照度は，JISに目安が示されている（Ⅴ-ⓖ-1.を参照すること）が，人が好ましいと感じる照度は時々の行為によって異なる。調光可能な照明設備を導入すれば，状況に応じた好みの照明環境を作ることができる。

　寝室の場合，就寝前を想定すれば高い照度は必要ないが，着替えを行ったり，掃除をしたりもする。逆にこれらの作業を想定した照明では，就寝前の照明としては明るすぎることになる。そこで，調光可能な照明設備とすることも考えたい。Ⅳ-ⓖ-3.を参照すること。また，スタンドライトで必要な部分のみを調光する方法もある。

Ⅱ-ⓖ-1. ランプの色温度

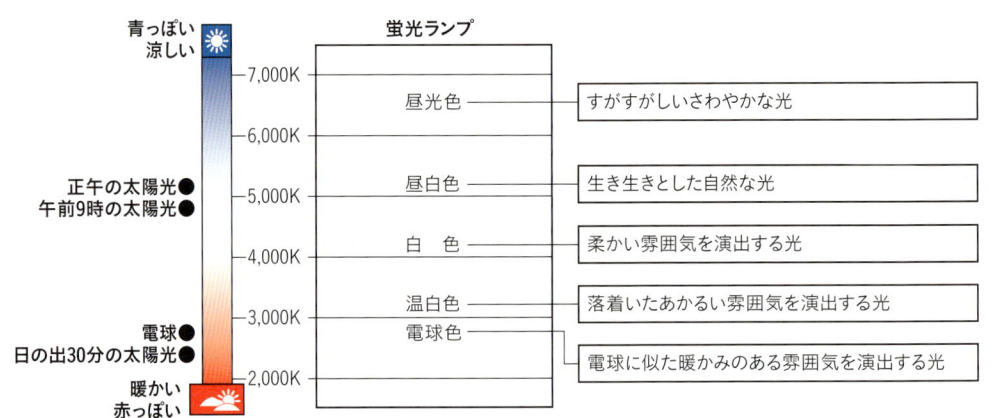

色温度	蛍光ランプ	特徴
7,000K 青っぽい・涼しい	昼光色	すがすがしいさわやかな光
6,000K		
5,000K 正午の太陽光／午前9時の太陽光	昼白色	生き生きとした自然な光
4,000K	白色	柔かい雰囲気を演出する光
3,000K 電球	温白色	落着いたあかるい雰囲気を演出する光
2,000K 日の出30分の太陽光／暖かい・赤っぽい	電球色	電球に似た暖かみのある雰囲気を演出する光

提供　一般社団法人日本照明工業会

II 静養・睡眠　ⓖ情報・照明・その他
☾3. 落ち着いた光環境を作り出す間接照明

選択

　ゆったりと過ごしたい部屋においては，落ち着いた光環境が望まれる。直接光源が見えない間接照明として，天井面や壁面の広い範囲を照らし，その反射光で照度を確保して，柔らかな光の状態を作り出すことも検討したい。内装と一体に計画すれば，特殊な器具は不要である。

　特に寝室など横たわることの想定される部屋では，ダウンライトのように天井面に照明器具を取り付けると，横たわった際に光源が直接目に入ってしまう。間接照明とすることで，光源が目に入らず，心地よい光環境とすることができる。

　スタンドライトやスポットライトなどの向きを工夫することによっても実現可能である。

II 静養・睡眠　ⓖ情報・照明・その他
☾4. 睡眠時の光や音をスケジュール管理する寝室環境制御システム

選択

　健康のためには自然のリズムとともに眠り，目覚めるのがよいといわれる。そこで，入眠時と起床時の音や光をコントロールして，快適な睡眠がとれるように開発された寝室環境制御システムがある。

II-ⓖ-4.　寝室環境制御システムの例

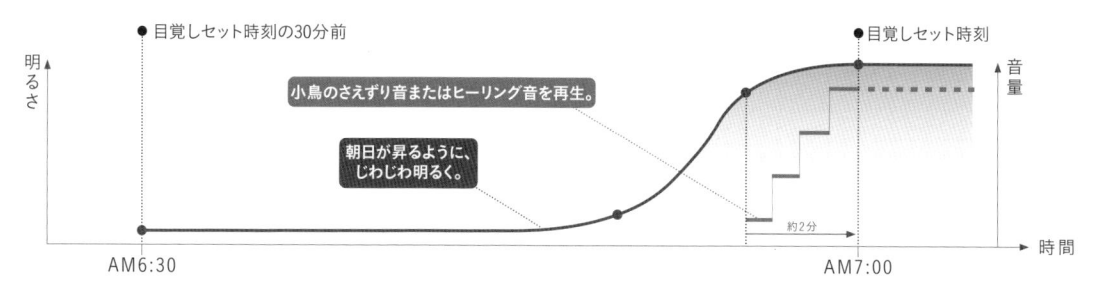

明るさ／音量／時間

● 目覚しセット時刻の30分前
　小鳥のさえずり音またはヒーリング音を再生。
　朝日が昇るように、じわじわ明るく。
● 目覚しセット時刻
約2分
AM6:30　　　AM7:00

II 静養・睡眠 ⓖ情報・照明・その他
☽ 5. サーカディアンリズムを考慮した照明制御システム

選択

　動物には一日を周期とするサーカディアン（概日）リズムがあり，光によって調整されていることが明らかにされている。

　このサーカディアンリズムが乱れると，自律神経系や代謝系への影響があるといわれている。住宅の照明においても，サーカディアンリズムに基づいて，時刻に応じた光の質（調色）・量（照度）を制御していくことも考えられる。

II 静養・睡眠 ⓗ家具・家電・調理機器
☽ 1. 望ましい空気の状態を維持する家電
（空気清浄器，加湿器，除湿器，排気クリーン掃除機など）

選択

　健康に影響を及ぼす空気の要素として，温度・湿度・清浄度・気流などがあげられる。湿度のコントロールには加湿器や除湿器の使用が，ホコリ・花粉・PM2.5のような微粒子の吸着，脱臭の面では空気清浄器の使用が有効である。空気清浄器と加湿器を一体化した商品もある。個人の好みに合わせて空気質向上を図る手段として，これらの家電機器を活用することも考えられる。

　ただし，フィルター交換を適切に行わないと，カビなどが発生し，かえって空気を汚染してしまうこともある。メンテナンスが不可欠である。

　また，掃除機には，排気中の塵が少ないタイプもある。花粉症の季節など，窓を閉め切ったままでも掃除ができるという利点がある。紙パック式でもサイクロン式でも捕じん率の高い製品がでている。

II-ⓖ-5. サーカディアンリズムを考慮した照度・色温度スケジュール例

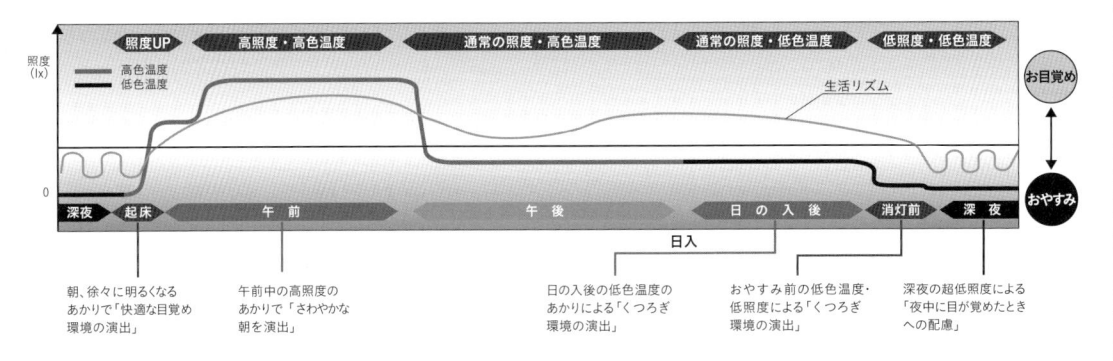

II 静養・睡眠　❶外構
1. 照り返しの少ない舗装材
（芝生，ウッドデッキなど）

推奨

　屋外の舗装面からの照り返しは，夏季の室内環境に大きな影響を与える。コンクリート土間スラブやアスファルト舗装面などは，夏季には表面温度が60℃近くまで上昇するといわれる。窓を開けると，これらの舗装面で熱せられた空気を取り込むこととなってしまう。また，反射性の高い材料（白色塗装・金属面など）の場合，窓を閉めていても反射した日射がガラスを透過して室内に影響を与えてしまう。

　そこで，真夏でも快適に過ごせるように，屋外地表面からの照り返しを抑えることが推奨される。テラスを設置する場合には，ウッドデッキを採用して放射を低減したり，庭には芝生などの地被植物を植えて緑化を行い，地表面温度の上昇や反射日射を抑えたりすることが有効である。ウッドチップ舗装とする手法もある。特に，掃き出し窓など面積の大きな開口部の前面には十分な配慮をしたい。

II 静養・睡眠　❶外構
2. プライバシー（目隠し）を考慮した塀やフェンス，生け垣，植栽

推奨

　通りや隣接する住戸からの視線を敷地境界部で適度に遮り，プライバシーを確保することに努めたい。敷地境界で視線を制御することで，室内のプライバシー確保が容易になる。一方で，死角が増え防犯上の支障とならないようにも留意すべきである（Ⅰ-❶-4.を参照すること）。

　植栽や生け垣，透過性のあるフェンスは，視線を制御し適度なプライバシーを確保するのに有効である。樹木で視線制御を行う場合，樹種によって葉の密度が異なり，視線制御の度合いが異なってくる。また，冬に落葉する樹種だと，落葉後には視線制御の機能が損なわれてしまう。樹木の特性を把握しておく必要がある。

Ⅱ-❶-1.　ウッドチップ舗装

II 静養・睡眠　❶外構
3. 室内環境への影響（風通し，日射遮蔽）を考慮した植栽　【推奨】

庭に落葉の中高木を植えることにより，簡便に季節に応じた環境制御を行うことができる。

夏は葉が繁って日射を遮ることで，開口部からの熱の侵入を抑えられる。同時に，地表温度の上昇を抑えられるので，地面からの放射熱を緩和することにつながる。冬には落葉して，日射を透過し，開口部を通じて熱を取り入れることが可能となる。

また，樹木によって，外部の強風を和らげる防風機能も期待できる。建物の外部で緩衝されることで室内へ風を取り込みやすくなる。防風機能という面では，葉が密に繁る樹種が望ましい。一方で，樹木が繁りすぎると，風通しを阻害する要因にもなる。適度に枝を払うなどの手入れが必要となる。

II 静養・睡眠　❶外構
4. 目や耳を楽しませる庭（花木，果樹，池など）　【選択】

庭に，花や紅葉の美しい樹木，野鳥が訪れる樹木を植えたり，池を設えたりすることで，目や耳を楽しませる屋外空間の演出が行える。

室内から庭を眺めて季節の移ろいを感じたり，庭に出て光や風を感じたりすることで，ゆったりとして安らいだ精神状態へと結びつけられる。

II 静養・睡眠　❶外構
5. 屋外でリラックスできる場所（オープンバルコニー・テラスなど）　【選択】

屋外に出てのびのびと過ごすことのできる場所を用意することも，精神的な安らぎを得る一つの方策となる。

芝生の庭を確保したり，気軽に腰掛けられる縁台や濡れ縁を設けたり，さらにウッドデッキ敷きのオープンバルコニーやテラスなどを設えたりすることも考えられる。

II-❶-3．防風林

提供　島根県土木部都市計画課：
島根県出雲市斐川町，出雲平野の築地松（ついじまつ）

II-❶-4．ビオトープ

II 静養・睡眠　❶集合住宅共用部
1. 共用空間と住戸との間の遮音性能の確保(廊下, EVなど)

基本

　躯体や外部空間を共用する集合住宅においては，住戸外からの物音が，睡眠や静かに時を過ごすことを邪魔しないように，遮音に配慮しなければならない。住戸間の遮音に関しては，II-❻-2., II-❻-2.を参照すること。

　共用廊下や共用階段の歩行音やエレベータシャフトからの機械音が，住戸に影響を与えない配慮も必要である。廊下や階段は音が出やすい縞鋼板などを避けてモルタル下地とする，エレベータシャフトは重量のあるコンクリートとするといった対策が有効である。共用廊下と住戸の間に隙間を設ける（フライングコリドー）や寝室を共用廊下から離れた位置に設けるなど，計画・設計上の工夫も可能である。

Ⅲ 入浴・排泄・身だしなみ

Contents

ニーズ①清潔に入浴・排泄を行える｜ニーズ②日常的に身だしなみを整えることができる｜ニーズ③各自が望んだときに水回りが使える…136
ニーズ④入浴時にリラックスすることができる…137

ⓐ空間の計画
基本｜1.入浴・排泄・洗面に関わる空間｜2.基本動作に対応したスペース…138
推奨｜3.洗面空間の十分な収納｜4.寝室近くへのトイレの配置…139｜5.化粧など身だしなみを整えるための場所｜6.寒すぎない浴室・脱衣室・トイレ…140
選択｜7.リラックスできる浴室｜8.余裕のある洗面空間｜9.ゆったりとした脱衣空間…141｜10.リラクゼーション空間としてのトイレ｜11.日当たりのよい水回り空間…142

ⓑ屋根・屋上・壁・天井
選択｜1.消臭効果のある内装材…143

ⓒ床・段差・階段・廊下
推奨｜1.汚れにくい浴室床材…143
選択｜2.素足で触れた時に冷たくない浴室の床材…143

ⓓ開口・建具
基本｜1.プライバシーに配慮した浴室・トイレ・脱衣室の開口

清潔な水回りで身だしなみを整え，きちんとした生活を送るためのキーワードである。排泄行為は年齢性別に関係のない，人間の生理的な行為である。また，体を清潔に保つことは，健康で衛生的な生活に必須の事項である。身だしなみを整えることは，精神的な張りにつながる。

部…⑭
❺冷暖房・換気
基本｜1.浴室,トイレの換気設備, 窓…⑭
❻給排水・給湯・衛生機器
基本｜1.人数・用途に応じた給湯能力の給湯器…⑭
推奨｜2.ゆったりと入れる大きさの浴槽…⑭｜3.局部を清潔に保つための洗浄設備…⑭
選択｜4.入浴効果を高める高機能浴槽・シャワー…⑭｜5.高機能の洗面台｜6.快適性を高めた高機能便座｜7.汚れ物洗いのための洗濯用流し…⑭

❼情報・照明・その他
推奨｜1.細部が見えやすい洗面所の照度・器具配置…⑭
選択｜2.浴室でリラックスするための設備…⑭｜3.化粧しやすい光の状態…⑭
❽外構
選択｜1.浴室から眺める景色｜2.浴室から屋外に出て涼める空間…⑭

III 入浴・排泄・身だしなみ｜ニーズ❶
清潔に入浴・排泄を行える

　体を清潔に保つことは，健康で衛生的な生活を営むにあたって必須の事項といえる。入浴することで一日の体の汚れを落とし，感染症を予防し体臭の防止するばかりでなく，疲労回復や安眠を促すことにもつながる。

　また，排泄行為は年齢性別に関係なく，人間の生理的な行為である。汚物には臭気があり，また汚物に起因する感染症もあり，きちんと処理され衛生的な環境が保持されることが求められる。

III 入浴・排泄・身だしなみ｜ニーズ❷
日常的に身だしなみを整えることができる

　きちんと身だしなみを整えることは，人間にとって社会生活上の重要な行為である。身体を清潔に保つ点で衛生的にも意味があり，またきちんとすることで精神的な張りを保つことにつながる。日常的に利用しやすい，身だしなみを整えるための設備や空間が求められる。

III 入浴・排泄・身だしなみ｜ニーズ❸
各自が望んだときに水回りが使える

　トイレや洗面台などは，家族同士で使用時間帯が重なることがある。特に忙しい朝の時間帯にこれらの設備が自由に使えないことは不自由であり，ストレスにもつながる。トイレを我慢しすぎると，身体にも悪影響を与える。浴室も専有時間が長いことから，それぞれの入浴時間が制限を受けることになりかねない。朝入浴をしたり，洗髪したりするという習慣の人もいる。これらの水回りを，個人の生活ペースに合わせて使用できるように計画されると，より快適な生活が送れる。

Ⅲ 入浴・排泄・身だしなみ｜ニーズ❹
入浴時にリラックスすることができる

　日中の交感神経が働き高ぶった精神状態は，入眠するときには副交感神経が優位の状態に切り替わるという。ゆったりと入浴することは，副交感神経系へと切り替え，リラックスした精神状態を作り出すのに効果的である。

　単に体を清潔に保つ行為としてだけではなく，お湯につかること自体がリフレッシュの機会となる。浴槽でゆったりと手足を伸ばしたり，入浴前後に運動をしたりくつろいだりして，身体や精神の緊張をほぐすことができる。リラックスタイムとしての入浴を演出するように，入浴剤を入れて香りを楽しんだり，ゆず湯のように季節感を楽しんだり，といった工夫もなされる。さらに風景や植物を見て楽しんだり，浴槽につかりながらTVやオーディオの視聴をしたり，読書をしたりと，入浴時のリラックスに関わるさまざまなニーズがある。

Ⅲ 入浴・排泄・身だしなみ ａ空間の計画
1. 入浴・排泄・洗面に関わる空間（浴室，トイレ，洗面など）

基本

　住宅内で衛生的な生活を送るためには，体を清潔に保つための入浴設備と排泄物を処理するトイレは必須である。また，洗面・化粧や歯磨きのための設備や空間を設けることは，社会生活を行う上でも重要である。これらの役割を担う浴室・トイレ・洗面所は，台所と併せて「水回り」と呼ばれるが，それぞれ役割が異なるのでそれに応じた設えが必要である。

　浴室・トイレ・洗面所は個別に設けられるケースが多いが，面積的な制約のもとでは一体化することも考えられる。介護などを想定して，あえて区分せずに拡がりのある空間とするケースもある（Ⅶ-ａ-7.を参照すること）。また，家族の人数や階数によっては，水回りを複数箇所設けるなどの配慮も必要となる。脱衣所と洗面所を兼ねるケースが多いが，家族構成や利用時間帯によっては別室とする検討も必要である。

Ⅲ 入浴・排泄・身だしなみ ａ空間の計画
2. 基本動作に対応したスペース

基本

　水回り諸室は，寝室などに比べるとコンパクトに計画され，面積的な余裕がないことが多い。また，着衣しない状態で利用されるので，壁面や設備機器にぶつかるとケガをしやすい。基本動作に対応した空間の大きさを把握し，コンパクトながらきちんと面積を確保しておく必要がある。

　「住宅の品質確保の促進等に関する法律」の「高齢者等への配慮に関すること」では，等級3で浴室の大きさとして内法で短辺1.3m（共同住宅は1.2m）以上，かつ広さ2.0m^2（同1.8m^2）以上，トイレとして内法で長辺1.3m以上としている。浴室面積は浴槽の大きさに左右される部分もあるが，洗い場の面積が十分であるかも検証しておくべきである。ショールームなどで，事前に大きさを確認しておくことが望ましい。

　トイレは便器の前方または側方に，500mm程度のクリアランスが必要であるとされる。タンクレスタイプの便器はコンパクトであり，トイレ面積を抑えることが可能である。洗面所は，洗面化粧ユニットは幅600mm程度から揃っているが，必要に応じて脱衣スペースや洗濯機置き場なども考慮する。

　また，ユニットバスや洗面ユニットとせずに，部屋の寸法に合わせて洗い場や洗面カウンターを個別に設計することも可能である。

Ⅲ-ａ-2.　基本動作に対応したトイレの寸法

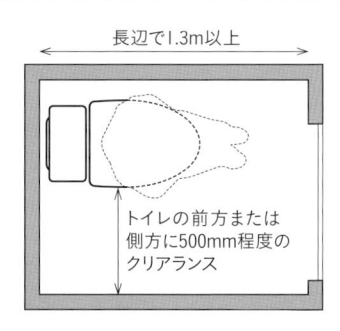

III 入浴・排泄・身だしなみ　ⓐ空間の計画
3. 洗面空間の十分な収納　　　　　推奨

　洗面所には，洗面・化粧に関わる用具（歯磨き用品，化粧品，ブラシ，整髪料，ドライヤー，カミソリ，石けん），脱衣・洗濯に関わる用具（洗剤，タオル，着替え）など，数多くの道具や用具が置かれる。効率よくこれらを収納し，わかりやすく分類し，スムーズに身だしなみを整えることができるように設えたい。

　鏡の裏側のスペース，洗面ボウル下のスペースなどが収納として利用できる。多様なユニットが既製品化されているので，それらを組み合わせてもよい。

III 入浴・排泄・身だしなみ　ⓐ空間の計画
4. 寝室近くへのトイレの配置　　　　推奨

　高齢期には，「トイレが近い」といわれるような頻尿の症状が多く見られる。一晩に何度もトイレに行くこともあり，その観点からも寝室近くにトイレがあることは有効である（**Ⅶ-ⓐ-4.**を参照すること）。また，寝室での営みのあと衛生的に保つために，寝室近くにトイレやシャワーを配置することが望ましい。欧米では，主寝室に専用のバス・トイレを設けている例も多い。

Ⅲ-ⓐ-4.　主寝室専用のトイレ

Ⅲ 入浴・排泄・身だしなみ　ⓐ空間の計画
5. 化粧など身だしなみを整えるための場所　[推奨]

　きちんと身だしなみを整えることは，気持ちの張りを保ち，主体的に生活を送ることにつながる。したがって，住まいの中に身だしなみを整えるための場所を確保することは，心の健康維持という点からも推奨される。

　洗面化粧台と呼ばれるように，洗面所で化粧をしたり整髪を行ったりするケースが多いが，人によっては寝室で化粧を行うこともある。いすに座って化粧をする人もあれば，立ったまま鏡に向かう人もいる。必要な道具や収納量，手順には個人差がある。住まいの中のどこに身だしなみを整える空間を設けるのか，住まい手と十分に意見交換を行うことが必要である。また，外出前の身だしなみのチェックには，玄関回りでの姿見が有効である。

Ⅲ 入浴・排泄・身だしなみ　ⓐ空間の計画
6. 寒すぎない浴室・脱衣室・トイレ　[推奨]

　浴室・脱衣室・トイレは，衣服を脱ぐ場なので室温が身体への大きな負荷となる。冬季には脱衣時や入浴時の寒さで血管収縮が起こり，それによる急激な血圧変動を原因とした死亡事故などにつながる危険性がある。

　対策として，これらの部屋には一般的に換気設備が設けられているので，家全体の24時間換気と兼用させ，暖房されている居室部の暖気をこれらの部屋を経由して排気させるとよい。常に，暖気がそれらの部屋に流れ込むようにすると有効である。ただし，玄関ホールなどから冷たい空気が流れ込むようでは，逆効果となるので注意したい。

　また，暖房機器で補うことも考えられる。Ⅰ-ⓔ-3.を参照すること。

Ⅲ-ⓐ-5. 身だしなみを整える化粧台

Ⅲ-ⓐ-6. リビングからの暖気の取り込み

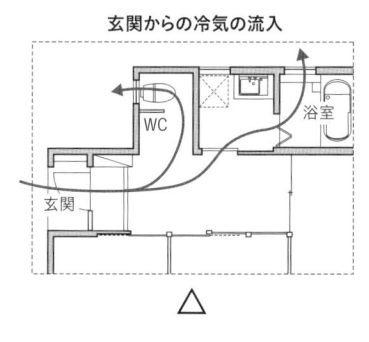

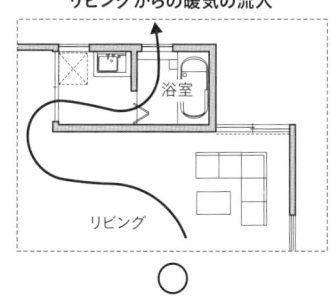

玄関からの冷気の流入　△
リビングからの暖気の流入　○

III 入浴・排泄・身だしなみ　ⓐ空間の計画
🚿 7. リラックスできる浴室（内装，景色など）　　　選択

　お風呂は，清潔を保つ場であるとともに，心身ともにリラックスできる場所である。日常生活の中で，安らぎを感じられる特別な場所として位置づける考え方もある。そのためには，十分な広さを持たせる，内装材や照明をアレンジする，窓からの景色を取り込む，音楽や映像設備を設けるなど，さまざまなオプションが考えられる。敷地条件とコストを合わせて選択したい。

III 入浴・排泄・身だしなみ　ⓐ空間の計画
🚿 8. 余裕のある洗面空間（座っての化粧，二人同時に洗面など）　　　選択

　洗面スペースは，個人差があるものの意外と占有時間が長い場所である。したがって，朝の忙しいときに利用が重なり，イライラを感じるケースも多い。面積的に余裕を持たせ，二人同時に洗面・化粧ができるようにするのも一案である（III-ⓕ-5.を参照すること）。また，洗面所には生活用品が数多く出てくるので，来客用の手洗いを別途設けることも考えられる。
　化粧など利用時間が長くなる場合を想定し，ゆったりと利用できるように，いすが収納できるスペースを確保しておくのも有効である。特に高齢期になると，座って化粧をするニーズが高まる。その際，膝が入るように洗面カウンター下にスペースを空けておくことも考慮したい。VII-ⓕ-4.を参照すること。

III 入浴・排泄・身だしなみ　ⓐ空間の計画
🚿 9. ゆったりとした脱衣空間（入浴前の軽運動，入浴後のリラックスなど）　　　選択

　面積的な制約を受けやすい脱衣室であるが，入浴前に軽い運動をしたり，入浴後に涼んだり，といったニーズは高い。目的に合わせて，ゆとりのある脱衣空間を確保するのも一つの考え方である。
　ストレッチやヨガができるようマットを敷いたり，涼むことができるようベンチを置いたりするスペースを設ける，といったことが考えられる。
　さらに，屋外空間を利用して，バスコートやバステラスを設けるというアイディアもあるが，プライバシーの確保に留意が必要である。また，蚊に刺されやすいことも考慮しておくべきだろう。III-ⓘ-1.，III-ⓘ-2.を参照すること。

III-ⓐ-9.　バスコート

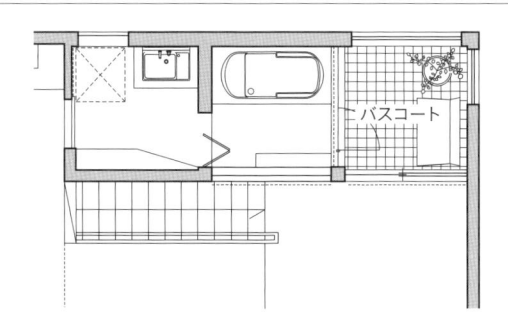

| Ⅲ 入浴・排泄・身だしなみ | ⓐ空間の計画 |

10. リラクゼーション空間としてのトイレ

選択

　トイレのような狭いところが，落ち着くという人もいる。そこで，トイレを用便だけでなく，リラクゼーションの場としてしつらえたいというニーズもある。読書をしたり音楽を聴いたりといった形で，書斎代わりとして用いられている事例もある。

　そこで，高齢期に介護が必要になったときのことも考慮して，あらかじめ大きめにトイレを作っておき，当座はリラクゼーションのためのスペースとして用いるケースや，また，あえて脱衣室と一体にして，拡がりのある空間とするケースも考えられる。Ⅶ-ⓐ-7.を参照すること。

| Ⅲ 入浴・排泄・身だしなみ | ⓐ空間の計画 |

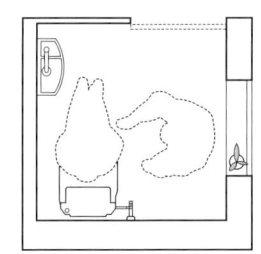

11. 日当たりのよい水回り空間

選択

　水回り空間は湿気の多い場所でもあり，カビが発生しやすいところである。一般的に水回り空間は北側に設置されることが多いが，カビの発生を抑えるという観点から，日当たりのよい場所に配置することも一つの考え方である。また，視線を考慮して，高窓やトップライトを設けるという手法も考えられる。

Ⅲ-ⓐ-10．リラクゼーション空間としてのトイレ

Ⅲ-ⓐ-10．ライフステージに対応したトイレ利用方法

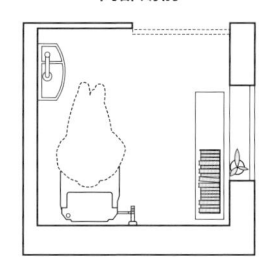

高齢期前　　　　高齢期

Ⅲ-ⓐ-11．日当たりのよい水回り空間

III 入浴・排泄・身だしなみ　ⓑ屋根・屋上・壁・天井
🚿 **1. 消臭効果のあるトイレの内装材**　　　　　　　　選択

　トイレでは臭気が出るので，臭いを吸着・分解する性能をもった内装材とするのも，一つの考え方である。消臭・脱臭効果のある内装材はⅡ-ⓑ-8.を参照すること。一方で，多孔質であるがゆえに汚れがつくと残りやすいものもあるので，注意が必要である。

III 入浴・排泄・身だしなみ　ⓒ床・段差・階段・廊下
🚿 **1. 汚れにくい浴室床材**　　　　　　　　推奨

　衛生的に入浴を行うには，浴室自体を清潔に保っておくことも重要である。浴室は，洗い流した垢や洗髪した髪の毛・石けんかすなどが溜まりやすい。浴室の内装は，汚れが付着しにくく，清掃しやすいものとすることが推奨される。Ⅰ-ⓒ-8.，Ⅴ-ⓒ-2.を参照すること。

III 入浴・排泄・身だしなみ　ⓒ床・段差・階段・廊下
🚿 **2. 素足で触れた時に冷たくない浴室の床材**　　　　　　　　選択

　浴室では，素足で床材に触れることとなる。浴室に入った瞬間に，足が冷たいと不快に感じる。
　タイルなどの素材は，どうしても素足で触れたときは冷たく感じられる。すのこ板や樹脂製のマットを敷くという考え方もあるが，耐久性に難がある。また，足が滑らないようにする工夫が必要である。
　ユニットバスの樹脂素材はその点で優れているが，さらに冷たさを感じないように改善した機能床が開発されている。床材の中に中空層を設けて，熱伝導率を低くした製品や，断熱材を組み込んだ製品がある。

III 入浴・排泄・身だしなみ　d 開口・建具

1. プライバシーに配慮した浴室・トイレ・脱衣室の開口部　〈基本〉

　浴室で安心かつリラックスしながら入浴するためには，プライバシーの確保に十分な配慮が欠かせない。浴室の開口部は，外から覗き込まれないよう，すりガラスや型板ガラスを採用すべきである。入浴中の通風の要望があれば，横辷り出しなど建具の開き勝手を工夫したり，目隠し付きの面格子を設置したりする。

　浴室からの眺望や日当たりなどを重視したい場合には，外からの視線を遮るように屋外に目隠し壁や生け垣を設けるなど，開口部周辺の外構での工夫が求められる。III-i-1.，III-i-2.を参照すること。

　トイレ・脱衣室でも，同様の配慮が求められる。

III 入浴・排泄・身だしなみ　e 冷暖房・換気

1. 浴室，トイレの換気設備，窓　〈基本〉

　浴室やトイレは，湿気や臭気が発生するので，それに対応した換気設備や窓を設ける必要がある。換気設備については，II-e-3.を参照すること。

　換気扇を運転してドアのアンダーカットやガラリから空気を取り入れることで，床の乾きが早くなる。換気扇運転と窓開放を同時に行うと，窓から流入する空気を換気扇で排気することになり，湿気排出の効果が低下することもある。

　また，集合住宅では一般的に換気設備に頼ることが多いが，換気ダクトを通じて，音が外部に漏れることもある。専用バルコニー側に排気口を設けるなど，排気口の位置に気をつけたい。

III-e-1. 浴室床の乾燥を早める

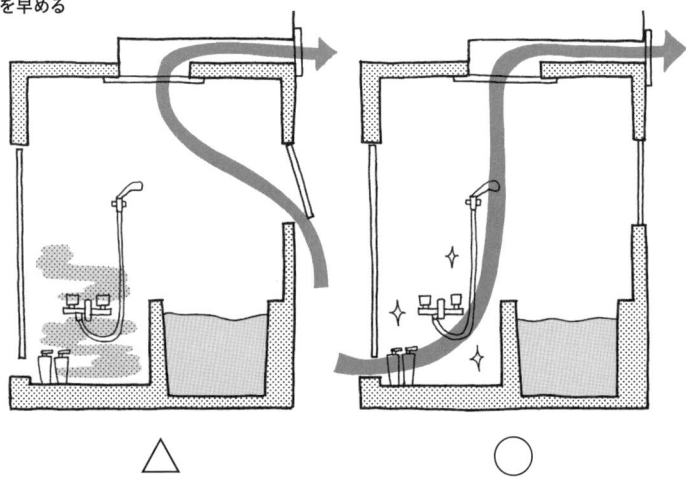

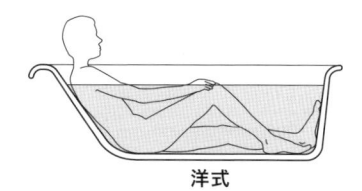

III 入浴・排泄・身だしなみ　❶給排水・給湯・衛生機器

1. 人数，用途に応じた給湯能力の給湯器　　基本

　給湯器は，使用人数あるいは給湯箇所数や用途に応じた能力のものを設置する。シャワーと台所での2か所同時給湯を考慮すると，20〜24号程度の能力が必要とされる。使用人数や給湯箇所が多く，3か所での同時給湯を可能とするには能力を上げる（28号など）。

　貯湯式の場合，貯湯温度によって必要容量が大きく異なるので，メーカーの資料を参考にする。

2. ゆったりと入れる大きさの浴槽　　推奨

　入浴は，一日の疲れをとるなどリラックスできる行為の一つである。ゆったりと入れる寸法の浴槽としたい。必要寸法は体格によって異なり，また入浴スタイルにもよるので，ショールームなどで実地に大きさを確認することが望ましい。

　和式浴槽は長辺が800〜1,000mm程度と短く，深さがあり，膝を曲げる形での入浴となる。肩までつかれるが，足を伸ばすことが難しい。対して，洋式浴槽は深さが450mm程度で浅く，体を伸ばせるが，肩までつかりにくい。肩までつかろうとすると浮力がかかり，姿勢保持が難しい。寝やすいようにエプロンを傾けているものがあるが，転倒を誘発しやすいため，最近はエプロンが垂直に近いものが増えている。和洋折衷浴槽は文字通り中間的であり，長辺の寸法にもよるが足を伸ばせ，肩までつかることが可能である。

III-❶-2. さまざまな浴槽タイプ

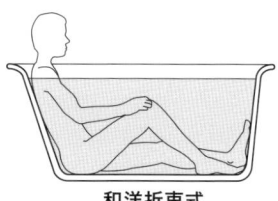

和洋折衷式　　和式　　洋式

III 入浴・排泄・身だしなみ　❶給排水・給湯・衛生機器
3. 局部を清潔に保つ（痔・炎症予防）ための洗浄設備（温水洗浄便座など）　【推奨】

　局部を清潔に保つことは衛生上重要である。局部を簡便に洗浄できる温水洗浄便座の採用が推奨される。

　温水洗浄便座はノズルから噴出する温水によって肛門を洗浄し，さらにはビデ機能によって女性の局部を洗浄することも可能である。清潔に保つことで，痔や炎症の予防効果がある。

　温水は温度や噴出量を調整できるのが一般的であり，近年は噴出位置の調整も可能になっている。

III 入浴・排泄・身だしなみ　❶給排水・給湯・衛生機器
4. 入浴効果を高める高機能浴槽・シャワー（半身浴，ジェット浴槽，多機能シャワー，ミストサウナなど）　【選択】

　入浴時のリラックス効果や温浴効果を高めるために，さまざまな機能が付加された浴槽・シャワーがある。入浴スタイルや目的に合わせて選択を行うとよい。

　マッサージ効果を得るために，泡が出るジェット浴槽やマッサージ機能付きシャワーヘッドがある。髪や肌への影響を考えて，水道水の塩素を低減する浄水機能付きシャワーヘッドもある。

　リラックスしての入浴のために，浴槽内にステップやベンチの付いた半身浴浴槽や，微細な気泡で温浴効果のあるマイクロバブル機能付き浴槽などもある。

　また，簡便に温浴効果を得るために，座ったままお湯を浴びる高機能シャワーや微細な粒子を発生させるミストサウナなどもある。

III-❶-4. ジェット浴槽

III 入浴・排泄・身だしなみ ❶給排水・給湯・衛生機器
5. 高機能の洗面台（シャワー水栓，ツーボウルなど）

選択

　ライフスタイルの多様化に伴い，洗面台にもさまざまな機能が付加された多様な製品が開発されている。

　朝，手軽に洗髪できるシャワー水栓付きや，補助的な洗濯作業も可能な大型ボウルの洗面台がある。

　また，機能の拡張に伴って洗面台の使用時間も長くなり，洗面台の使用が重複するケースもある。二人で同時使用できるツーボウルタイプの洗面台もある。幅1,500mm程度を必要とするので，空間的に余裕がある場合に限られる。

III 入浴・排泄・身だしなみ ❶給排水・給湯・衛生機器
6. 快適性を高めた高機能便座（暖房便座など）

選択

　高機能便座も選択肢の一つといえる。排泄行為を，快適かつ衛生的に行うためのさまざまな工夫がなされている。

　温水洗浄機能・暖房便座といった機能に加えて，脱臭機能・自動洗浄機能などが付加されたものもある。また，デザイン的にも，洗浄便座と便器を一体化したデザイン性の高い便器もでている。

III 入浴・排泄・身だしなみ ❶給排水・給湯・衛生機器
7. 汚れ物洗いのための洗濯・掃除用流し

選択

　洗面化粧台とは別に，汚れ物洗いのための流しがあると便利である。靴や泥汚れなどを，気兼ねなく洗うことができる。

　汚れが周囲に飛び跳ねないよう，またバケツに水を汲むことができるよう，深さのある流しとするとよい。V-❶-7.を参照すること。

III-❶-5. シャワー水栓付き洗面台

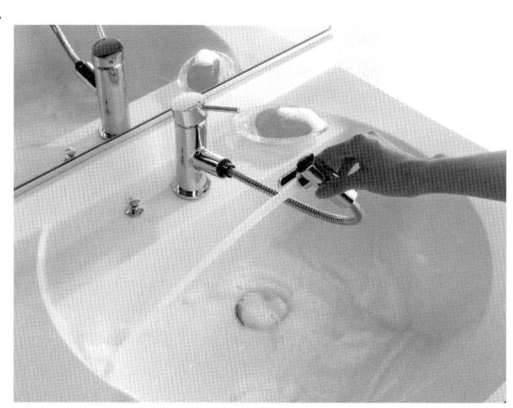

III 入浴・排泄・身だしなみ　ⓔ情報・照明・その他
1. 細部が見えやすい洗面所の照度・器具配置

推奨

　洗面所は身だしなみを整えるための場であるが，鏡を見ながら健康状態を確認する場でもある。JIS Z 9110照度基準では，洗面所の照度の目安を200～500lxとしている。天井灯だけでは自分自身が影になり，のぞき込んだときに顔が暗くなってしまう。鏡の直上や左右前方からの補助照明が設置されていることが望ましい。

III 入浴・排泄・身だしなみ　ⓔ情報・照明・その他
2. 浴室でリラックスするための設備（TV, スピーカーなど）

選択

　浴室は一日の疲れを癒す空間であり，自分の時間を楽しむ空間でもある。好みに応じて，ゆっくりお湯につかりながら映画を見られるような映像設備や，音楽を楽しめる音響設備を浴室に設置することも有効である。III-ⓐ-7.を参照すること。

III-ⓔ-1.　細部が見えやすい洗面所の照明装置

III-ⓔ-2.　浴室用テレビ

III 入浴・排泄・身だしなみ ⓖ情報・照明・その他
🚿 3. 化粧しやすい光の状態(影, 色温度など)　　　[選択]

　照明の光色は，照らされた物体の色の見え方に影響する。青みが強く赤みが弱い昼光色（約6,700K）の照明の下では，顔色が青白く見える。そのため，昼光色の照明の下で化粧をすると，自然光の下で見たときに化粧が過剰に見えることがある。
　自然光と色温度の近い昼白色（約5,000K）で，演色性の高いランプを選択すると，顔色が自然に見える。訪れる場所の光の状態を想定し，同等の照明色の下で化粧をするのが理想的である。Ⅱ-ⓖ-1.を参照すること。

III 入浴・排泄・身だしなみ ❶外構
🚿 1. 浴室から眺める景色(坪庭など)　　　[選択]

　浴室からの眺めを確保して，より快適な入浴空間を演出することも考えられる。
　浴室から外を見通せる窓を設け，その先に坪庭などが見えるように工夫するのも，一つのアイディアである。夜の入浴時には景色が見えなくなってしまうので，照明を配してライトアップすることも考えられる。浴室がより拡がりのある空間として感じられる。
　一方で，プライバシーの確保には十分な配慮が必要である。他者が浴室の窓の近くに近づいたり，外からのぞき込んだりすることができないよう，フェンスや目隠しなどを設ける必要がある。

III 入浴・排泄・身だしなみ ❶外構
🚿 2. 浴室から屋外に出て涼める空間　　　[選択]

　入浴後，屋外に出て涼めるような場所があると，ゆったりとした入浴シーンを演出できる。
　浴室や脱衣室に隣接した位置に，椅子やベンチを置いておけるような屋外スペースを確保しておくとよい。
　ここでも同様に，プライバシーの確保には十分な配慮が求められる。バスコートなど，ある程度目隠しで囲われた外部空間とするとよい。

Ⅲ-❶-1. 坪庭が見える浴槽室

Ⅳ コミュニケーション・交流

Contents

ニーズ①家族,外部,近隣との適切なコミュニケーションを確保する｜ニーズ②楽しく食事ができる…152
ニーズ③団らんができる…153
ニーズ④他の人の気配が感じられる,適度な距離感を確保できる｜ニーズ⑤コミュニケーション・交流を演出することができる…154

ⓐ空間の計画

基本｜1.顔をあわせる場,会話をするスペース…155
推奨｜2.皆で一緒に食事をとるスペース…155｜3.皆が滞在できるリビング｜4.コミュニケーションのためのスペースと近接した日常動線…156｜5.個人間での適切な距離感が確保された部屋構成｜6.家への出入りの気配や様子がわかる玄関回り…157｜7.来訪者と対応するための玄関先のスペース｜8.外部の人を招くための場所…158
選択｜9.多人数集まっても圧迫感のない空間｜10.それぞれが居場所を見つけられる領域分け｜11.皆で共用する空間…159｜12.選択性のある動線｜13.リビングを日常的に通る動線計画｜14.お互いの気配が伝わる空間のつながり…160｜15.大勢で調理できるキッチン配置｜16.声や音が漏れない小部屋｜17.来客のための部屋…161｜18.大勢の来客に対応できるしつらえ｜19.近隣の人が気軽に立ち寄れる場所…162

ⓑ屋根・屋上・壁・天井

選択｜1.屋外空間としての屋根面の活用…163

家族や仲間とコミュニケーションをとり，楽しく生活するためのキーワードである。対人関係を上手にこなせないと，日常生活を送る上で精神的な負担となる。身近な家族だけでなく，近隣とも良好な対人関係を構築するべく，適切なコミュニケーションをサポートする住まいが求められる。

ⓓ開口・建具
推奨｜1.外部の様子が伝わるよう，状況に合わせて視線や音を制御できる開口部｜2.室間で気配が伝わるような室内建具…164

ⓔ冷暖房・換気
選択｜1.皆で囲むことができる暖房器具…165

ⓕ給排水・給湯・衛生機器
選択｜1.家族で入れる大型浴槽…165

ⓖ情報・照明・その他
推奨｜1.食事や団らんなど行為に合わせた配灯・照明光色…166｜2.外部と情報をやりとりするための設備…167
選択｜3.生活シーンに合わせて調光できる照明装置｜4.屋外空間活用のための屋外用コンセント…168

ⓗ家具・家電・調理機器
推奨｜1.家族全員で囲める食卓…169
選択｜2.団らんのための家具…169

ⓘ外構
推奨｜1.通りに対して気配が伝わる塀や生け垣…170
選択｜2.大勢で集まることのできる屋外空間…170｜3.近隣とのコミュニケーションのきっかけとしての屋外空間…171

ⓙ集合住宅共用部
推奨｜1.日常的に利用できるコミュニケーションスペース…171
選択｜2.交流のための集会室…171

Ⅳ コミュニケーション・交流｜ニーズ❶
家族,外部,近隣との適切なコミュニケーションを確保する

　私たちが生活をしていく上で，ほとんどの場合，何らかの形で他者との接点を持つこととなる。そのため，対人関係を上手にこなせないと，日常生活を送る上で大きな精神的な負担になる。良好な対人関係を構築するべく，他者と適切にコミュニケーションを図っていくことが求められる。コミュニケーションが不足すると，孤独感や疎外感にさいなまれ，ストレスやイライラが溜まるなど，心の健康に大きな影響を与えることとなる。

　住まいにおけるコミュニケーションは，家族などの同居者を対象とするものもあれば，隣人や来客を含めたものもある。さまざまな形のコミュニケーションをサポートするような住まいであることが求められる。

近隣とのコミュニケーション

Ⅳ コミュニケーション・交流｜ニーズ❷
楽しく食事ができる

　健康な生活を送る上で，「食」は重要な役割を果たす。2005年に成立した食育基本法でも，食育によって生涯にわたって健全な心身を培い，豊かな人間性を育むことが謳われている。

　一方，バランスよく規則正しくといった食事の内容もさることながら，食事をとるための環境整備も大切である。同じ料理でも，食事をする環境が変化すると，違った受け止められ方をする。文部科学省が学校給食における望ましい食事環境について示しているように，楽しさや触れ合いなどが醸し出される豊かな食事環境が求められる。

参考：文部科学省「望ましい食事環境づくり研究委員会平成元年度報告書」

IV コミュニケーション・交流｜ニーズ❸
団らんができる

　政府の「家族・地域の絆再生プラン」（2006年）において，家族や地域の人々が触れ合う機会を増やし，相互の絆を深めるために「家族の週間」を設け，残業をしないで一家団らんの機会を設けるなどのプランが提示されている。内閣府の「国民生活に関する世論調査」（2011年）では，「充実を感じるときはどのような時か」という質問に対して，いわゆる働き盛りである30〜40代でも「仕事に打ち込んでいる時」より「家族団らんの時」に充実を感じるとしている割合が高くなっている。しかし，仕事と子育ての両立や子育ての負担感の増大により，団らんができるゆとりある生活が難しいという現状も指摘されている。

　精神的に充実した生活を送るにあたっては，同居者が集まり楽しく時を過ごす「団らん」が果たす役割が大きいことが見てとれる。

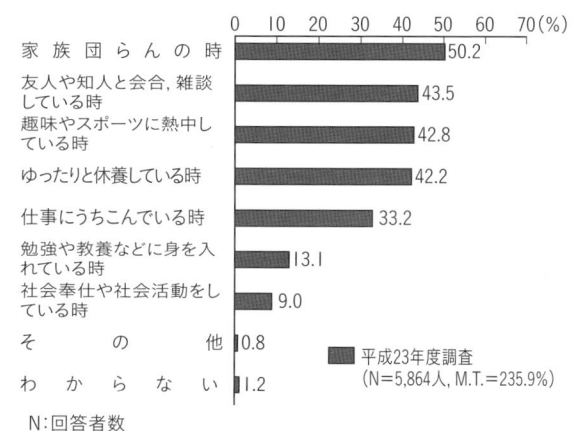

充実感を感じる時（複数回答）

項目	平成23年度調査 (%)
家族団らんの時	50.2
友人や知人と会合，雑談している時	43.5
趣味やスポーツに熱中している時	42.8
ゆったりと休養している時	42.2
仕事にうちこんでいる時	33.2
勉強や教養などに身を入れている時	13.1
社会奉仕や社会活動をしている時	9.0
その他	0.8
わからない	1.2

平成23年度調査（N＝5,864人, M.T.＝235.9%）
N：回答者数
M.T.(Multiple Total)：回答数の合計を回答者数(N)で割った比率

出典　内閣府：国民生活に関する世論調査

Ⅳ コミュニケーション・交流｜ニーズ❹
他の人の気配が感じられる，適度な距離感を確保できる

　他の人と交流を図るにあたっては，積極的に図っていく場面もあれば，よりデリケートに扱われるべき場面もある。意図的な状況もあれば，より自然なコミュニケーションが望まれる状況もある。
　そもそも人間にはパーソナルスペースと呼ばれる，コミュニケーションを取る相手との間に然るべき物理的な距離が必要とされる。また最近では，通信機器によるコミュニケーションも重要な役割を果たし，物理的には遠いが近くに感じるようなケースもある。こういった家族と外との距離感，家族の中での微妙な距離感をていねいに考慮することで，落ち着き安心して過ごすことのできる住まいへとつながっていく。

家族間の距離感への配慮

Ⅳ コミュニケーション・交流｜ニーズ❺
コミュニケーション・交流を演出することができる

　他の人々とコミュニケーションや交流を図るにあたっては，時に，日常的なコミュニケーションとは異なる交流が行われることがある。冠婚葬祭などで親戚や地域の人々が一堂に会する場面や，ホームパーティなどで大勢の友人などを招くようなケースがこれにあたる。こういった形で日常に変化を与えることで，より広がりのあるコミュニケーション・交流へと展開していくことが可能となる。

IV コミュニケーション・交流　ⓐ空間の計画
1. 顔を合わせる場，会話をするスペース　　基本

　住まいにおいて複数の居住者がいる場合には，生活をともにする他のメンバーの様子が自然に把握できるような環境が求められる。ともに住まう，という安心感を与えることにもつながる。

　家族によって，またライフステージによって，メンバーの距離感はさまざまである。改まって一堂に会する空間でなくとも，日常的に顔を合わせ，立ち話ができるような共有・共用空間を用意したい。玄関に少しのゆとりがあるだけでも，そのようなきっかけとなりうる。

IV コミュニケーション・交流　ⓐ空間の計画
2. 皆で一緒に食事をとるスペース　　推奨

　家庭における団らんに，食事が果たす役割は大きい。メンバー相互のコミュニケーションのきっかけとして，一緒に食事をとるスペースを確保したい。

　食事に必要な面積は，食卓の形式によって異なる。かつては銘々膳であったものが，近代化以降卓袱台や座卓，ダイニングテーブルへと変遷したといわれる。長方形，正方形，円形，長円形など，さまざまな形のテーブルや座卓があるので，それに合わせてスペースを検討する。

　ダイニングテーブルはいす座となり，4人用で幅1,200〜1,500mm程度が標準である。いすに座った背後を，人が通れる寸法の確保が必要である。一方，卓袱台や座卓の場合，床座で足を組むことを考慮すると，いす座より広めのスペースが求められる。最近は背もたれ付きの座いすが用いられることも多く，ダイニングテーブルの場合と同様，背後のスペースが必要である。

　また，食事をとる空間は，明るい，開放感があるなど，皆が集まりやすい空間とすることも考えたい。

IV-ⓐ-2.　さまざまな食卓形式

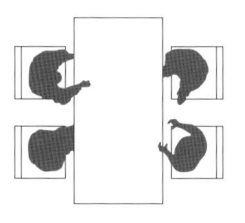

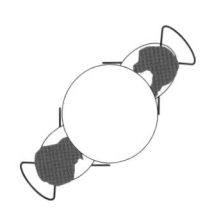

IV コミュニケーション・交流　ⓐ空間の計画
3. 皆が滞在できるリビング　　推奨

　リビング，居間あるいは茶の間は，家族の団らんのためのスペースであり，住まいの中心的なスペースといえよう。ダイニングやキッチンと，一連の空間として設けられることも多い。日常的なコミュニケーション・交流を生み出す場として，家族全員が滞在できるスペースを確保したい。

　リビングは一般的に住まいの中で，最も広さのある空間となる。同時に，ソファーやテレビなど大型の家具・什器が置かれることが多い。ともすると，せっかくの広い空間がそれらで埋め尽くされかねない。大型家具・什器の配置も合わせて検討したい。

　またリビングも，ダイニング同様集りやすい，集りたくなるような空間の計画としたい。

IV コミュニケーション・交流　ⓐ空間の計画
4. コミュニケーションのためのスペースと近接した日常動線　　推奨

　住まいの中での動線を考えるにあたって，機能的であるとともに，日常動線がコミュニケーションのためのスペースと近接していることも重要である。

　メインの動線をリビングやダイニングといった室を経由するか，もしくはその脇を通るようにすることで，目視によって確認し，自然に声を掛け合い，お互いの状況を把握できるようになる。そのような動線計画とすることで，リビングやダイニングといったスペースが有効に利用されることにもつながる。

　また家事動線も近接させ，家事を通したコミュニケーションも考えたい。皆が家事を手伝うことにもつながる。

Ⅳ-ⓐ-3.　家族が集えるリビング

IV コミュニケーション・交流　ⓐ空間の計画

5. 個人間での適切な距離感が確保された部屋構成

推奨

　家族といえども，それぞれの間にはプライバシーが存在する。家族内でのプライバシーは，子どもといえども思春期以降はデリケートな課題である。それぞれが適切に，領域感を形成できるような空間であることが望ましい。

　家の中で個人に対応したスペースが確保され（Ⅱ-ⓐ-2.を参照すること），適度にプライバシーが守られる環境となっていることが求められる。一方で，個人のスペースが外に対して完全に閉じてしまうと，家の中で孤立しかねない。欄間などを通じて，共用スペースの気配や様子がうかがえる程度の距離感とすることも重要である。

IV コミュニケーション・交流　ⓐ空間の計画

6. 家への出入りの気配や様子がわかる玄関回り

推奨

　帰宅したときや出かけるときに家族に声をかけるなど，家への出入りはコミュニケーションのきっかけとなる。

　そのような自然なコミュニケーションをとるためには，キッチンやリビングなど日常的に人が居るスペースから，玄関やエントランスの気配がわかるようにしておくことが有効である。

　玄関やエントランスが遠く離れ，いつ帰ってきたのか出かけたのかがわからないような家のつくりだと，家族の状況が把握できなくなってしまう。防犯上も不安である。

Ⅳ-ⓐ-5.　欄間でつながる個室

Ⅳ コミュニケーション・交流　ⓐ空間の計画

7. 来訪者と対応するための玄関先のスペース　　推奨

　玄関では，単なる荷物の受け取りの応対だけでなく，近隣の人との世間話がなされることもある。玄関は外部の人とのコミュニケーションに関わるスペースといえる。

　玄関回りにそういった行為に対応したスペースを確保し，外部の人とのコミュニケーションをとりやすくしておくとよい。玄関ポーチに庇や下屋などを設け，雨風や日射に対しての配慮をしておくのも有効である。

　また，玄関での応対が，室内での休息を妨げてしまうこともある。玄関から中を直接見通せないようにするなどのプライバシーへの配慮も必要である。

Ⅳ コミュニケーション・交流　ⓐ空間の計画

8. 外部の人を招くための場所（客間，ゲストルームなど）　　推奨

　来客の頻度は家庭によって異なるが，住まいの中に客を招き入れるスペースを考えておきたい。来客のスペースと家人のスペースをはっきり区分する考え方と，それらを区分せずに一体化する考え方があるので，面積的な制約とともに十分に検討する必要がある。

　客間・ゲストルームといった来客専用の部屋を設けない場合，リビングやダイニングがその役割を担い，日常のくつろぎの場が来客用にも利用されることとなる。来客にふさわしい雰囲気を作ることができるよう，日用品を片付ける収納や，簡便に隠すパーティションなどがあるとよい。

　また，頻繁に大人数の来客が予想される場合には，トイレの数・配置などにも気を配りたい。

Ⅳ-ⓐ-7．玄関回りの目隠し

Ⅳ コミュニケーション・交流　ⓐ空間の計画
9. 多人数集まっても圧迫感のない空間
（吹抜け・スキップフロア・高天井など）

[選択]

　多人数が集まれる場所があると，冠婚葬祭やパーティーなど，住まいでの交流の幅が拡がる。
　そのためには大勢の人が集まっても圧迫感がないように，拡がりを感じられる空間とするとよい。床面積に余裕がなければ，吹抜けや高天井として高さ方向に拡がりを持たせたり，スキップフロアとして空間をつなげていくような工夫が考えられる。

Ⅳ コミュニケーション・交流　ⓐ空間の計画
10. それぞれが居場所を見つけられる領域分け
（小上がり，畳コーナーなど）

[選択]

　リビングなどの共用スペースにおいても，常に皆で一つの空間を共有するわけではない。それぞれが適度に距離をもって，居場所を見つけられるような共用スペースのしつらえが望ましい。
　ちょっとした小上がりを作ったり，一角に畳コーナーを設けたりするなど，一室の中に空間の変化をつけるのもひとつの考え方である。

Ⅳ コミュニケーション・交流　ⓐ空間の計画
11. 皆で共用する空間（プレイルーム・ワークスペースなど）

[選択]

　リビングの他にも，家族で共用できるスペースを設け，家族のコミュニケーションを図るというアイディアもある。
　子ども同士で自由に遊べるプレイルーム，親と子が一緒に仕事・勉強ができるワークスペースなど，目的にあわせた特徴的な共用空間の提案が考えられる。

Ⅳ-ⓐ-9.　拡がりを感じる吹抜け空間

Ⅳ-ⓐ-10.　空間に変化を与える畳コーナー

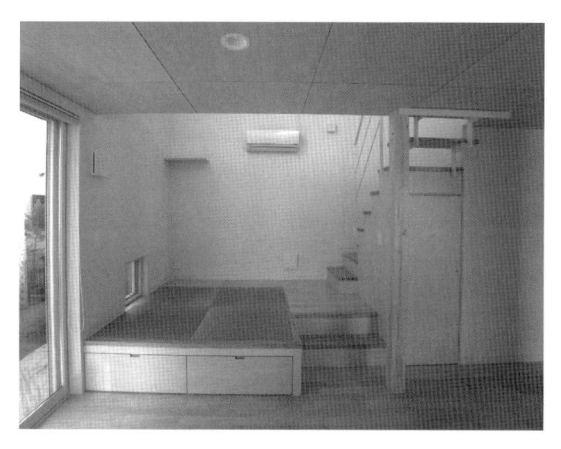

Ⅳ コミュニケーション・交流　ⓐ空間の計画
12. 選択性のある動線（回遊動線など）　[選択]

住まいの中の動線に選択性があることで、生活の幅が広がり、利便性も向上する。家全体をめぐる回遊性を持たせ、玄関から個室に至る動線を複数確保すると、来客を応接する時にも家人の動線が確保され、来客を迎えやすくなる。勝手口を設けるのも有効である。

特に多世代同居の際には、世代間でのコミュニケーションとプライバシーの両立が重要となる。それぞれが気兼ねなく、来客を招くことができるような動線計画を考慮したい。

Ⅳ コミュニケーション・交流　ⓐ空間の計画
13. リビングを日常的に通る動線計画（ホール型リビング・リビング内階段など）　[選択]

リビングをホール空間のように位置づけ、リビングを経由して各室へ至るような動線計画とする考え方もある。日常的にリビングを通るようにして、そこで積極的にコミュニケーションを図っていこうとするものである。

さらに上階への階段もリビング内に設け、動線を演出するのも一つのアイディアである。ただし、その際には階段からリビングへの冷気流入への配慮が大切である。

Ⅳ コミュニケーション・交流　ⓐ空間の計画
14. お互いの気配が伝わる空間のつながり（ワンルーム化、欄間など）　[選択]

各室を壁で完全に仕切ってしまうのではなく、欄間などで空気がつながる状態として、お互いの気配が伝わるようにしておく考えがある。さらにそれぞれのつながりを重視して、1室空間を可動式の収納やパーティションで仕切り、各自に対応する領域を確保するような考え方もある。ただし、冷暖房の際には空調上の区画がなされない状態となるので、空間の拡がりに応じた冷暖房能力の確保が必要である。

Ⅳ-ⓐ-12. 選択性のある動線

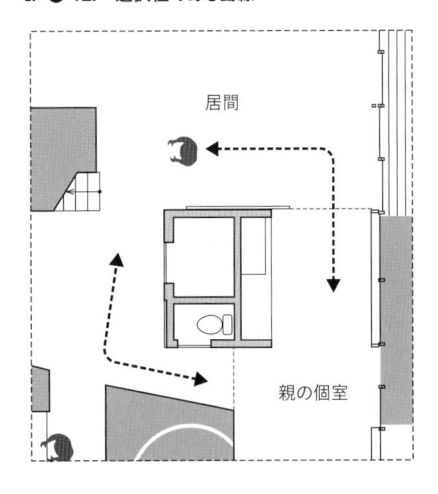

Ⅳ-ⓐ-13. リビング内階段

IV コミュニケーション・交流　ⓐ空間の計画
🤝 15. 大勢で調理できるキッチン配置（アイランド型キッチンなど）　　選択

　共同で調理を行い，一緒に食事をとることは，コミュニケーションや交流を図る，いいきっかけとなる。
　そのような行為を行いやすくするために，皆が調理に参加しやすいキッチン形状とすることが考えられる。部屋の中央に置かれるアイランド型のキッチンは，調理を中心として皆が集うこととなり，楽しみながら調理・食事が行える。ただし，子どもに対する安全配慮（チャイルドロックなど）も留意しておきたい。

IV コミュニケーション・交流　ⓐ空間の計画
🤝 16. 声や音が漏れない小部屋　　選択

　ときに，家族の他のメンバーに聞かれたくない会話がなされることもある。また，子どもをしかったり，話し合ったりする場面もある。
　そうした際に，ある程度音を遮断し，プライバシーを守ることのできる空間を用意することも考えられる。

IV コミュニケーション・交流　ⓐ空間の計画
🤝 17. 来客のための部屋（応接室・宿泊室など）　　選択

　来客を受け入れるためのフォーマルな場所を考えておくと，いざというときに便利である。ソファーの置かれた応接室や床の間のある和室などがあると，急な来客の対応にあわてずに済む。
　また，遠方からの親類や友人の来訪などに対応できるように，宿泊できる部屋が用意されていると，交流の幅が拡がる。
　家族のプライバシーを守りたい場合は，リビングを経由せずに応接室や客間にアクセスできるようなレイアウトとすることが望ましい。

IV-ⓐ-15　大勢で調理できるキッチン

Ⅳ コミュニケーション・交流　ⓐ空間の計画
18. 大勢の来客に対応できるしつらえ（続き間など）

選択

　冠婚葬祭を自宅で行うケースは減ってきたといわれるが，自宅で行われるのが一般的な地域もある。そのようなケースに対応して，大勢の人を受け入れることのできるように，和室の続き間を備える事例もある。可変性をもった日本の伝統家屋の空間構成を，地域コミュニティや親族との結びつきに生かしていこうという発想である。

Ⅳ コミュニケーション・交流　ⓐ空間の計画
19. 近隣の人が気軽に立ち寄れる場所（土間・縁側など）

選択

　近隣の人々とコミュニケーションをとりやすくするには，住まいが訪れやすい構えをもっていることが重要である。
　そこで，土間のような外部と内部との中間的な性格を持った領域や，縁側のように庭から直接アクセスできる場所や，深い軒下空間などがあると有効である。

Ⅳ-ⓐ-18.　続き間

Ⅳ-ⓐ-19.　隣人と会話できる縁側

Ⅳ コミュニケーション・交流 **ⓑ屋根・屋上・壁・天井**

1. 屋外空間としての屋根面の活用（屋上緑化など）

選択

　屋根面を有効に活用して，コミュニケーション・交流のためのスペースとして位置づける考え方もある。狭小地や都市部では，庭を確保することが困難なケースも多い。屋上部分に庭を造り，家族内や近隣とのコミュニケーションを図ることも一つのアイディアである。屋上は見晴らしがいいなど，独特の開放感もあり，魅力的な場所である。それを積極的に捉えることも可能である。

　ただし，屋上緑化は荷重（構造）・維持管理（灌水），コストなどの課題も多いため，居住者の十分な理解が必要である。

Ⅳ-ⓑ-1. 屋上緑化

IV コミュニケーション・交流　d 開口・建具

1. 外部の様子が伝わるよう，状況に合わせて視線や音を制御できる開口部　【推奨】

　開口部を通して，庭の木々や訪れる小鳥を眺めたり，外で遊ぶ子どもたちの物音が聞こえたり，外部の様子が確認できることも重要である。視線や光を透過するガラス面の開口部を設け，部分的に開放できる形式とすることが望ましい。外部環境との関係を考慮し，位置や大きさとともに引違い・辷り出し・はめ殺しなどの開閉方法や透明・型板ガラスの別を決める。

　サッシへのアタッチメントとして，開閉可能な障子やカーテン・ブラインド，雨戸などを設けることも求められる。スラットの角度を微調整できるブラインドを利用したり，レースのカーテンと遮光カーテンを組み合わせたり，といった工夫で，より高度な視線制御が可能となる（基礎的事項は，Ⅱ-d-5., Ⅱ-d-7.を参照すること）。これらのアタッチメントが取り付けられるように，カーテンボックスやブラインドボックスなどを用意しておくとよい。特に，居住後に居住者自身が調整できるような配慮が望まれる。

IV コミュニケーション・交流　d 開口・建具
2. 室間で気配が伝わるような室内建具　【推奨】

　屋内においても，プライバシーに配慮しつつ，家族の様子が把握できるような室間の関係となっていることが望ましい。音や視線がある程度通ることで，それぞれが何をしているかを自然に把握することができる。

　室への出入り口を開けた状態で保持できるように引き戸としたり，開き扉である場合にはドアクローザーをストップ付きとしたり，ドアストッパーを設けたりすることがあげられる。また，扉自体の遮音・気密性能を必要以上に高めず，適度に音や気配が伝わる建具とするように配慮したい。障子や格子戸，アクリルパネルのスクリーンパーティションのように，光や視線を透過する建具・間仕切としたり，襖のように軽量の建具としたりすることも考えられる。また，扉に小窓を設けて，点灯状態など，中の様子を室外から把握できるようにすることも有効である。同様に扉上部に欄間を設けて，視線は遮るが音や空気が行き来するような関係とするのもひとつの考え方である。

Ⅳ-d-1.　雪見障子

Ⅳ-d-2.　空気が行き来する建具

Ⅳ コミュニケーション・交流　❺冷暖房・換気
🤝 1. 皆で囲むことができる暖房器具（暖炉，薪ストーブなど）　　　[選択]

　暖炉や薪ストーブといった暖房器具には，火のまわりに皆を集める求心力がある。家族の団らんを促し，コミュニケーション・交流を図るためのきっかけとなる。
　一方で，いくつかのデメリットもある（Ⅱ-❺-10.を参照すること）。特に囲炉裏のように，開放型の燃焼がなされる場合，室内空気汚染の心配もある。排気には，細心の注意が必要である。居住者が十分理解した上での選択肢といえよう。

Ⅳ コミュニケーション・交流　❻給排水・給湯・衛生機器
🤝 1. 家族で入れる大型浴槽　　　[選択]

　家族と一緒に入れるような大型の浴槽として，入浴時に家族とのコミュニケーションを楽しむのも有効である。
　1坪タイプのユニットバスの浴槽の寸法は外寸法は700mm程度であるが，800mm程度のワイドタイプの浴槽がある。浴室面積も大きめに取り，洗い場もゆとりを持たせるとよい。ただし，体の小さな子どもに対応して腰掛け付き浴槽とするなど，安全性への配慮も行いたい。
　さらに，洗い場にベンチを備えることも選択肢としてあげられる。並んで座れるので，子どもの身体を洗うのも楽である。親子での充実した入浴が可能となる。

Ⅳ-❺-1.　ペレットストーブ

> ⓖ 情報・照明・
> その他

Ⅳ コミュニケーション・交流	ⓖ情報・照明・その他	

1. 食事や団らんなど行為に合わせた配灯・照明光色　　推奨

　ダイニングで食事をしたり，リビングでくつろぎながら団らんをしたりする時に，照明の明るさやまぶしさが場の雰囲気を乱さないように配慮したい。

　ダイニングでは，料理がおいしそうに見える照明計画としたい。JIS基準では，食卓上の照度として200～500lxを推奨している。青みの強い昼光色よりも赤みを含む電球色や白熱灯で照らすことで，より料理の色が引き立つ。また，食卓を囲む人の表情がわかりやすいように，顔に影ができないように留意したい。食卓用の照明として，上部から吊るすペンダントライトが用いられることが多いが，照明器具が視界に入って気になる場合はダウンライトとする方法もある。

　リビングでの団らんの場合，150～300lxが推奨されている。ソファーや床に座ると目線が低くなるため，光源のランプが直接見えてまぶしさの原因となりやすい。照明器具の設置位置に留意したい。

　Ⅴ-ⓖ-1.を参照すること。

Ⅳ-ⓖ-1. 行為に合わせた配灯・照明色

リビング学習のシーン　　　　　　　　　　　　夕食のシーン

IV コミュニケーション・交流　❺情報・照明・その他

2. 外部と情報をやりとりするための設備
（電話，テレビ，インターネットなど）

推奨

　外部とコミュニケーションをとるための通信設備も積極的に活用したい。

　インターホンがあれば，来訪者とのやりとりを室内に居ながらにして行える。室間での連絡を補うことにも利用できる。

　固定電話は従来の電話線によるもののほか，インターネットとも兼用可能な光ファイバーやケーブルテレビを利用したものもある。また，携帯電話については，電波が弱く通話しにくい場合には，室内に電波を中継するホームアンテナなどの設備があるので，必要に応じて検討する。

　外部からの情報収集手段として，放送受信がある。テレビ放送としては地上デジタル放送のほか，衛星放送（BS）がある。CS放送にも多くのチャンネルがある。現在では，テレビ受像器にBS，CS受信機能が内蔵されているものも多いので，アンテナの設置，必要な部屋へのアンテナケーブルの敷設を検討するとよい。ケーブルテレビのサービスがある地域もある。

　また近年では，インターネットも普及しているが，通信速度などに違いがあるので，用途に応じて選択をする。

　これらの手段を，居住者のライフスタイルに即して構成していくこととなる。さまざまなサービスが提供されているが，通信費がかさむこともあり，ニーズをよく聞き取っておくことが重要である。また万が一のことを想定して，複数の手段を確保しておくことも考えたい。

Ⅳ コミュニケーション・交流　ⓔ情報・照明・その他
🤝 3. 生活シーンに合わせて調光できる照明装置

選択

　リビングでは団らんのみならず，勉強や読書などさまざまな行為が行われる。映画や音楽鑑賞の場合には少し暗い方が落ち着き，新聞を読むなど目を使う行為の場合は，ある程度明るい方がよい。時間帯や目的により，簡単に明るさを調整できる照明設備とすることも考えられる。調光スイッチには段階的に明るさを選べるものから，無段階で調節できるものまである。蛍光灯やLEDの場合には，調光に対応した器具・ランプが必要となる。調光スイッチを後から追加で設置する場合，照明器具が対応した機種かどうか，確認が必要である。

　色温度が高く明るい照明は活動的なイメージを与え，逆に色温度が低く暗めの照明はくつろぎを演出する効果がある。色温度が高いと明るめで心地よさを感じ，色温度が低いと暗めで心地よさを感じるとの指摘もある。LED電球では調色できるタイプもあり，シーンに合わせて調光・調色することで雰囲気作りに活かすことができる。

　Ⅱ-ⓔ-1.を参照すること。

Ⅳ コミュニケーション・交流　ⓔ情報・照明・その他
🤝 4. 屋外空間活用のための屋外用コンセント

選択

　屋外活動は，近隣とのコミュニケーションのきっかけとなる。庭でのパーティ，日曜大工といった活動を行う際に，屋外用のコンセントがあると便利である。

　電源を必要としそうな位置に，防水性やアースを備えた屋外専用コンセントを設置するとよい。同時に，セキュリティの面から外部から勝手に使われることのない位置とすることも重要である。

Ⅳ-ⓔ-3.　心地よさを感じる明るさと光色

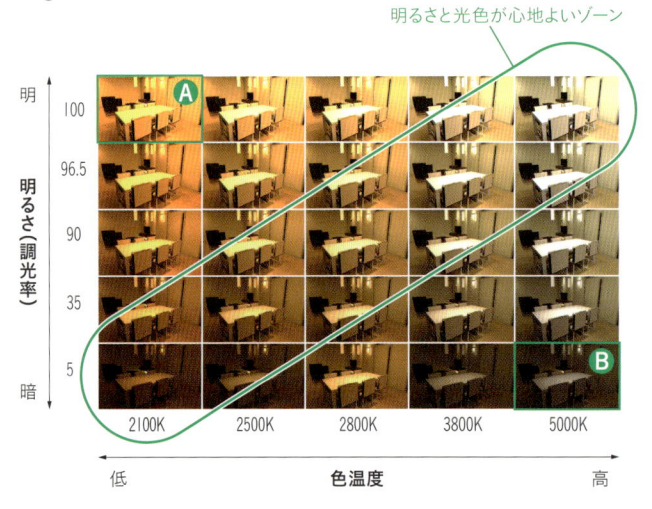

Ⅳ-ⓔ-4.　屋外用コンセント

IV コミュニケーション・交流　ⓗ 家具・家電・調理機器
1. 家族全員で囲める食卓　【推奨】

　コミュニケーション・交流に，食事は大きな役割を果たす。家族が集まる場所として，全員で一緒に囲める大きさの食卓を用意したい。

　座卓のような床座なのか，ダイニングテーブルのようにいす座なのか，卓袱台のように簡便に片付けられるものとするかどうかによって，必要寸法の考え方は変わるが，おおむね一人当たりの幅として60～75cm程度を確保したい。奥行きにも余裕を持ちたいが，深すぎると対面する人との距離が遠くなり，かえって使いにくくなる面もある。Ⅳ-ⓐ-2.を参照すること。

　また，食卓は，食事以外の時にも，家事やちょっとした子どもの勉強に用いられることもある。家族構成やライフスタイルに応じて，ダイニングテーブルの大きさ，形状，レイアウトを検討するとよい。

IV コミュニケーション・交流　ⓗ 家具・家電・調理機器
2. 団らんのための家具（ソファー，スツール，掘りこたつなど）　【選択】

　団らんのためには，皆が集まりやすいしつらえが求められる。そのためのスペースを確保するだけでなく，そこで使われる家具も併せて考えたい。

　団らんに役立つ家具として，ダイニングテーブルの他に，ソファーがあげられる。会話をしたりテレビを見るなど，くつろぐのに適している。他に，移動可能なスツールは，自由にレイアウトを変えられるので，さまざまな場面に対応しやすい。また，皆で囲んで座る掘りこたつなども団らんに有効である。

Ⅳ-ⓗ-1．食卓回りでのコミュニケーション

IV コミュニケーション・交流　❶外構
1. 通りに対して気配が伝わる塀や生け垣

推奨

　道行く人に，テラスや庭の様子が伝わるように，ある程度透過性のあるフェンスや生垣で敷地境界を計画するとよい。ブロック塀や目隠し壁など，外部に対して閉鎖的な構えとすると，庭での様子がうかがえず，外部の人々との会話が生じにくい。また，防犯上の心配も生じる（Ⅰ-❶-4.を参照すること）。

　気配を感じられる程度の敷地境のしつらえとすることで，外部の人とのコミュニケーションの醸成へとつながる。

IV コミュニケーション・交流　❶外構
2. 大勢で集まることのできる屋外空間
（中庭，アウトドアリビング，ウッドデッキテラス，バーベキュースペースなど）

選択

　屋外に，大勢で集まり，コミュニケーション・交流を図るような場所をしつらえるのも有効である。

　リビングや廊下から気軽に出られる位置に中庭を設けたり，庭の一部にベンチやテーブルを置き屋外のリビングスペースとして位置づけたりすることが考えられる。そのような使われ方のために，室内と連続するウッドデッキ敷のテラスとするのも一つのアイディアである。

　また，家族や外部の人とバーベキューを楽しむことができるような，土間スペースやかまどを設けるのも有効である。

Ⅳ-❶-1. 通りに対して気配が伝わる

Ⅳ-❶-2. 屋外の交流スペース

IV コミュニケーション・交流　❶外構
3. 近隣とのコミュニケーションのきっかけとしての屋外空間
（花壇，花木など）

[選択]

　植え込みや花壇の手入れ，庭でのバーベキューなど，屋外に居る時間が長くなると，通りがかりの人や近隣住民とコミュニケーションの機会が増える。

　そういったコミュニケーションを育むべく，積極的に庭や屋外空間を設けていくことも考えたい。道路に面するところに，鉢植えを並べたり，花壇や花の咲く木などがあったりすると，会話のきっかけとなりやすい。

IV コミュニケーション・交流　❶集合住宅共用部
1. 日常的に利用できるコミュニケーションスペース

[推奨]

　集合住宅の共用部は，通行・移動のためだけでなく，住民相互の関係に潤いを与えるような場所であることが望ましい。

　住戸入口やエレベータ脇，エントランスホールなどに，気軽に人が滞留できる空間を設けると，ちょっとした立ち話しに利用されるなど，住民のコミュニケーションに有効に作用する。大がかりな空間でなくとも，ベンチが置かれるなどの設えがあれば十分に機能するので，検討を行いたい。プランターや樹木と併せて計画することも有効である。

IV コミュニケーション・交流　❶集合住宅共用部
2. 交流のための集会室

[選択]

　より積極的に住民相互の交流を図るため，専用の集会スペースを設けることも考えたい。一般的な集会機能をさらに充実させ，キッチンやリビングスペースが備わったパーティールームにしたり，子どもを自由に遊ばせることのできるキッズルームなどを設けたりしている例もある。

IV-❶-1．エレベータ脇のコミュニケーションスペース

V 家事

Contents

ニーズ①衛生的に家事が行える｜ニーズ②家事による事故の危険性が少ない…174

ニーズ③楽な姿勢で家事ができる…175

ニーズ④効率よく家事ができる，家事の発生要因を低減できる｜ニーズ⑤皆で協力して家事ができる…176

ニーズ⑥楽しく家事ができる｜ニーズ⑦自動化機器によって家事を省力化できる…177

ⓐ空間の計画

基本｜1.家事のための基本スペース｜2.ゴミを衛生的に管理できるゴミ置き場…178

推奨｜3.家事動線の短縮…179｜4.十分な収納スペース｜5.食事を作る人が孤立しないキッチン配置…180｜6.安全なゴミ出し動線，洗濯物干し動線，布団干し動線…181

選択｜7.専用の家事室や家事コーナー・ユーティリティ｜8.家事のための勝手口…181｜9.洗濯物や布団を日光に当てられる場所｜10.雨天・夜間時の物干し場｜11.食材・飲料を保管するパントリー…182

ⓑ屋根・屋上・壁・天井

推奨｜1.汚れにくい外装材｜2.汚れにくく，清掃が容易な内装材…183

選択｜3.掃除しやすいキッチンパネル｜4.抗菌・防カビに優れた水回りの内装材…184

ⓒ床・段差・階段・廊下

推奨｜1.汚れにくく，清掃が容易な床材｜2.清掃が容易な浴室床材…185

ⓔ冷暖房・換気

基本｜1.調理場所の換気・通風…186

推奨｜2.掃除のしやすい換気扇…186

衛生に配慮しながら，無理なく家事を行うためのキーワードである。キッチンを始めとする各部屋や衣服を清潔に保つこと，またそれが安全で負担なく行えるようにしておくことが重要である。さらに，家事の効率化や，ときには家族とともに楽しく家事を行えるようにするなどの配慮も有効である。

選択｜3.自動清掃機能付きエアコン｜4.雨天時の洗濯干しに有用な浴室乾燥機…⑱⑦｜5.キッチン足もとの暖房…⑱⑧

❶給排水・給湯・衛生機器
推奨｜1.汚れにくく，清掃が容易な便器・排水口｜2.作業のしやすい水栓…⑱⑨
選択｜3.防汚措置の施された浴槽・浴室・便器｜4.自動洗浄機能の付いた給湯器・浴槽｜5.高機能のキッチン水栓…⑲⓪｜6.車や屋外清掃のための屋外水栓｜7.汚れ物洗いのための洗濯・掃除用流し…⑲①

❷情報・照明・その他
基本｜1.作業に応じた照度の確保…⑲②
推奨｜2.余裕のあるコンセント配置…⑲②｜3.作業時の手もとに影が生じないような照明器具の配灯計画…⑲③
選択｜4.車や屋外清掃のための屋外コンセント…⑲③

❸家具・家電・調理機器
推奨｜1.身体寸法に合わせたキッチンカウンター高さ｜2.身体寸法に合わせた収納構成…⑲④
選択｜3.楽な姿勢で作業できるキッチン…⑲⑤｜4.洗い物の負担を軽減する機器｜5.生ゴミを衛生的に処理する機器…⑲⑥

❹外構
推奨｜1.安全な洗濯物干し・布団干しスペース｜2.出しやすく，衛生的なゴミ置き場…⑲⑦
選択｜3.気兼ねなく使えるサービスヤード｜4.食の楽しみを広げる庭…⑲⑧

❺集合住宅共用部
推奨｜1.出しやすく，衛生的なゴミ置き場…⑲⑨
選択｜2.不在時にも荷物が受け取れる宅配ボックス…⑲⑨

V 家事｜ニーズ❶
衛生的に家事が行える

　健康的な暮らしを送るために，住まいが衛生的であることは重要である。住まい自体が不潔だと，食中毒や感染症のもととなる。日常的な生活環境を整える家事が衛生的に行えるということは，住まいの大切なニーズといえよう。

　まず，部屋や衣服を清潔に保つことが求められる。清掃や洗濯が容易で，確実に行えるようにしたい。また，口に入るものを調理するキッチンでは，特に衛生に気をつかいたい。キッチン自体を清潔に保ち，適切に食品の保管ができる環境が求められる。

V 家事｜ニーズ❷
家事による事故の危険性が少ない

　日々繰り返される家事が原因で，ケガをするようなことがあってはならない。しかし家事においては，重量物を運搬したり，高温の機器を利用したり，鋭利な什器を使用したりする。家庭内事故が起きやすい場面といえよう。安全に家事ができることは，住まいにおいて重要なニーズである。

　例えば，洗濯物干し，布団干し，ゴミ出しなど，大きなものや重いものを持って，家の中を移動する場面が日常的にみられる。コンロや鍋，アイロンなど，高温となる調理機器・器具や家電を利用することもある。また，調理や裁縫などでは，包丁や針など鋭利な道具を使う。

　日常の家事において，こういった危険なシーンや危険物での事故を防ぐ配慮が求められる。

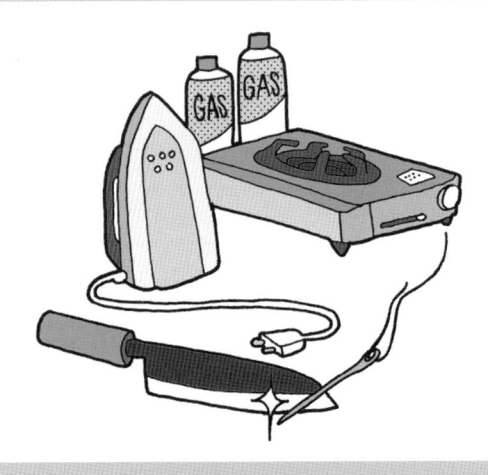

家事で扱う危険物

Ⅴ 家事｜ニーズ❸
楽な姿勢で家事ができる

　家事に費やす時間は意外に長い。無理な姿勢での作業が長時間続くと，腰痛や肩こりの原因となる。また，頭をかがめないと作業できない空間や，体をすぼめないと通れない空間があると，家事の妨げとなる。無理のない，楽な姿勢で家事が行える設えとしたい。

　健康維持増進住宅研究委員会でのアンケート調査によると，一日の家事が終わった後に，肩に負担を感じた方は5.5割，腰に負担を感じた人は6割にのぼった。

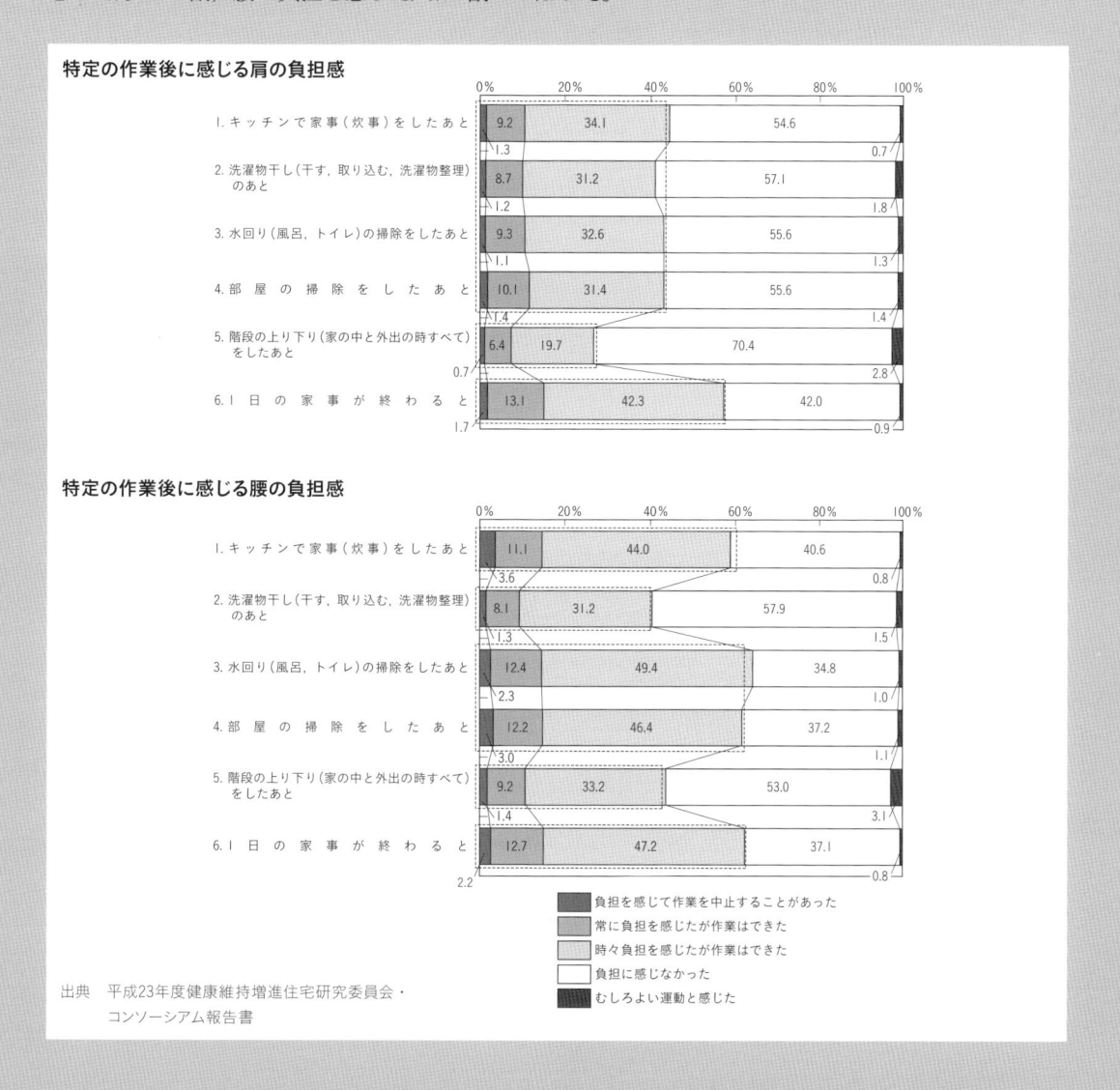

特定の作業後に感じる肩の負担感

作業	負担を感じて作業を中止することがあった	常に負担を感じたが作業はできた	時々負担を感じたが作業はできた	負担に感じなかった	むしろよい運動と感じた
1. キッチンで家事（炊事）をしたあと	1.3	9.2	34.1	54.6	0.7
2. 洗濯物干し（干す，取り込む，洗濯物整理）のあと	1.2	8.7	31.2	57.1	1.8
3. 水回り（風呂，トイレ）の掃除をしたあと	1.1	9.3	32.6	55.6	1.3
4. 部屋の掃除をしたあと	1.4	10.1	31.4	55.6	1.4
5. 階段の上り下り（家の中と外出の時すべて）をしたあと	0.7	6.4	19.7	70.4	2.8
6. 1日の家事が終わると	1.7	13.1	42.3	42.0	0.9

特定の作業後に感じる腰の負担感

作業	負担を感じて作業を中止することがあった	常に負担を感じたが作業はできた	時々負担を感じたが作業はできた	負担に感じなかった	むしろよい運動と感じた
1. キッチンで家事（炊事）をしたあと	3.6	11.1	44.0	40.6	0.8
2. 洗濯物干し（干す，取り込む，洗濯物整理）のあと	1.3	8.1	31.2	57.9	1.5
3. 水回り（風呂，トイレ）の掃除をしたあと	2.3	12.4	49.4	34.8	1.0
4. 部屋の掃除をしたあと	3.0	12.2	46.4	37.2	1.1
5. 階段の上り下り（家の中と外出の時すべて）をしたあと	1.4	9.2	33.2	53.0	3.1
6. 1日の家事が終わると	2.2	12.7	47.2	37.1	0.8

出典　平成23年度健康維持増進住宅研究委員会・コンソーシアム報告書

V 家事｜ニーズ❹
効率よく家事ができる，家事の発生要因を低減できる

　身体的な負担の大きい家事作業は，できるだけ軽減したい。不要な家事作業が発生せず，発生した作業を効率よく行えることが，家事に関わる身体的負担の軽減につながる。

　汚れにくく清掃しやすい素材を使うことで，掃除の負担を減らしたい。また，手もとの明るさなど，作業しやすい環境を確保もしたい。さらに，水回りの集中化や効率的な収納配置など，家事に関わる移動を短くして，家事に関わる効率を高めたい。

V 家事｜ニーズ❺
皆で協力して家事ができる

　負担の大きい家事を皆で協力して行うことで，負担の軽減が図られるとともに，家族間でのコミュニケーションへとつなげられる。夫婦で料理する，親子で洗濯物をたたむ，アイロンがけを分担する，といったシーンが想定される。

　また，家事を行う人が孤立してしまわないように配慮したい。皆で協力して，家事ができるような環境を整えたい。

家族で家事を分担

Ⅴ 家事｜ニーズ❻
楽しく家事ができる

　家事は日常的な作業であり，長期にわたって持続していくことが求められる。日々の作業の中にも，楽しさを見いだせるような工夫がほしい。音楽やテレビを見聞きしながら作業ができたり，家族と会話しながら家事ができたりするとよい。また，凝った料理にチャレンジするなど，時にこだわって家事に取り組みたい。

音楽を聴きながら掃除

Ⅴ 家事｜ニーズ❼
自動化機器によって家事を省力化できる

　家事作業をサポートする家電製品の導入により，負担を軽減したいというニーズもある。食器洗浄機や乾燥機付き洗濯機などは，家事の時間を短縮し，手間を軽減することができる。また，自動洗浄機能付きのエアコンやディスポーザーといった機器も家事の省力化に有効である。さらに，通信を利用して家電を遠隔操作する技術も進んでおり，こうした技術によって家事がさらに省力化されることも期待される。

V 家事　ⓐ空間の計画
1. 家事のための基本スペース　　基本

　家事とは，炊事・洗濯・掃除・買物など日常的な家庭生活に必要な仕事を指す。家事の一部は住まいの状態を維持することでもあり，住まいと家事とは密接に結びついている。家事のためのスペースが用意されていることが住まいの基本となる。

　炊事のための基本スペースとして，キッチンがあげられる。流し・調理台にコンロや調理器を組み合わせたキッチンユニット，冷蔵庫，食器棚，食材収納，吊り戸棚，レンジフードなどの排気設備が主たる要素であり，これらを設置するスペースが必要とされる。加えて，炊飯器，ポット，電子レンジなどの調理用家電が置かれる。これらの調理用家電は，新たな種類が増えたり大型化したりするので，設置スペースにはゆとりを持っておきたい。

　洗濯に関わるスペースとしては，洗濯機置き場がある。洗濯機の大きさを確認するとともに，乾燥機や脱衣かご，洗剤など小物の収納も合わせて考えておく。また，洗濯物を畳んだりアイロンをかけたりするためのスペースも，検討しておくべきである。

　掃除に関しては，掃除用具の収納スペースがあげられる。日常的な清掃用具に大掃除用のものを加えると，意外にかさばるので注意が必要である。

V 家事　ⓐ空間の計画
2. ゴミを衛生的に管理できるゴミ置き場　　基本

　家庭内で生じたゴミは，自治体などによるゴミの収集日までは，敷地内のゴミ置き場で保管することとなる。中でも生ゴミは悪臭のもととなり，カラスや猫にあさられることもある。衛生的な観点から考えて，蓋付きの容器で生ゴミをきちんと管理できるゴミ置き場が必要である。

　ゴミ置き場の大きさを考えるにあたっては，収集のスケジュールを考慮に入れ，必要な保管量を導き出すこととなる。分別収集への対応を考えると，一般家庭でも意外に面積を必要とするので，注意が必要である。**V-❶-2.** を参照すること。

V 家事　ⓐ空間の計画

3. 家事動線の短縮
（水回りの集中化, 効率的な収納配置など）

推奨

　家事は負担が大きいので, 少ない時間で効率よく行える動線計画としたい。炊事では, 購入した食材などを冷蔵庫まで運ぶ動線や, キッチンからダイニングまでの配膳動線を短くする。キッチン内の機器配置も, 効率的に調理できるよう検証する。洗濯では, 洗濯機から物干し場までの動線を短くすることを考えたい。物干し場の場所によっては, 2階に洗濯機置き場を設計することも有効である。

　買い物や洗濯物干しでは重いものを頻繁に運搬することになるので, 動線の短縮は重要である。また, 高齢になり足腰が弱くなった場合のことも検討しておくべきである。

　さらに, 洗濯スペースとキッチンとの連携を考えるなど, 水回りを集中させるのも効果的である。調理や後片付けをしながら洗濯をするといった, 家事の重ね合わせが可能となる。ただし, 最近は自動化された家電を利用することによって, 近接していなくても家事の重ね合わせが十分可能な場合もある。

　収納については, 家事で必要とする場所の近くに収納スペースを設けるよう配慮したい。各所にちょっとした棚があると重宝する。

V-ⓐ-3. 効率的な家事動線

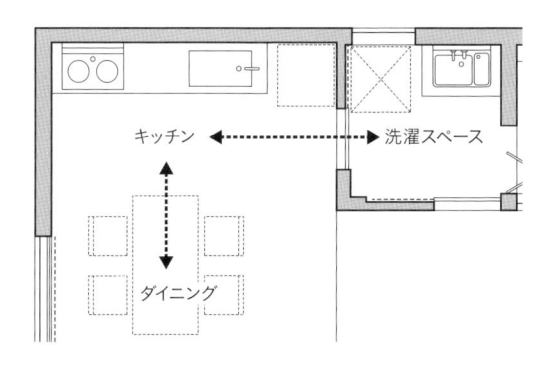

V 家事　ⓐ空間の計画
4. 十分な収納スペース（押入れ，納戸，クローゼットなど）　**推奨**

　戸建て住宅においては，収納面積を延床面積の10％〜15％程度確保することが望ましいといわれる。特に洗面所やキッチンには，家事に関わる多くの収納が必要となる。天袋やカウンター下などを利用して，収納を確保したい。また，各個室に対応した収納も確保することが望ましい。個室の収納が不足すると，収納内に納められるべき物品が室内に置かれることとなり，部屋が乱雑になり，清掃の手間を増やすことになる。

　収納の形式として，和室に対応した押入れや洋室に対応したクローゼットがある。いずれも前面から収納物を取り出す形であり，奥行きが深すぎると取り出しにくくなる。収納の形状についても留意したい。他に，収納スペース内に立ち入って，物を出し入れする納戸やウォークインクローゼットもある。かさの張る物品や長尺ものなどの収納に適している。床面積に余裕のない場合は，小屋裏収納も考えられる。階段でのアクセスが余儀なくされるため，頻繁に出し入れするものには向かないが，季節物などの収納には有効である。

　いずれの形式が適しているか，全体平面計画とのバランスで決定されることとなる。居住者の収納物，ライフスタイル，さらには体格なども考慮して計画したい。

5. 食事を作る人が孤立しないキッチン配置　**推奨**

　キッチンは湯気やにおいが出るため，居室から切り離し囲われた空間とすることが多い。一方で，小さな子どもや介護が必要な高齢者がいる場合は，食事を作りながらその様子がうかがえるようにしたいというニーズも高い。調理をしながら，家族とのつながりを維持できるようなしつらえが望まれる。

　キッチンからカウンター越しに，ダイニングやリビングを見ることができる対面式キッチンなどが有効である。一方，壁付けのキッチン形式の場合，調理時に部屋に背を向けることとなるが，ダイニングやリビングと一体の空間になり皆で手伝いやすい，といった利点もある。

V-ⓐ-4. さまざまな収納形式

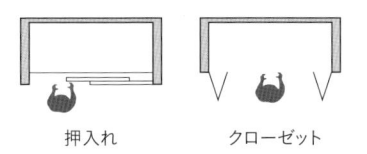

押入れ　クローゼット　ウォークインクローゼット

V-ⓐ-5. 孤立しないキッチン配置

会話をしながら調理できる　　気軽に手伝える

V 家事 ⓐ空間の計画
6. 安全なゴミ出し動線，洗濯物干し動線，布団干し動線

推奨

　ゴミ出し，洗濯物干しや布団干しは，重量があったり，かさばったりするものを運ぶこととなる。その動線上に，段差や高低差があると大きな負担となる。キッチンを2階に設ける場合，階段を降りて生ゴミを運ぶこととなる。またバルコニーが2階レベルにあり，寝室や洗濯スペースが1階にある場合，洗濯物を干したり布団を干したりするのに，階段を昇ることとなる。足もとが見にくく，かつ両手がふさがり手すりに頼れない状態で移動することとなり，転落事故のリスクが大きい。同じ階の中で動線が完結すれば，転落事故のリスクを減らすことができる。

　同一フロア内でも，不要な段差や跨ぎが少なくするよう気を配りたい。全体計画上，ゴミや洗濯物，布団を持って上下せざるを得ないときには，階段の幅員に余裕を持たせ，回り段を避けるなどの配慮をしたい。Ⅰ-ⓒ-6.を参照すること。

V 家事 ⓐ空間の計画
7. 専用の家事室や家事コーナー・ユーティリティ

選択

　家事のための専用スペース（家事室やユーティリティなど）を設けられれば，家事に関わる雑多なものが納められ，共用空間がすっきりする。また，取り込んだ洗濯物を一時保管し，そのままアイロンがけを行うなど，スムーズな家事作業が可能となる。また，急な来客時に不要なものを隠すのにも有効である。それほど大きなスペースでなくとも，キッチンや水回りの近くに確保できるとよい。室内物干し場と兼ねるような考え方もある。

V 家事 ⓐ空間の計画
8. 家事のための勝手口

選択

　キッチンや洗濯機置き場のそばに勝手口があると，何かと便利である。買ってきた食材を直接運び込んだり，ゴミ出しをしたり，表に出しにくい作業を気兼ねなく行える。動線の短縮化にもつながる。

V-ⓐ-6. 両手がふさがるふとん干し時の移動

V 家事　ⓐ空間の計画
9. 洗濯物や布団を日光に当てられる場所（サンルームなど）　選択

　庭やバルコニーなど，洗濯物や布団を日光に当てられる場所があるとよい。
　一方で，屋内に洗濯物や布団を干しておける場所を確保することも考えられる。特に多雪地域などでは，冬季は屋外に洗濯物を干すことが難しいため，室内に洗濯物を干すスペースが必要とされる。また，花粉や黄砂・火山灰などのため，屋外に洗濯物を干すことができない場合にも，有効である。
　ただし，換気設備など湿気の排出方法も考えておかなければならない

V 家事　ⓐ空間の計画
10. 雨天・夜間時の物干し場　選択

　洗濯物を屋外で干すのは，天候に左右されるので，家事の予定をなかなか立てにくい面がある。また，共働きで夜間や日中室内に洗濯物を干したいというケースもある。そのような場合，天候に左右されない軒下や，屋内の物干し場があると便利である。取り込む際にも負担が少ない。浴室乾燥機を導入する方法もある。V-ⓔ-4.を参照すること。

V 家事　ⓐ空間の計画
11. 食材・飲料を保管するパントリー　選択

　食材などを保管するパントリーを，キッチンの近傍に設けられると便利である。長期保存する食材や，非常用の食品の保管用とすることも考えられる。また，ワインセラーなど，温湿度管理の必要な食材を保存したいというニーズにも対応できる。

V-ⓐ-9.　洗濯物や布団を日光に当てられるサンルーム

Ⅴ 家事　❻屋根・屋上・壁・天井

1. 汚れにくい外装材

推奨

　建物の外装は風雨や砂ぼこりにさらされるので，汚れやすい場所である。その一方で，高所など清掃が困難な部位が多い。清掃にかかる負担を減らす意味で，汚れにくい，汚れが目立ちにくい外装材としたい。

　そのためには，外装材は表面がある程度平滑で，雨水を切りやすい素材・形状であることが望ましい。金属サイディングやタイルなどは水が切れやすく汚れにくい素材といえるが，目地部分から汚垂れが生じることもある。水切りを適切に組み込むことが必要である。窯業系のサイディングやコンクリート打放しは，塗装や撥水材などの表面処理が施されるが，塗膜や撥水性の耐用年数に留意する。

　吹き付け仕上げは，弾性系やリシン系などがあり，表面処理にも種類があるので，特性を踏まえて選択を行うとよい。最近では，光触媒の防汚機能や親水性を利用したコーティング技術もある。

　色調としては白など明るい色だと汚れが目立ちやすいが，逆に極端に暗い色や濃色も汚れが目立つ。汚れが目立ちにくい点からすると，アースカラーなど中間的な色調とするのが有効である。

2. 汚れにくく，清掃が容易な内装材

推奨

　内装仕上げについても，汚れにくく清掃が容易なものとすることで，家事負担の軽減へとつなげられる。特に，壁はホコリや手垢がつき，汚れが目立ちやすい。

　内装材としては，施工性と価格面からビニルクロスが普及している。拭き掃除は比較的容易だが，さらに汚れ防止や抗菌，防カビなどの機能を付加したものもあるので，用途に合わせて使用するとよい。塗装仕上げは，塗料により性能の差が生じるが，一般的には汚れやすく，清掃しにくいといえる。しかし，塗り直して更新するのは比較的容易である。他に木製パネルやタイルなども用いられるが，汚れにくく，清掃しやすい素材といえる。タイルは耐水性が高いので，水回りの壁仕上げとして適しているが，目地には汚れが溜まりやすい。また，左官工事での塗り壁（漆喰・珪藻土）は，材料・施工方法にもよるが，一般的には汚れやすく，清掃しにくい。さらに，部分改修が容易ではないので，汚れという点からは一考を要する。調湿性をもつ多孔質の素材は，汚れがとれにくいものが多いので，注意が必要である。

| V 家事 | ⓑ屋根・屋上・壁・天井 |

🏠 3. 掃除しやすいキッチンパネル

選択

　キッチンは食品を扱うので衛生的であるべき場所だが，湯気や油煙が出て汚れやすい場所でもある。特に，調理台回りの油汚れはこびりついてしまい，清掃が大変である。

　そこで，台所の壁面に取り付ける内装材として，表面が平滑で油などの汚れが付きにくい，キッチンパネルが開発されている。大判パネルとなっていて，従来のタイルと比べて目地が少なく，手入れがしやすい。材質として，耐火性も併せ持つ，化粧ケイ酸カルシウム板・アルミニウム・ステンレス・メラミン不燃化粧板・ホーローなどが用いられる。また，最近では消臭・除菌効果のあるキッチンパネルもある。

| V 家事 | ⓑ屋根・屋上・壁・天井 |

🏠 4. 抗菌・防カビに優れた水回りの内装材

選択

　水回りは，カビや雑菌が繁殖しやすい場所である。これらの場所の清掃の負担を軽減できるように，抗菌性能や防カビ性能に優れた水回りの内装材がある。

　抗菌性や防カビ性を付与した機能性クロス，光触媒や銀イオンを用いた抗菌タイルなどがあげられる。防汚，防臭効果も期待できるものもある。タイルの場合，特に目地に汚れが付着しやすく，カビが発生しやすいが，目地材に防汚・抗菌性のある目地を併用することで，より効果を高められる。

　ただし，これらの機能性内装材は，汚れにくい，カビが生えにくい，といった程度に理解すべきものもあるので，注意が必要である。

V-ⓑ-3. キッチンパネル

V 家事　C 床・段差・階段・廊下

1. 汚れにくく、清掃が容易な床材　【推奨】

　床はホコリや塵がたまりやすい部位であり、日常清掃の主だった部位といえる。床材に配慮することで、清掃に関わる手間を大きく軽減することができる。また、ホコリなどが目立つ色とすることで、清掃の必要性を認識させ、清潔に保つ意識を高めるという考え方もある。

　フローリングは、汚れにくい床材だが、ワックスをかける手間が必要である。樹脂を木材に染み込ませて耐久性を上げたものや、表面塗装に耐摩耗性を施したもの、耐傷性や耐久性の高い保護フィルムを貼ったものなどがある。また、これらのフローリングはワックスフリーである場合が多く、メンテナンス性も高められている。

　カーペットは汚れにくさ・清掃のしやすさではフローリングに劣るが、繊維をフッ素系樹脂で覆い、防汚性を高めたものもある。また、タイルカーペットは汚れた部分だけ剥がして交換可能で、カーペットのメンテナンス性の弱点を補うものといえる。

　長尺の床シート材は、目地が少ないため、かすや油が溜まりにくい。拭き清掃が容易であるため、台所やトイレ・脱衣所に用いることが多い。さらに、防汚性、清掃性を求める場合は、特化した機能性床シートもある。

2. 清掃が容易な浴室床材　【推奨】

　浴室床は、垢や髪の毛や石けんかすが溜まりやすく、また水気があるのでカビも生えやすく、清掃の手間が大きい部位である。汚れが付着しにくく、清掃しやすいものとすることが推奨される。

　床材としては、吸水率の低いタイル貼りやユニットバスの樹脂パネルとすることが一般的であるが、タイルやパネルの目地部分に汚れが付着しやすい。タイルの場合、目地を少なくして大判のものとすると足が滑りやすくなるので、注意が必要である（Ⅰ-C-1.を参照すること）。床に木製すのこなどを敷くケースもあるが、木材のぬめりを取るために日に当てる必要が生じ、家事の負担が大きい。

　また、床仕上げの形状として、汚れが溜まりやすい入隅を極力なくすようにするとよい。

V-C-2.　清掃の容易な浴室床材

V 家事 ⓔ冷暖房・換気
1. 調理場所の換気・通風　　基本

　キッチンでは火気を用いたり，煮炊きの際に湯気が出たりする。調理時の換気については，必要換気風量を満たした換気扇を設置することが必須である（建築基準法第28条第3項）。使用するレンジの種類や能力によって，必要換気量は異なる。ガスレンジの場合，建築基準法第20条の3第2項に従って決定する。IHクッキングヒーターは建築基準法の適用を受けないが，調理時のにおいや水蒸気は発生するため，目安としてミニキッチンで200m^3／h，一般家庭用で300m^3／h以上の換気量の確保が望ましい。

　キッチンに用いられるレンジフードなどの換気扇は換気風量が大きいので，確実な換気を行うためには風量に応じた給気の確保が重要である。強力であるがゆえに，他の部位の排気を逆流させてしまうおそれもある。対策として，レンジフード専用の給気口を設置する，給気シャッター連動形や同時給排形のレンジフードの採用などがあげられる。

V 家事 ⓔ冷暖房・換気
2. 掃除のしやすい換気扇　　推奨

　換気扇の羽根やフィルターが汚れた状態だと，本来の効果を発揮することができない。定期的な清掃が必要であるが，換気扇は高所に取り付けられていることもあり，清掃は負荷の大きい家事である。ホコリなどが付きにくい加工をした換気扇としたり，羽根を取り外して，掃除がしやすい換気扇としたりすることが推奨される。
　Ⅰ-ⓔ-6.を参照すること。

V-ⓔ-2.　掃除しやすい換気扇

（親水性塗装／撥油性塗装）

Ⅴ 家事　ⓔ冷暖房・換気
🏠 3. 自動清掃機能付きエアコン　[選択]

　エアコンのフィルターは空気中の粉塵を除去する役割を果たすが，放置するとホコリが堆積して，室内空気吸引時の抵抗（圧力損失）が増え，風量低下や送風効率低下などの要因となる。

　フィルターを自動清掃する機能を搭載したエアコンにすることで，居住者の定期的な清掃作業の労力を削減できる。Ⅰ-ⓔ-5.を参照すること。

Ⅴ 家事　ⓔ冷暖房・換気
🏠 4. 雨天時の洗濯干しに有用な浴室乾燥機　[選択]

　浴室乾燥機には衣類乾燥機能が付いており，雨天など屋外での物干しができないとき，浴室を利用しての衣類乾燥ができる。また，花粉などのアレルゲンを避けるために，室内干しをする際にも有効である。天候，時間によらず物干しができるので，家事負担の軽減につながる。

　衣類乾燥機に比べて，衣類を吊した状態で乾かせるため，しわになりにくいという利点もある。しかし，入浴時は利用できないので，入浴サイクルと合わせて考える必要がある。

　また，浴室の断熱・気密性能が低いと衣類乾燥時間が長くなるので，ユニットバス（システムバス）での使用が効果的である。

Ⅴ-ⓔ-4．浴室乾燥機での衣類乾燥

Ⅴ 家事　❺冷暖房・換気

凸 5. キッチン足もとの暖房

選択

　キッチンカウンターは利用頻度が高く在場時間も長いこと，勝手口など開口部と近く冷気が侵入しやすいことなどから，足もとから冷えが伝わりやすい。

　対策として，床暖房や足もと温風機，電気カーペットなどの設置がある。

　床暖房を採用する際は，キッチンカウンター前を暖房対象とすることも検討したい。リビングなどと比較すると優先順位は低くなりがちであるが，実はキッチン足もとの暖房はニーズが高い。

　カウンターの幅木部に足もと温風機を入れる考え方もあるが，直前部しか暖かくならず，使用感に個人差があるので，注意が必要である。

　また，後付けとしては防水タイプの電気カーペットや温風ヒーターなどがある。温風ヒーターは，床面のホコリを舞い上げる可能性があることに留意したい。

V 家事　❶給排水・給湯・衛生機器
1. 汚れにくく，清掃が容易な便器・排水口

推奨

　トイレや浴室，キッチンといった水回りの清潔な状態を保つためには，衛生機器や排水口が汚れにくく，清掃の容易なものであることが望ましい。

　便器では，洗浄方式として洗い落とし式・サイホン式・サイホンボルテックス式などのさまざまな種類がある。汚れが付着しにくいという点ではサイホン式やサイホンボルテックス式が優れているが，洗浄水を多く必要とする。和式と洋式の比較では，洋式の方が汚れにくい。また，便器の縁の裏に凹状の箇所がない，縁なし形状のものがある。汚れが付着しにくく，洗い流しやすい配慮がされている。

　浴室やキッチンでは，排水口に髪の毛やゴミが詰まり，ぬめりなどを生じやすい。簡便に取り外し清掃をしやすい排水口や，ゴミをまとめて処理しやすい構造の排水口の採用を検討したい。

V 家事　❶給排水・給湯・衛生機器
2. 作業のしやすい水栓（シングルレバー水栓など）

推奨

　キッチンでは，調理・洗い物など，さまざまな作業が行われるので，操作性のよい水栓とすることが望ましい。シングルレバー水栓は，ひとつのレバーの移動で吐水量（上下），吐水温度（左右）の調整を行うことができ，片手で扱えるので操作性に優れている。

V-❶-1. 清掃が容易な浴室排水口

V-❶-2. シングルレバー式シャワー浄水栓

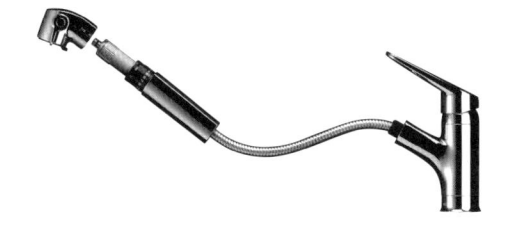

Ⅴ 家事	❶給排水・給湯・衛生機器

3. 防汚措置の施された浴槽・浴室・便器　　　　　　　　選択

　本体の表面形状やコーティングなどにより，日常の清掃がしやすい配慮が施された衛生機器が増えている。

　ユニットバスでは，樹脂成形時に表面の凹凸を極力なくし平滑にすることによって汚れを落ちやすくした浴槽や，撥水・撥油成分を練り込んだ樹脂で汚れをはじきやすい浴槽などがある。

　便器・洗面器などの衛生陶器でも，表面を平滑にして，防汚・抗菌コーティングが施されたものがある。また，最近では流すたびに，自浄する機能が搭載された便器なども見られる。

Ⅴ 家事	❶給排水・給湯・衛生機器

4. 自動洗浄機能の付いた給湯器・浴槽　　　　　　　　選択

　給湯器・風呂釜や浴槽の清掃は無理な姿勢をとることが多く，また足もとも滑りやすく，負担の大きい家事の一つである。

　そこで，自動洗浄機能が付加された給湯器や浴槽も開発されている。有効な家事負担軽減策の一つといえよう。しかし，洗浄性能には限界があることも認識しておく必要がある。

Ⅴ 家事	❶給排水・給湯・衛生機器

5. 高機能のキッチン水栓　　　　　　　　選択

　キッチンでの作業効率を高め，家事負担の軽減を図るべく，さまざまな高機能なキッチン水栓が開発されている。

　水栓を伸張してシンクを洗うことができるシャワー水栓，手が塞がっている状態でも水を出したり止めたりできるタッチスイッチタイプの水栓，センサー式のタッチレス水栓，フットスイッチ式の水栓などがあげられる。

V-❶-5.　タッチレス水栓

V 家事　❶給排水・給湯・衛生機器
6. 車や屋外清掃のための屋外水栓

選択

　駐車スペースや玄関付近には，洗車・屋外清掃のための屋外水栓があると便利である。車のタイヤや靴底などで運ばれてきた泥の清掃などは，水洗浄が手早く効果的である。

　ただし，寒冷地では凍結防止機能の付いた水栓とする必要がある。

V 家事　❶給排水・給湯・衛生機器
7. 汚れ物洗いのための洗濯・掃除用流し

選択

　靴を洗ったり，清掃で雑巾を絞ったりといった行為に対応した掃除用の流しがあると便利である。気兼ねなく汚れ物洗いをすることができる。

　吐水口と流しの間に十分なスペースがないと，バケツに水を汲みにくくなってしまうので，深めの流しとするとよい。汚れが飛び散ることを防ぐ意味でも有効である。

　また，蛇口はホースを着脱できるようなタイプのものとしておくとよい。

V-❶-7.　掃除用流し

V 家事　E 情報・照明・その他
1. 作業に応じた照度の確保　[基本]

　夜間，室内で作業をするにあたっては，周囲のものが適切に見える必要がある。そのための基本は照度の確保である。JIS住宅照度基準では，作業や行為に応じて，それぞれの室で確保すべき照度を示している。

　JIS基準では，物を凝視する細かい作業ほど，高めの照度が推奨されている。調理は300lx，洗濯は200lxが維持照度の基準値となっている。手芸・裁縫は1,000lxとされており，特に必要照度が高いので，手もと照明を含めて検討するとよい。

V 家事　E 情報・照明・その他
2. 余裕のあるコンセント配置　[推奨]

　多くの家事作業に，家電製品が用いられる。家事作業に対応したコンセント配置が求められる。コンセント数が少ないと，タコ足配線や離れたところから延伸することとなり，コードに引っかかるおそれがあるばかりでなく，容量オーバーでブレーカーが落ちたり，コードが発熱したりする心配がある。

　一般的な掃除機はコードの長さが5m程度なので，掃除用のコンセント配置はそれに基づいて決めるとよい。また，各室に掃除機用のコンセントの空きがある程度に余裕を持たせたい。掃除機をかけるたびに，他の機器のプラグを抜き差しするのは煩雑である。

　キッチンでは，狭い空間の中で多くの家電製品が使われる。コードが水や熱に接するおそれもある。キッチン系統のコンセントには，余裕を持ったアンペア数を確保するとともに，家電製品の配置を考慮した数と配置が望まれる。

　ブレーカーのアンペア数を上げるのは，電力会社が無料で対応してくれることが多いが，引込幹線の変更には工事費用が発生する。将来の電力需要の増加が想定される場合は，引込幹線に余裕をもたせておくとよい。

V-E-1. 住宅照度基準(JIS)　　　　それぞれの場所の用途に応じて全般照明と局部照明を併用することが望ましい

照度(lx)	居間[a]	書斎，子供室勉強室	応接室(洋間)座敷	食堂台所	寝室[a]	家事室作業室	浴室,脱衣室化粧室	便所	階段廊下	納戸物置	玄関(内側)	門,玄関(外側)	車庫庭
1,000	手芸裁縫					手芸裁縫,ミシン							
750		勉強読書											
500	読書	VDT作業			読書化粧	工作VDT作業					鏡		
300				食卓,調理台流し台			ひげそり[2]化粧[2],洗面						
200	団らん娯楽[1]	遊びコンピュータゲーム	テーブル,ソファ飾り棚,座卓床の間			洗濯					靴脱ぎ飾り棚		
100		全般	全般	台所全般		全般	全般				全般		パーティ食事
75								全般					
50	全般			食堂全般					全般				
30										全般		表札,門標新聞受け押しボタン	
20				全般									
5												通路	通路
2					深夜			深夜				防犯	防犯

注：a)居間，応接，寝室については調光を可能にすることが望ましい。　備考：1)軽い読書は娯楽と見なす，2)主として人物に対する鉛直面照度

V 家事　g 情報・照明・その他

3. 作業時の手もとに影が生じないような照明器具の配灯計画　【推奨】

　家事においては，包丁のような鋭利な道具やアイロンのように高温となる器具を扱う。手もとが見えにくくて扱いを間違えると，大きなケガへとつながってしまう。

　そのような家事用の照明として，十分な明るさを確保するとともに，作業時に自らが影となって安全を損なったり，作業を妨げたりすることのないような器具配置が求められる。

　キッチンでは，調理時などにかがみ込むと，真上からの光を遮ってしまう。天井照明と手もとを照らす作業灯を組み合わせるなど，複数方向からの照明が望ましい。

V 家事　g 情報・照明・その他

4. 車や屋外清掃のための屋外コンセント　【選択】

　屋外の清掃や洗車，外部用生ゴミ処理機，浄化槽のブロアーなど，外部で電気を使う場面も想定される。そういった屋外での家事作業に対応した，屋外用のコンセントを設けることも検討するとよい。Ⅳ-g-4.を参照すること。

V-g-3.　手もとに影を生じない照明配置

V 家事 ― ⓗ 家具・家電・調理機器

1. 身体寸法に合わせたキッチンカウンター高さ 【推奨】

　キッチンカウンターの高さは，キッチンをよく使う人の身長に合わせて決めることがポイントである。調理中は長時間同じ姿勢を取るので，カウンターが高すぎると腕・肩が疲れ，低すぎると腰が疲れ，肩こりや腰痛の原因ともなる。

　一般的な高さの目安として，「身長÷2＋5cm」といわれている。システムキッチンのサイズは規格化されているが，近年ではかなり細かい寸法が設定されており，ほとんどオーダー感覚で選ぶことができるものもある。

　選定には，今使っているキッチンの高さも参考にし，ショールームで実際にキッチン前に立ち作業をシミュレーションするなどして，使いやすい高さを確認することが大切である。その際は室内で使用することを考慮して，靴を脱いで試すことを忘れてはならない。また，日常的にスリッパを用いるのであれば，それも考慮に入れる必要がある。

2. 身体寸法に合わせた収納構成 【推奨】

　家事の負担軽減や事故防止のため，収納の構成もよく使う人の身体寸法を考慮することが望ましい。

　キッチンにおいては，頻繁に使用するフライパンや鍋，包丁，お玉などは手の届く位置に収納する。調味料類は衛生面にも考慮し，ホコリがかからないようにする。その他，電子レンジやトースター，炊飯器，ポットなどの家電製品も，前面から操作するのか，上面から操作するのかなどを考慮して配置を考えたい。

　また，クローゼットや押入れにおいても，日常的に使用するものを手が届く範囲に配置して，無理な姿勢を取らずに済むような収納構成を考えたい。居住者が自ら収納器具などでアレンジする場合はともかく，あらかじめ引出しやハンガーパイプを造り付ける場合は，居住者の身体寸法に合わせる配慮が必要である。ハンガーパイプの位置が高すぎて，毎回踏み台を用いるようでは，不便であり，危険でもある。また，布団の上げ下げも，かさばると同時に意外に重量があり，無理な姿勢を強いられるため，棚の高さを十分に検討したい。

V-ⓗ-1. 身体寸法に合わせたキッチンカウンター高さ

腰が痛くなる △　　肩こりがする △　　楽に作業できる ○

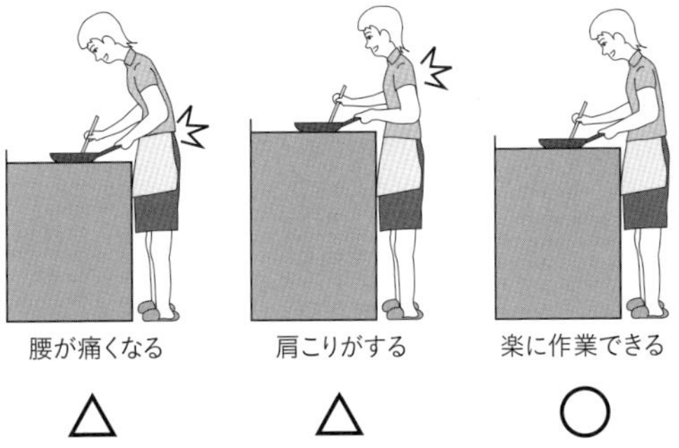

V-ⓗ-2. 身体寸法に合わせた収納

Ⅴ 家事　ⓗ 家具・家電・調理機器

🏠 3. 楽な姿勢で作業できるキッチン（腰掛けた状態で使える，昇降吊り戸棚，段落ちコンロ，可動カウンターなど） 〔選択〕

　調理作業を楽な姿勢で行えるような工夫がいろいろ提案されたキッチンが出ているので，それらを参考にするとよい。

●腰掛けた状態で使えるキッチン
　腰掛けた姿勢や車いすでの作業を想定し，カウンター下が一部掘り込まれ，足を入れられるようになっている。シンク下の収納部をワゴンとし，必要な際に引き出していすとして使用するものもある。その場合は，使用姿勢が通常と異なるので，高さをよく確認する必要がある。

●昇降吊り戸棚
　吊り戸棚は収納力があるものの，位置が高いため活用が難しい。そのため，電動および手動での昇降式の吊り戸棚がある。使用時に目の前に下ろすことができ，不要なときは上に跳ね上げられるので，使い勝手がよい。また，洗った食器置き場として使えるように水切り棚としたものもある。

●段落ちコンロ
　コンロを使うときには，コンロの上に鍋やフライパンが載り，さらにその上方から炒めたり混ぜたりといった作業となる。そのため，下ごしらえや洗い物をする調理台より，コンロが少し低いほうが使い勝手がいいと感じる人もいる。そこで，コンロの部分だけが5cm～10cm下がったキッチンもある。ただし，調理台の平面的な拡がりが損なわれるので，注意が必要である。

●可動カウンター
　車いす利用などを想定し，キッチンカウンター自体の高さを調節できる電動昇降式のキッチンカウンターもある。

V-ⓗ-3. 腰かけた状態で使えるキッチン

V-ⓗ-3. 段落ちコンロ

V-ⓗ-3. 昇降吊り戸棚

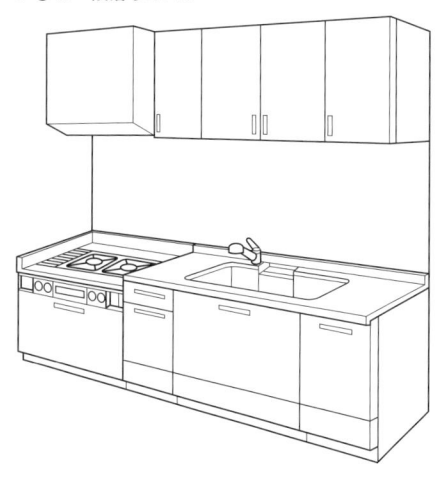

Ⅴ 家事　ⓗ 家具・家電・調理機器
4. 洗い物の負担を軽減する機器（食器洗浄機など）　[選択]

　食器洗浄機には，家事労働の軽減と手荒れの解消というメリットがある。また，内部に少量の水を蓄え循環させるので，手洗いよりも節水効果が高い。しかも，高温度の湯と強力な水流，高温乾燥などにより，食器を美しく衛生的に保つことができる。

　食器洗浄機には，キッチンに組み込む「ビルトイン型」と，流し台や調理台の上に置く「据え置き型（卓上型）」がある。どちらも小さいものではなく，給排水工事も必要となる。キッチンでの設置位置は十分に検討したい。カウンター下にビルトインする場合，その分カウンター下収納が減ることも忘れてはならない。

　また，給水接続と給湯接続を選べる商品もある。給湯接続とすると，食器洗浄機での洗浄水の加熱が不要となる分，ランニングコストの面で有利になることが多い。

Ⅴ 家事　ⓗ 家具・家電・調理機器
5. 生ゴミを衛生的に処理する機器（生ゴミ処理機など）　[選択]

　キッチンで生じる生ゴミは，においやカビが生じやすく，衛生上の影響が大きい。生ゴミ処理をサポートする機器を導入するのも，家事負担の軽減につながる。

　生ゴミ処理機には，大別してバイオ式と乾燥式がある。バイオ式は微生物に適した環境を作り，微生物が有機物を酸化分解し堆肥を作る。乾燥式は温風などによる加熱を行い，生ゴミ中の水分を蒸発させ，生ゴミの減量化と微生物の不活性化による衛生化を行うものである。バイオ式のメリットは微生物の力を借りて分解を行うため，比較的ランニングコストがかからない点である。乾燥式は比較的コンパクトであり，においも少ないので，室内に設置ができるメリットがある。いずれも，キッチンそばに設置できると便利である。

　一部の自治体では，生ゴミ処理機の購入に補助金が出る。

V-ⓗ-5. 温風乾燥式生ゴミ処理機

Ⅴ 家事　❶外構

1. 安全な洗濯物干し・布団干しスペース　【推奨】

　屋外で洗濯物を干したり，布団を干したりするのは，重いものを持っての移動となり，身体への負担が大きい。不意の雨の時など，慌てて取り込み，足を滑らせて事故となることもある。安全に洗濯物を干したり，布団を干したりすることができるようなスペース，動線の確保に努めたい。

　Ⅴ-❷-6.を参照すること。

　洗濯物干しスペースでは周囲からのプライバシーへの配慮，布団干しスペースでは日照の確保が求められる。さらに，洗濯機と洗濯物干しスペース・物干し後の収納との間の，効率的な作業動線を考えたい。布団干しの場合は，寝室から布団干しスペースまでの動線となる。また，天候に左右されないよう，庇下空間やサンルームを設けることもひとつのアイディアである。

2. 出しやすく，衛生的なゴミ置き場　【推奨】

　敷地内に，ゴミを一時的に保管しておくスペースを確保したい。一般的にゴミの保管には，防臭や動物による被害の回避のために，蓋付きのポリバケツなどが用いられる。それらを，分別に合わせた数量が置けるだけのスペースが必要である。

　ゴミ置き場の位置を検討するにあたっては，重量のあるゴミを移動させるので，効率のよいゴミ出し動線としたい。勝手口や生ゴミの出るキッチンとの関係や，ゴミ収集場への動線を考慮して決めることとなる。コンポストを用いて生ゴミの堆肥化を行う場合には，ゴミ置き場との位置関係の検討も必要である。ただし，美観上のこともあり，目立つところには配置を避けたいところである。

　ゴミ置き場の床は，汚れにくく，清掃しやすいものとしたい。また，容器や床面を清掃するための水栓を近くに設けておくことが望ましい。

　ゴミ置き場は日常的に用いられる場所であるので，その配置・仕様は十分な検討を行うべきである。

Ⅴ 家事 ❶外構
🏠 3. 気兼ねなく使えるサービスヤード　　　　選択

　洗濯物干し場，物置，ゴミ置き場などとして使えるサービスヤードを，人目につかないところに確保しておくと，便利である。あまり表に出したくないものを，気兼ねなく置いておくことができる。
　その配置にあたっては，家事動線を考え，キッチンから出入りしやすい場所に設けておくとよい。

Ⅴ 家事 ❶外構
🏠 4. 食の楽しみを広げる庭（キッチン菜園など）　　　　選択

　キッチンの近くにちょっとした菜園があると，ハーブなどを育て，収穫して食べるといった形で，食の楽しみを広げることができる。さらに，料理の後で残った野菜の根や芯を植えて，再収穫するのも一つの魅力である。楽しく家事をこなすのに，大きな役割を果たす。

Ⅴ-❶-4. キッチン菜園

❶集合住宅
共用部

V 家事　❶集合住宅共用部
1. 出しやすく，衛生的なゴミ置き場

推奨

　一定規模以上の集合住宅の場合，敷地内に専用のゴミ置き場を設けることが多い。ゴミは重かったりにおったり，ゴミ出しは負担の大きい作業である。

　ゴミ置き場の構造については，汚れても清掃しやすいこと，居住者数に見合った十分な広さ，必要な分別収集に対応したレイアウトなどが，ポイントとしてあげられる。また，カラスなどの動物による生ゴミの食い散らかしを防ぐために屋根・壁と扉があるものが好ましい。

　ゴミ置き場の配置を考えるにあたっては，各戸（エレベータホール）からのゴミ出し動線の短縮も考えたい。

V 家事　❶集合住宅共用部
2. 不在時にも荷物が受け取れる宅配ボックス

選択

　共働きや単身世帯の入居者が多い場合は，不在時に荷物の受け取りができる「宅配ボックス」があると，再配達の手間がなく便利である。また，玄関先での荷物の受け渡しが不要となり，セキュリティー，プライバシーの面でも安心である。

　エントランスがオートロックの場合は，前受け後出しの方式を選択すると利便性が向上する。その場合は，受け取り専用のスペースが必要なので計画時に留意したい。

V-❶-1. 屋根・扉付きのゴミ置き場

V-❶-2. 宅配ボックス

VI 育児期対応

Contents

ニーズ①子どもが家庭内事故に遭う心配がない｜ニーズ②子どもの人数・成長にあわせて、生活を組み立てられる…202
ニーズ③育児の負担を減らすことができる｜ニーズ④子どもの様子を把握しやすい…203
ニーズ⑤食育のための場所や機会がある｜ニーズ⑥子どもが習い事やスポーツなどに打ち込める…204
ニーズ⑦子どもの友達が遊びに来ることができる｜ニーズ⑧子育てサポートが受け入れやすい…205

ⓐ空間の計画
基本｜1.世帯構成やライフステージの変化に対応できる部屋やスペース…206
推奨｜2.子どもを見守ることができるキッチン配置…206｜3.ベビーカー・遊び道具の収納場所｜4.子どもに危険なものの収納スペース…207｜5.調理の様子が見え、においが感じられ、子どもが手伝えるキッチン回り…208
選択｜6.子どもが自由に使え、安心して遊べる空間｜7.習い事などのためのスペース…208｜8.子どもが楽しめる変化に富んだ空間｜9.育児サービス用動線の確保…209

ⓑ屋根・屋上・壁・天井
基本｜1.隙間から子どもが落ちないバルコニーや屋上の手すり…210
推奨｜2.バルコニーや屋上において、足がかりとならない設備機器配置…210｜3.汚れにくく、掃除のしやすい内装材｜4.壁からの突起物への配慮…211
選択｜5.自由に落書きができる内装材｜6.消臭効果のある内装材…212

ⓒ床・段差・階段・廊下
基本｜1.危険な段差の解消｜2.歩行補助の階段手すり…213
推奨｜3.汚れにくく、掃除しやすい床材｜4.転んでもケガをしにくい硬さの床材…214｜5.滑りにくい床材｜6.蹴込みが抜けていない階段…215
選択｜7.子どもに使いやすい手すり…216

子どもの成長に応じた環境を用意して，安心して子育てを行うためのキーワードである。子どもが家庭内で事故に遭わないようにし，子どもの人数・成長に合った生活を組立られる住まいが求められる。また，育児期の親の負担を減らし，余裕のある育児を行えるようにすることも重要である。

ⓓ開口・建具
基本｜1.窓からの墜落防止…216
推奨｜2.指つめ防止で引き残しを確保した建具｜3.破損時のケガに配慮したガラス・面材…217

ⓔ冷暖房・換気
推奨｜1.機器が高温を発しない，または高温部に触れるおそれのない暖房機器…218
選択｜2.ホコリを舞い上げない放射暖房…218

ⓕ給排水・給湯・衛生機器
推奨｜1.急に熱湯が出ない給湯器・水栓｜2.高さを上下に変えられるシャワーヘッド…219
選択｜3.子どものスケールに合わせた衛生機器｜4.子どもと一緒に入浴できる浴槽｜5.汚れ物洗いのための洗濯・掃除用流し…220

ⓖ情報・照明・その他
推奨｜1.電源コードが移動の邪魔にならないコンセント配置｜2.子どもの手が届くスイッチ高さ…221
選択｜3.子どもがいたずらできないコンセントカバー…221

ⓗ家具・家電，調理機器
基本｜1.ぶつかってもケガをしないカウンターや家具の端部形状｜2.家具の転倒防止対策…222
推奨｜3.子どもの危険なゾーンへの進入防止フェンス｜4.危険物を収納しておく扉付きの家具｜5.家具や室外機設置への配慮…223

ⓘ外構
基本｜1.道路に飛び出さないためのフェンス・門扉…224
推奨｜2.車輪がはまらない目の細かい溝蓋…224
選択｜3.安全な遊び庭…224｜4.動物，植物や昆虫と親しめる庭…225

ⓙ集合住宅共用部
推奨｜1.駐車場への子どもの立ち入り防止…225

VI 育児期対応｜ニーズ❶
子どもが家庭内事故に遭う心配がない

発育途上の子どもを不慮の事故から守ることは，子どもの健やかな成長のために不可欠である。

住まいの中には，浴槽の水や階段の段差，キッチンの刃物など子どもの重篤な事故につながりうる要因が多くある。大人にとって何でもないことでも，子どもにとっては大きな危険となりかねない。安心して子育てを行うために，子どもの家庭内事故を防ぐことが求められる。

VI 育児期対応｜ニーズ❷
子どもの人数・成長にあわせて，生活を組み立てられる

子どもは日々成長をしている。また，子どもの人数が増えることもある。そうした子どもをめぐる状況の変化にともなって，生活および必要な空間のあり方も変わっていく。

子どもによって違いはあるが，乳幼児期から学童期（特に小学校低学年）においては，リビングやダイニングなどで家族とともに過ごすことが多いが，小学校高学年以降は遊びや学習など，子ども部屋で過ごす時間が多くなり，さらに思春期になると親との距離をはかるようになるといわれる。

その後の就学や就職状況によっても，子どもの必要とする住環境は変化する。

こういった子どもをめぐるダイナミックな状況変化に応じて，柔軟に生活をアレンジすることのできる住まいが求められる。

状況変化に対応できる住まい

VI 育児期対応｜ニーズ❸
育児の負担を減らすことができる

　育児期の親の負担は大きい。か弱く，また危険性を判断できない子どもを守り，日常の所作のさまざまな局面でサポートしなければならない。その負担の大きさに，親が心身のバランスを崩してしまうケースもある。育児期においては，子どもへの配慮だけでなく，親の育児負担を軽減することが，親の心身の健康維持のための重要ポイントといえよう。

　そのためには，事故の危険性を減らすなど育児に関わる懸念事項をなくしたり，掃除，洗濯，調理，後片付けといった日常の家事負担を軽減したりすることが求められる。結果として，心と時間の余裕が生まれ，親子のコミュニケーションの時間につなげられれば有意義である。

VI 育児期対応｜ニーズ❹
子どもの様子を把握しやすい

　子どもの回りには，危険がたくさんある。常に子どもを見守ることができれば，事故の予防や子どもとのコミュニケーションにもつながる。しかし，ずっと子どものそばにいることは可能ではない。

　そこで，日常的な生活の中で，さりげなく子どもの様子を把握できるような環境を実現したいというニーズがある。遊んでいる「声」や廊下を歩く「足音」，ドア越しに漏れる「部屋の明かり」など，「音」や「気配」などから子どもの状態を推測することができる。また，子どもにも見守られているという安心感を与えることにもつながる。もちろん，年齢，成長段階によって，把握すべき程度は異なってくる。

　距離を程よく保ちながら，子どもの様子を把握できることが，親子双方にとって大切なことである。

VI 育児期対応｜ニーズ❺
食育のための場所や機会がある

　食育の重要性が広く認識されるようになり，2005年には食育基本法が施行されることとなった（**Ⅳ コミュニケーション・交流　ニーズ②**を参照すること）。学校教育や給食における食育もさることながら，家庭での食育も大切である。幼い頃から（部分的であっても）調理をともに行い，そこでの会話や体験から食材の特徴や料理に対する思いを理解することで，家庭での食育へとつなげられる。「食」を自らの健康を支えることとして，捉えられる環境を作りたい。

家庭菜園での食育

VI 育児期対応｜ニーズ❻
子どもが習い事やスポーツなどに打ち込める

　子どもは，それぞれの成長段階でさまざまなことに興味や関心を持つ。その興味や関心を伸ばそうと，習い事やスポーツなどに取り組むこともある。習い事やスポーツに打ち込むことができれば，身体能力の増進や情操教育へと結びつけられる。走る，投げる，跳ぶといったフィジカル面や，集中力や創造力，協調性などのメンタル面の成長もあげられよう。子どもの健やかな心身の成長のために，検討したいニーズである。

Ⅵ 育児期対応｜ニーズ❼
子どもの友達が遊びに来ることができる

　子どもの成長段階において，友達と遊びながら，集団における自らの役割やルール，責任感といった社会性や道徳性を知らず知らずのうちに学ぶこととなる。

　こういった「遊びの場」は公園などの公共空間に委ねられることが多いが，周辺施設の状況や天候によっては，自宅に友達を招くようなこともある。家の中で本を読んだり，一緒にゲームをしたりといった場面が想定される，そういった場面に対応できるように，子どもの友達が気軽に遊びに来られるようなしつらえとしたい。

Ⅵ 育児期対応｜ニーズ❽
子育てサポートが受け入れやすい

　育児期の親の負担は大きい。時に，ベビーシッターのように外部からのサポートを必要とする場面も出てくる。また，「レスパイトケア」といわれるように，就業状況に関わらず，育児にかかりきりの親を一時的に解放し，「自分の時間」を作り出すことの必要性も謳われている。こういったサポート，ケアは，子育てのプレッシャーがかかる親の心身の健康維持に重要な役割を果たす。そのためのサービスや社会制度も整備されつつある。住まいにおいても，これらのサポートを受け容れやすい住環境であることが求められる。

参考：内閣府「子ども子育て白書（平成23年度版/平成24年度版）」

VI 育児期対応　ⓐ空間の計画

1. 世帯構成やライフステージの変化に対応できる部屋やスペース（成長に応じて個室を確保など）　【基本】

　家族のライフステージは，新婚期，育児期，教育期，子独立期，老夫婦期と変化していく。また，育児期を中心に子どもは日々成長していき，必要とされる空間も変化していく。そもそも子どもの数が増える可能性もある。世帯構成の変化やライフステージの変化に，柔軟に対応できるような住まいであることが求められる。

　そのためには予備室をあらかじめ確保しておいたり，広めの一つの部屋を二つに分割できるようにしたりといった工夫が考えられる。子どもが小さいうちはオープンスペースとしておき，個室を必要するようになったら仕切る，といった考え方もある。あるいは，増築用地をあらかじめ確保しておくのも，ひとつの考え方である。そういった間取りの変更が容易にできるように，撤去が予想される壁は，構造上主要なものにならないような構造計画としておくとよい。

　また，子どもが独立して老夫婦期となったときに，子ども部屋をどのように利用するのかをイメージしておくことも大切である。

2. 子どもを見守ることができるキッチン配置　【推奨】

　幼児は思わぬ行動をとることがあるので，幼児から目を離さないで，家事ができる空間とすることが望ましい。特に，調理で長い時間滞在するキッチンから，幼児の様子を把握できるような配慮がほしい。

　キッチンを対面カウンター型とするなど，リビングやダイニング側を向いて調理ができるような形式が有効である。独立したキッチンスペースとする場合は，小窓を設けて他室の様子を感じられるようにするとよい。

　また，幼児が遊ぶためのスペースを，キッチンから目の届くところに確保するのも重要である。キッチンのレイアウトと併せて検討したい。

Ⅵ-ⓐ-1．ライフステージに対応できる住まい

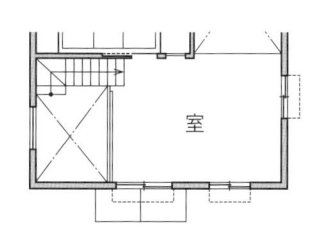

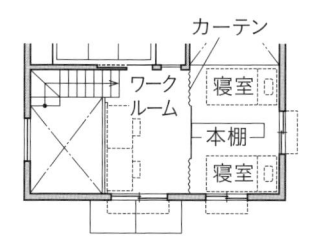

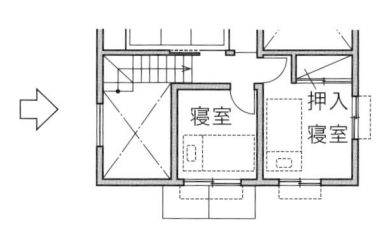

VI 育児期対応　ⓐ空間の計画　3. ベビーカー・遊び道具の収納場所　[推奨]

　育児期には，その時期特有の物品を必要とする。乳幼児用のベビーカーや，子ども用自転車，ボールなどの遊び道具の収納場所を考える必要がある。

　ベビーカーは，収納時は小さくたためるが，帰宅時に荷物があると，子どもを乗せた状態で玄関内まで乗り入れることも多い。そういったことも踏まえて，玄関には面積的な余裕を持たせたい。ベビーカーを置き，その脇に人が立てる程度が目安となろう。

　また，子どもは外遊びをすることも多く，そこで用いられる遊び道具は砂や泥などを持ち込みやすい。それらをどこに収納するのかも，考えておく必要がある。玄関ポーチを広めに確保しておくなど，配慮が求められる。

VI 育児期対応　ⓐ空間の計画　4. 子どもに危険なものの収納スペース（洗剤・裁縫道具など）　[推奨]

　家の中には，子どもが誤った使い方をすると，危険を生じるものが多数存在する。洗剤や裁縫道具や刃物など，分別のつかない幼児が手に取ってしまうと，大きな事故につながる危険がある。また，むやみに口にものを入れてしまうこともある。

　それらの対策として，幼児の手が届かないところに，危険なものを収納することが望ましい。高いところに棚を設けたり，扉のついた収納を設けたり，といった配慮をしたい。また，収納扉にチャイルドロック製品を取り付けて対応することも考えられる。

　口にものを入れてしまうのは3歳頃までなので，3歳児が手の届く1m以下のところに，口に入れられるような小さなものは置かないことを徹底する。その大きさについては，誤飲チェッカーでチェックするとよい。

参考：一般社団法人日本家族計画協会HP「誤飲チェッカー」

VI-ⓐ-3.　ベビーカーを置ける余裕のある玄関

Ⅵ 育児期対応　ⓐ空間の計画
👶 5. 調理の様子が見え、においが感じられ、子どもが手伝えるキッチン回り　【推奨】

食育の重要性が取り上げられている。家庭においても、食育を展開できる環境であることが望ましい。調理の様子を見ることができ、音やにおいが感じられ、自然に子どもが食に興味を持てるような計画としたい。

そのために、子どもが滞在するスペースとキッチンを近接させ、空間としてのつながりを持たせることが有効である。結果として、子どもが気軽に調理を手伝えるようなキッチン回りとしたい。

Ⅵ 育児期対応　ⓐ空間の計画
👶 6. 子どもが自由に使え、安心して遊べる空間（プレイルームなど）　【選択】

幼児を安心して遊ばせておける空間があると、親、子ども双方にメリットがある。

プレイルームとして設ける際には、転んでもケガをしにくいように、畳やカーペット、コルクなど床の硬さに配慮したり（Ⅵ-ⓒ-4.を参照すること）、家具や壁などに危険な角がない（Ⅵ-ⓗ-1.を参照すること）、扉などへの挟まれ防止の対策が講じられている（Ⅵ-ⓓ-2., 3.を参照すること）などの配慮をしたい。同時に、子どもの様子を親がさりげなく見守れるよう、空間配置にも配慮したい。

Ⅵ 育児期対応　ⓐ空間の計画
👶 7. 習い事などのためのスペース（ピアノ、生物飼育など）　【選択】

家庭における子どもの教育として、いわゆる教科の勉強だけでなく、ピアノを習ったり植物や生き物を育てたりといった学習も行われる。そうした学習・教育活動をサポートする場所がほしい、というニーズもある。

ピアノなどの大型楽器の設置スペースを設ける際には、床の補強が必要になる場合もあるので、注意が必要である。また、植物栽培のための日当たりのよい出窓を設けるといった対応も考えられる。

Ⅵ-ⓐ-5. 子どもが気楽に調理を手伝える

Ⅵ-ⓐ-7. 生物飼育ができる

VI 育児期対応 ⓐ空間の計画

8. 子どもが楽しめる変化に富んだ空間（大階段・デンなど） [選択]

　子どもは，変化のある空間を使って，遊ぶのが得意である。高低差があったり，小さな空間があったりすると，喜んでそれらを使って遊ぶ。小さな空間の変化に興味を持ち，身体を使った遊びを通して，心身ともに成長していく。

　機能的な部屋の配置だけでなく，幅の広い大階段やデンと呼ばれるこもれるような空間，アルコーブと呼ばれるへこみ壁などを設けたりするのもよい。

VI 育児期対応 ⓐ空間の計画

9. 育児サービス用動線の確保
（効率のよい動線，サービスを受けない空間のプライバシーへの配慮など） [選択]

　手のかかる時期の子どもがいるが外出を余儀なくされる場面では，育児サービスやベビーシッターを依頼することがある。

　そういったサービスを受け入れやすいような平面計画としておく，というのもひとつの考え方である。サービスを受けるエリアを明快にゾーニングしておき，サービスを受けない部屋のプライバシーやセキュリティーを守ることで，サービスが気軽に受け入れやすくなる。

VI-ⓐ-8．子どもが楽しめる大階段

ⓑ屋根・屋上・壁・天井

Ⅵ 育児期対応 **ⓑ屋根・屋上・壁・天井**	
1. 隙間から子どもが落ちないバルコニーや屋上の手すり（縦桟・パネル状など）	**基本**

　危険性の判断がつかない幼児は，高所からの墜落に細心の配慮が必要である。また，成人と体格が異なるため，隙間などの寸法についても注意が求められる。墜落防止の手すりの構造はⅠ-ⓑ-1.を参照すること。

　手すりは足がかりとならないよう，縦桟やパネル状のものとする。隙間は11cm以下とするのが目安となる。11cm以下というのは，乳幼児の頭がすり抜けない寸法が基準になっている。しかし，頭が通らなくても，体だけすり抜けてしまうおそれがある。足から滑り込む可能性のある足もとの隙間は9cm以下とする。手すり端部と壁との取合い部分でも，隙間が大きいと，そこからの墜落の危険がある。同様に，隙間を11cm以下としなければならない。

参考: 財団法人ベターリビング「墜落防止手すりの認定基準」

Ⅵ 育児期対応 **ⓑ屋根・屋上・壁・天井**	
2. バルコニーや屋上において，足がかりとならない設備機器配置（空調室外機など）	**推奨**

　規定通りの高さ・構造の手すりを設置しても，他に足がかりがあると墜落の危険がある。足がかりとなりうるものは，ベンチやコンテナボックスなど居住者が持ち込むものが多いが，空調室外機など建物に付属する設備機器もあげられる。バルコニーや屋上に設置される設備機器の配置にあたっては，設置高さや手すりとの位置関係を十分考慮したい。

Ⅵ-ⓑ-1.　隙間に配慮した墜落防止手すり

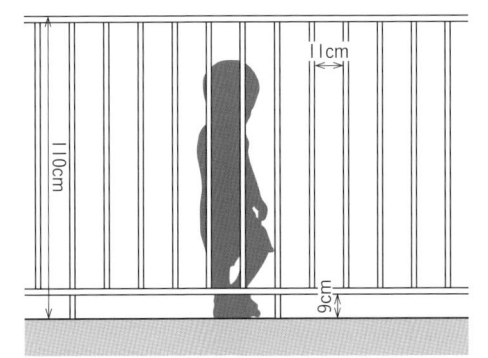

Ⅵ-ⓑ-2.　室外機が墜落の足がかりとなってしまう

VI 育児期対応	**ⓑ屋根・屋上・壁・天井**

3. 汚れにくく，掃除しやすい内装材　　【推奨】

　育児期においては，食べこぼしやおむつ交換など，室内を散らかしたり，汚したりする局面が多々ある。また子どもが遊ぶなかで，壁に落書きをしたり，汚れた手で壁に触れたりすることもある。できるだけ汚れにくく，掃除しやすい内装材とすることが望ましい。

　具体的な内装材としては，**V-ⓑ-2.** を参照すること。

VI 育児期対応	**ⓑ屋根・屋上・壁・天井**

4. 壁からの突起物への配慮（フック・レバーハンドルなど）　　【推奨】

　歩き始めたばかりの幼児は，壁伝いに歩き，転倒することも多い。手に触れたり，転倒したりしたときケガをしないように，壁からの突起は極力なくすよう配慮したい。壁付けのフック，尖ったデザインのレバーハンドルなどは要注意である。

Ⅵ-ⓑ-4.　壁からの突起物に注意する

Ⅵ 育児期対応　ⓑ屋根・屋上・壁・天井
👶 5. 自由に落書きができる内装材　　　　　　　　　選択

　子どもが汚しても清掃しやすい内装材がまず推奨されるが，より積極的に自由に落書きすることができるような内装材とすることも，選択肢のひとつとしてあげられる。メモやメッセージボードとして活用することも可能であり，家族のコミュニケーション向上につながる。

　落書きができる内装材として，専用の表面コーティングを施したビニルクロスがある。水性ペンをきれいに拭き取ることができるものであるが，間違えて通常のクロス部分に書いてしまわないよう注意が必要である。また，黒板塗料と呼ばれる塗装を建具や壁部分に塗装して，「黒板壁」とすることも可能である。同様に，ホワイトボード用の塗料やシートを貼って，ホワイトボードと同性能を持たせたものや，ガラス面をマット加工して水性ペンを使えるようにしたものなどがある。

Ⅵ 育児期対応　ⓑ屋根・屋上・壁・天井
👶 6. 消臭効果のある内装材　　　　　　　　　　　　選択

　育児期は，おむつの取り替えなど，においが生じる場面も多い。そのため，消臭機能のある内装も，選択肢の一つとしてあげられる。

　具体的な素材については，Ⅱ-ⓑ-8.を参照すること。

VI 育児期対応　C 床・段差・階段・廊下

1. 危険な段差の解消　基本

　歩き始めたばかりの幼児は，十分な歩行能力が備わっていない。また，親が子どもを抱いて移動する場面も多い。転倒の原因となる危険な段差がないことが基本となる。I-C-7.を参照すること。住宅性能表示の高齢者配慮対策等級3に準じるとよい。

●ポーチ～玄関
　雨にぬれて滑ったり，荷物で手がふさがるなど，転倒の危険性が高い部位である。ポーチとくつずりのレベル差を20mm以内とし，玄関ドア下枠の出寸法も5mm以下とする。

●上がり框
　上がり框を低くして，昇り降りしやすい高さにすることが望ましい。高さ180mm以下を基本とする。

●バルコニー出入り口
　防水上，段差が出てしまうのはやむをえない部位であるが，跨ぎ段差にはならないような配慮が求められる。

2. 歩行補助の階段手すり　基本

　一般的な階段の蹴上げ寸法は，子どもの体格からするとずいぶんと大きなものである。したがって，昇降時にバランスを崩しやすく，子どもの階段の昇り降りを補助するための，階段手すりは必須である。

　子どもにとっては，手すり位置が目の高さになることも想定されるため，端部を内側や下側に曲げておき，場合によっては，クッション材を設けるなどの配慮を行う。端部に，衣服などが引っかからないようにするためにも有効である。

　基本事項については，I-C-3.を参照すること。子どもが使いやすい手すりの高さについては，VI-C-7.を参照すること。

VI 育児期対応　C 床・段差・階段・廊下

3. 汚れにくく，掃除しやすい床材　【推奨】

　育児期には，食べこぼしなどで床が汚れがちになる。一方で，幼児は床を這ったり，落ちたものを口にしたりすることもある。容易に清掃ができ，常に清潔に保てる床仕上げとすることが推奨される。衛生的に保つために，汚れやホコリが目立ちやすい色の床材とすることも考えられる。

　基本事項は，V-C-1.を参照すること。

4. 転んでもケガをしにくい硬さの床材　【推奨】

　歩き始めたばかりの幼児は，まだ歩行能力が十分ではなく，よく転倒する。転んでも大きなケガにつながらないように，硬くない床材を選択したい。タイル貼りや石張りのような仕上げとするときは注意が必要である。

　フローリングは木質材料でそれほど硬くない素材であるが，さらに下地にクッション性のある緩衝層を設置することで転倒衝突時の安全性を高められる。また，滑りにくいコルクフローリングなども考えられる。

　フローリングよりケガをしにくい素材として，カーペットがあげられるが，その場合は清掃性も考慮すべきである。転倒時のケガの防止という点では，畳も有効な建材である。また，床シート材でも，発泡性で弾力性を高めたものがあるのでそれらを利用するとよい。

VI 育児期対応　❻床・段差・階段・廊下

5. 滑りにくい床材　　【推奨】

　子どもは家の中で走り回ることもあり，滑りにくい床素材とすることが推奨される。

　素材の滑りやすさを示す指標として，「滑り抵抗係数-CSR値」がある。一般的な床仕上げである畳やフローリング，カーペット，ビニル床シートなどは，おおむね適正CSR値を満たす。

　素材の滑りにくさでいえば，フローリングよりカーペットの方が一般的に滑りにくい。また，カーペットにしても毛足が長いものは滑りやすい傾向にあるので，毛足の短いものが推奨される。

　またフローリングの場合は，ワックス掛けをすると滑りやすくなることもあるので，注意が必要である。石材などを使用する場合は，本磨き・水磨きなどの仕上げは避けた方がよい。

6. 蹴込みが抜けていない階段　　【推奨】

　蹴込み板がなく，向こう側が透けているいわゆるスケルトン階段がある。幼児が階段をよじ登るようになると，段板の隙間から転落してしまう危険性がある。幼児の身体寸法からすると，すり抜けるだけでなく，首が挟まってしまうおそれもある。蹴込み板のある階段とすることが望ましい。

VI-❻-5.　床材と滑りやすさ

出典　小野英哲東京工業大学教授作成資料

VI-❻-6.　蹴込みの隙間での事故

VI 育児期対応　ⓒ床・段差・階段・廊下
7. 子どもに使いやすい手すり（高さ，握りの太さなど） 〔選択〕

子どものための手すりを設ける場合は，子どもの身体寸法に適した高さ，握りの太さとするとよい。

公共空間においては，大人用，子ども用の2段手すりとすることが多い。子ども用手すりの高さは600～650mm程度であり，大人用より100～200mmほど低いところに設けられる。握り太さは，大人用より一回り小さい30mm程度が適している。ただし，住宅においては，子どもはいずれ成長するということも念頭に置いておくとよい。

基本事項については，Ⅰ-ⓒ-3.を参照すること。

VI 育児期対応　ⓓ開口・建具
1. 窓からの墜落防止（手すりなど） 〔基本〕

2階以上の開口部において，窓台の上に窓を設ける場合がある。窓台の高さが低い場合，窓から直接墜落してしまうおそれがある。また，窓台に幼児の足がかかるような高さであれば，よじ登って墜落の危険性がある。墜落防止のための手すりの設置が求められる。手すりは，

- 窓台などの高さが650mm以上800mm未満の場合，床面から800mm（3階以上の窓においては1,100mm）以上の高さに達するように設置する。
- 窓台などの高さが300mm以上650mm未満の場合，窓台から800mm以上の高さに達するように設置する。
- 窓台などの高さが300mm未満の場合，床面から1,100mm以上の高さに達するように設置する。

上記を参考にして，バルコニーや屋上同様に墜落防止の対策を講じる。墜落防止手すり自体の構造はⅠ-ⓑ-1.を参照すること。

参考：住宅金融支援機構「フラット35S　木造住宅工事仕様書」

Ⅵ-ⓓ-1.　墜落を防ぐ窓台の手すり

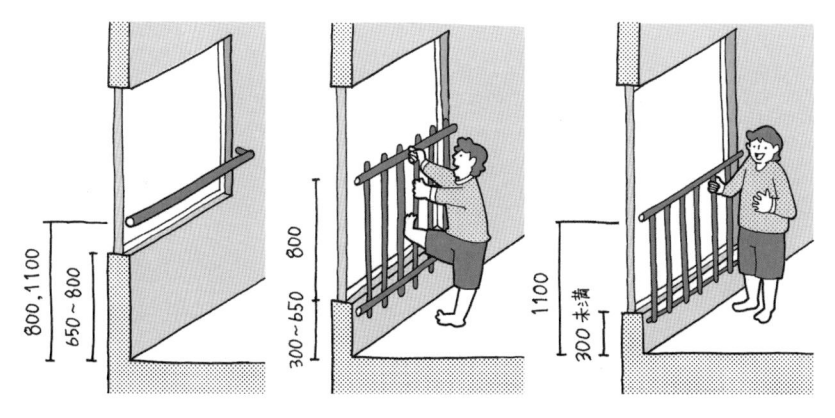

VI 育児期対応 ⓓ開口・建具
2. 指つめ防止で引き残しを確保した建具
推奨

可動建具は，指つめ，指挟みなどの事故が起きる可能性のある部位である。幼児の指は細いので，その視点で指つめが起きないかの検証が必要である。基本的なポイントは，Ⅰ-ⓓ-4.を参照すること。

扉の吊り元での対応として，指が入る隙間ができない扉や，吊り元部分に子どもの手が入らないようにガードするカバーもある。

VI 育児期対応 ⓓ開口・建具
3. 破損時のケガに配慮したガラス・面材
（合わせガラス，強化ガラス，飛散防止フィルム，透明樹脂など）
推奨

子どもが元気に動き回るなかで，ガラス面を認識できず，衝突する危険性がある。そもそも衝突しない，または衝突しても大きなケガにつながらないような配慮を行いたい。

Ⅰ-ⓓ-6.，Ⅰ-ⓓ-8.を参照すること。

Ⅵ-ⓓ-2. 指挟み防止機構

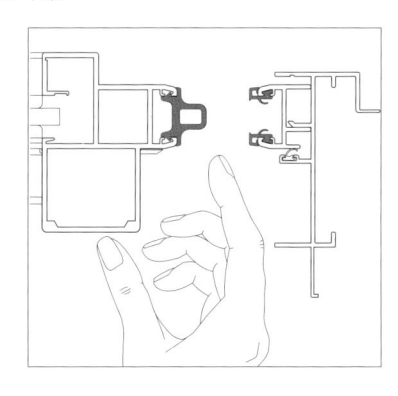

戸先安全ゴム　　　　引き残しを確保した建具

Ⅵ 育児期対応　ⓔ冷暖房・換気	
1. 機器が高温を発しない，または高温部に触れるおそれのない暖房機器（エアコン，床暖房など）	推奨

　幼児が暖房機器に触れたりぶつかったりしたときにも，火傷をしないように，機器本体が高温とならない暖房機器とすることが望ましい。

　高温となる暖房機を使用する場合は，高温部に触れないよう専用ガードを用いる配慮が求められる。

　Ⅰ-ⓔ-2.を参照すること。

Ⅵ 育児期対応　ⓔ冷暖房・換気	
2. ホコリを舞い上げない放射暖房（床暖房など）	選択

　エアコンや温風暖房機などの対流式の空調機は，温風で室内を空調するため，室内の粉塵やホコリを舞い上げてしまう。床面のホコリは，ダニの死骸などを含み，ハウスダストとしてアレルギーの原因となる。

　特にアレルギーなどへの耐性が低い居住者に配慮する必要がある場合には，温風を利用しない放射式の暖房も検討するとよい。

　Ⅱ-ⓔ-6.を参照すること。

Ⅵ-ⓔ-1.　暖房機の専用ガード

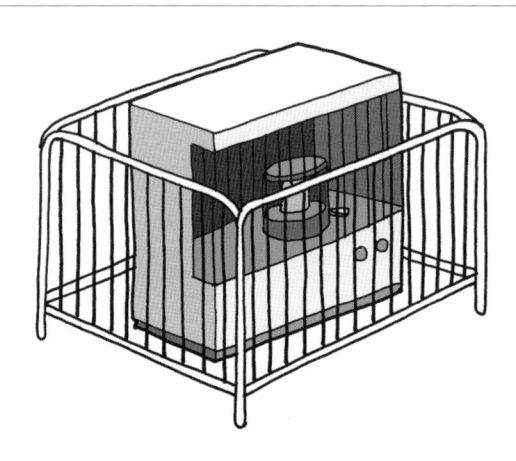

VI 育児期対応 ❶給排水・給湯・衛生機器

1. 急に熱湯が出ない給湯器・水栓
（サーモスタット付きなど）

推奨

　子どもが誤って給湯栓をひねってしまい，高温の湯で火傷をするおそれがある。特に貯湯タイプの給湯器の場合，レジオネラ菌の発生を防ぐために65～90℃で保温されている。出湯温度の設定により水と混合して適温に調節されるため，設定温度を高くしすぎないよう注意する。また，サーモスタット付きの水栓を用いることも有効である。Ⅰ-❶-2.を参照すること。

2. 高さを上下に変えられるシャワーヘッド

推奨

　身長の低い子どもがシャワーを使うには，ヘッドの位置が高すぎるケースも多い。
　スライドバーを取り付けておき，簡単な操作でシャワーフックの高さや角度を変更できるものも開発されている。大人と子どものように，身長の違いに柔軟に対応できることはもちろん，同じ利用者でも立位で使用する場合と風呂いすなどに着座して使用する場合といった姿勢の違いにも対応できる。

Ⅵ-❶-2.　高さが上下に変えられるシャワーヘッド

Ⅵ 育児期対応　❶給排水・給湯・衛生機器
👶 3. 子どものスケールに合わせた衛生機器
（ステップ付き洗面化粧台，子ども用便座など）

〔選択〕

　子どもは，成長の過程において徐々に生活習慣を身に付けていく。子どもが使いやすいように，子どものスケールに合わせた衛生機器として，自ら身だしなみを整えていく環境整備を心がけたい。
　小さい子どもでも，水栓に手が届き，歯磨きなどがしやすいように配慮されたステップ付きの洗面化粧台や，子どもが落ちてしまわないように身体寸法に合わせた補助便座などがある。

Ⅵ 育児期対応　❶給排水・給湯・衛生機器
👶 4. 子どもと一緒に入浴できる浴槽（腰掛付き浴槽など）

〔選択〕

　親子での入浴は，リラックスしてスキンシップを図ることができる。
　親子が一緒に入浴できる浴槽の広さを確保することも考えたい。さらに，浴槽内に腰掛スペースがあれば，子どもが安心して座って温まることもできる。Ⅳ-❶-1.を参照すること。

Ⅵ 育児期対応　❶給排水・給湯・衛生機器
👶 5. 汚れ物洗いのための洗濯・掃除用流し

〔選択〕

　育児期は，泥や砂遊び，お漏らし，食べこぼしなど，たくさんの汚れ物がでる。汚れの内容を気にせずに，洗い流せる洗濯用の流しがあると便利である。
　洗濯流しがあれば，すぐ汚れを落としたり，ひどい汚れのための漬け置き洗いもできる。深めの流しとして，水を溜め置けるように栓がついたものとするとよい。Ⅴ-❶-7.を参照すること。

Ⅵ-❶-3.　ステップ付き洗面化粧台

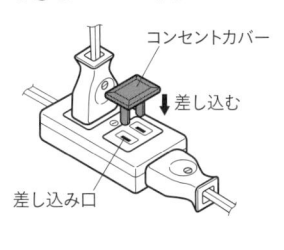

VI 育児期対応　e 情報・照明・その他

1. 電源コードが移動の邪魔にならないコンセント配置　【推奨】

　幼児は，家の中で思いがけない動きをする。活発に動き回る子どもがコードにつまずいて，ガラス窓に突っ込む，湯沸かしポットを倒して火傷する，といった事故が起きている。家電製品はできるだけ近い位置のコンセントにつなぎ，動線を横断することのないような配慮が求められる。

　常設の家電機器に加え，掃除機をかける，アイロンをかけるなどの一時的な作業であっても，無理にコードを取り回す必要がないようにしたい。ゆとりをもったコンセント数と配置とするのが望ましい。V-e-2.を参照すること。

2. 子どもの手が届くスイッチ高さ　【推奨】

　一般的に，スイッチの取り付け高さは110～120cm程度に設定されることが多い。しかし，まだ身長の小さい子どもでは，スイッチに手が届かない場合もある。夜一人でトイレに行きたいけれど，点灯できないのでトイレに行けない，という状況になりかねない。

　子どもの部屋や廊下・階段などでは，子どもの背丈でも手の届く位置にスイッチがあることが望ましい。また，大きめのパネルタイプのスイッチとすることで，子どもの小さな手でも押しやすくなる。

3. 子どもがいたずらできないコンセントカバー　【選択】

　一般的にコンセントは低い位置に設置することが多いため，子どものいたずらの対象となりやすい。感電による事故を防ぐのに，感電防止コンセントとする（I-e-5.を参照すること）ほか，使っていないコンセントにキャップを差し込むという対策もある。

VI-e-1.　電源コードにつまずくおそれがある

VI-e-2.　パネルタッチのスイッチ

VI-e-3.　コンセントカバー

VI 育児期対応　ⓗ家具・家電・調理機器
1. ぶつかってもケガをしない カウンターや家具の端部形状

基本

　子どもがハイハイを始め，自由に動き出せるような時期になると，安全性の判断がつかないまま，予想外の行動をとることがある。大人には危険と映らない箇所でも，大きなケガをする危険性がある。床に近いところを移動する子どもの目線で，危険な箇所がないか確認することが重要である。

　家具についても，あらかじめ角が尖っていないものを選ぶ配慮が求められる。特に，座卓は低い位置にあるので，注意が必要である。また，金属製の取手やつまみは角張ったものもあるので気をつけたい。尖っていて危険と感じる箇所には，コーナーガードで覆うなどの対策を取る。

　また，家具扉がガラス製だと衝突時に大きなケガに結びつく。特に低いところに位置する場合には，要注意である。一時的に扉を外すなどの対策を行うべきである。

VI 育児期対応　ⓗ家具・家電・調理機器
2. 家具の転倒防止対策

基本

　子どもがつかまり立ちするとき，壁や家具などを利用することがある。その際，家具が不安定だと，家具ごと転倒してしまうおそれがある。背の高い家具は極力避け，どうしても必要な場合は上部を壁に固定するなどの転倒防止対策を講じる。

　特に畳の上など，柔らかい床面に置かれた家具は不安定になりがちなので，注意が必要である。扉付きの家具の場合，安定しているようにみえても，扉が開いている状態で先端に荷重をかけると，簡単にぐらつく。家具上部の物品が落下することもあるので，家具の設置状況も確認するべきである。また，最近の大型テレビは，低い位置に置かれることが多い。子どもが倒したりすると，大きな事故につながる。しっかりとした台に乗せる，転倒防止ベルトを用いるなどの対策を取るべきである。

VI-ⓗ-1．角が丸い家具の端部形状

VI-ⓗ-2．家具の転倒防止対策

VI 育児期対応　h 家具・家電・調理機器
3. 子どもの危険なゾーンへの進入防止フェンス（階段・キッチン・浴室など）　【推奨】

　階段やキッチンは，転落事故や調理器具によるケガなどの危険を伴う。子どもの進入を防止する対策を考えたい。進入防止のフェンスやネットを簡便に固定できるよう，壁や支柱を設けておくとよい。近年流行している対面式キッチンでは，進入防止フェンスなどの取り付けが難しい場合もあるので，設計段階からあらかじめ対策を講じておくことが望ましい。

VI 育児期対応　h 家具・家電・調理機器
4. 危険物を収納しておく扉付きの家具　【推奨】

　幼児は，棚内のものを勝手に取り出したりするので，鋭利なものや誤飲のおそれのあるものは扉付きの家具とするとよい。さらに，扉を簡単に開けられないようなチャイルドロックの部品もあるので，併用するとよい。ただし，ガラス扉は衝突時に，破損のおそれがあるので避けるべきである。
　Ⅳ-a-4.を参照すること。

VI 育児期対応　h 家具・家電・調理機器
5. 家具や室外機設置への配慮（上階の窓際，バルコニーなど）　【推奨】

　育児期の子どもの成長は目覚ましく，昨日までできなかった動作が知らぬ間にできるようになっていることもしばしばある。足がかりとなるような家具などを，窓やバルコニー周辺に置かない予防策が重要である。
　上階の窓の近くにベッドや本棚などが置いてあると，それらを足がかりとして，腰壁をよじ登ってしまうことがある。また，バルコニーに室外機やコンテナーボックスなどが置いてあると，同様に手すりを越えてしまうことがある。実際に，そのような行動から墜落事故も生じている。
　Ⅳ-b-2.を参照すること。

Ⅵ-h-3.　階段への進入防止フェンス

Ⅵ-h-5.　窓際のベビーベッドからの墜落防止

VI 育児期対応 ❶外構
1. 道路に飛び出さないためのフェンス・門扉　　基本

庭やテラスで遊んでいた子どもが，目を離したすきに車が行き交う道路に飛び出さないような配慮が求められる。敷地境にフェンスや門扉，奥行きのある植込みを設けるなどの対策をとる。また，敷地内に池や階段などがある場合にも，同様に，子どもが容易に近づかないような配慮が求められる。

VI 育児期対応 ❶外構
2. 車輪がはまらない目の細かい溝蓋　　推奨

溝蓋や枡蓋の金属製グレーチングの隙間に，ベビーカーの車輪がはまってしまうことがある。細目タイプもしくは面形状の蓋とするとよい。Ⅰ-❶-7.を参照すること。

VI 育児期対応 ❶外構
3. 安全な遊び庭　　選択

安全性に十分配慮され，子どもが自由に遊ぶことのできる屋外スペースを設けるとよい。
芝生など，転んでもケガをしにくい素材として，子どもの遊具を置いておける広さがあれば，安心して子どもを遊ばせておける。

Ⅵ-❶-1. 道路に飛び出さないためのフェンス・門扉

Ⅵ 育児期対応 ❶外構
4. 動物, 植物や昆虫と親しめる庭　　選択

　子どもが，自然と触れ合えるような庭の計画とする。花壇など植物や昆虫に親しめる場所を設けたり，実のなる木を植えて鳥が寄り付く工夫をしたりする。一方で，害虫による被害も想定されるので，害虫がつきにくい樹種を選定する（たとえば，チャドクガがつきやすいサザンカを避けるなど）配慮が求められる。

Ⅵ 育児期対応 ❶集合住宅共用部
1. 駐車場への子どもの立ち入り防止　　推奨

　敷地面積が限られた集合住宅では，子どもが駐車場を遊び場としてしまうような状況が見受けられる。駐車場内での事故を防ぐため，子どもが入らないようゾーニングを工夫したり，サインを設け注意を喚起することなどが求められる。
　特に，機械式の駐車設備を設置する場合は，機械設備として安全管理を徹底することはもちろんのこと，それらの機械駐車設備に子どもが近づかないような配置計画での配慮が求められる。
　Ⅰ-❶-3.を参照すること。

Ⅵ-❶-4. サザンカとチャドクガ
提供　神奈川県衛生研究所

Ⅵ-❶-1. 駐車場への立ち入り防止フェンス

VII 高齢期対応

Contents

ニーズ①身体機能を長く維持できる，身体機能が低下しても活動的でいられる｜ニーズ②家の中での極端な温度差がない…228

ニーズ③熱中症の心配がない｜ニーズ④家の中でケガをする心配がない…229

ニーズ⑤生活上の負担が少ない｜ニーズ⑥いざというときに誰かに連絡できる…230

ニーズ⑦身体機能の低下に対応できる｜ニーズ⑧介護サービスを受け入れやすい｜ニーズ⑨介護者の負担を軽減できる…231

ニーズ⑩個別の身体状況に対応できる｜ニーズ⑪介護をしてくれる人が身近にいる…232

ⓐ 空間の計画
基本｜1.身体機能が維持できる住空間…233

推奨｜2.面積に余裕のある玄関…233｜3.車いすでの移動を考慮した動線計画｜4.寝室と近接したトイレ配置…234｜5.身体機能の低下にともなうゆとりあるスペース，配置…235

選択｜6.寝室と同一階の玄関，浴室，トイレの配置…235｜7.介助を想定した余裕のある水回り空間｜8.エレベータ，階段昇降機設置スペースの確保｜9.眺望があり，自然の変化を感じられる寝室…236｜10.介護者が被介護者の様子を把握しやすい部屋の配置｜11.介護サービス動線の確保…237

ⓑ 屋根・屋上・壁・天井
基本｜1.室間の温度差をなくすための断熱性能の高い屋根・外壁・天井構成…238｜2.動作補助の浴室，トイレの手すり｜3.廊下への手すり取り付け用の壁下地補強…239

推奨｜4.歩行補助の廊下手すり…239

選択｜5.動作補助の脱衣室の手すり｜6.消臭効果のある内装材…240

ⓒ 床・段差・階段・廊下
基本｜1.つまずかないよう不要な段差の解消｜2.室間の温度差をなくすための断熱性をもった床構成｜3.歩行補助の階段手すり…241｜4.動作補助の段差の手すり｜5.ぬれても滑りにくい浴室床材…242

推奨｜6.日常生活空間における床段差の解消｜7.段差のない浴室出入り口…243｜8.滑りにくい床材｜9.転んでもケガをしにくい硬さの床材｜10.緩やかな階段勾配…244

選択｜11.段差移動をサポートする設備｜12.介助しやすい幅広階段…245

ⓓ 開口・建具
基本｜1.断熱性能の高い建具｜2.トイレ・浴室の出入り口の非常時対応…246

高齢になっても身体機能を長く維持し，介護者の負担を軽減するためのキーワードである。高齢期の適度な身体的負荷は身体機能の維持に有効とされている。安全に体を動かせる住まいは機能維持にも有効である。同時に，家庭内事故の防止，身体機能の低下に対応できる準備も不可欠である。

推奨 │ 3.介助用車いすを想定したゆとりある開口幅…(247) │ 4.引き戸とした室内の主要な出入り口…(248)
選択 │ 5.段差のない部屋からテラスへの出入り口…(248)

ⓓ冷暖房・換気
基本 │ 1.脱衣時に体に負担をかけないための浴室，脱衣室，トイレの暖房…(249)
推奨 │ 2.冷暖房の風が体に直接当たらない冷暖房機器の配置 │ 3.手足の冷えや熱中症への対応を考慮した冷暖房計画…(249)

ⓕ給排水・給湯・衛生機器
基本 │ 1.出入りしやすい浴槽…(250)
推奨 │ 2.高さを上下に変えられるシャワーヘッド…(250) │ 3.操作しやすい水栓 │ 4.座った状態で使える洗面台…(251) │ 5.姿勢に無理のない洋式便器…(252)
選択 │ 6.介助の負担を減らす入浴器具，浴室…(252) │ 7.汚れ物洗いのための洗濯・掃除用流し…(253)

ⓖ情報・照明・その他
基本 │ 1.階段・廊下・段差の足もと照明 │ 2.浴室・トイレの非常用通報設備…(253)
推奨 │ 3.外部と連絡をとるための通報・連絡設備 │ 4.視力低下を補う高照度の照明…(254) │ 5.電源コードが移動の邪魔にならないコンセント配置 │ 6.自動点灯する人感センサー付き照明…(255)
選択 │ 7.見守りのためのモニタリングシステム │ 8.電動福祉用具に対応したコンセント配置・電気容量確保 │ 9.高めのコンセント配置，低めのスイッチ配置…(256)

ⓗ家具・家電・調理機器
推奨 │ 1.表示が見やすく操作しやすい調理器具 │ 2.腰掛けた状態で使えるキッチン…(257) │ 3.玄関回りの靴の脱ぎ履きのための腰掛け…(258)

ⓘ外構
基本 │ 1.アプローチ空間の段差への手すり…(258) │ 2.夜間に足もとが視認できる外灯…(259)
推奨 │ 3.車いすに配慮したアプローチの舗装材…(259) │ 4.アプローチ空間における段差解消 │ 5.車いす・杖に配慮した目の細かい溝蓋…(260)
選択 │ 6.動物，植物や昆虫と親しめる庭…(261)

ⓙ集合住宅共用部
基本 │ 1.共用空間での段差の解消…(261)

VII 高齢期対応｜ニーズ❶
身体機能を長く維持できる，身体機能が低下しても活動的でいられる

　高齢期の健康指標の一つに，「自立機能」があげられる。自立機能とは，何らかの病気を患っていても自分で生活ができる状態であり，世界保健機構（WHO）では，「身体的自立」「精神的自立」「社会的自立」に分類している。「身体的自立」は，食事や排泄など身の回りの生活動作が自分でできることである。「精神的自立」は認知機能が安定していること，「社会的自立」は近所づきあいなどの社会的活動に参加できることである。こういった自立をサポートし，健康を維持することが高齢期の大きな目標といえる。

　特に高齢期には，身体機能が低下する傾向にある。適度の身体的負荷がないと，さらに身体機能は低下する。掃除，洗濯，料理などの家事も，日常的な身体活動と位置づけられる。一方，転倒して骨折をし，そのまま寝たきりになってしまうなど，病気やケガをきっかけに身体機能が急激に低下することも多い。体力低下のきっかけとなるケガや病気を予防して，過度の負担にならないよう留意しつつ，安心して活動できる住環境であることが求められる。

VII 高齢期対応｜ニーズ❷
家の中での極端な温度差がない

　高齢期には，ヒートショックによる健康被害を受けやすい。循環機能が低下し，血圧調節能力が低下する場合が多く，脳出血や心筋梗塞，意識障害による溺死へと結びつきやすい。詳細はⅠ **予防・安全 ニーズ⑩**を参照すること。

　また，高齢者は若い人よりも暑さや寒さを感知しにくいことが知られており，寒い脱衣室や熱い湯温を容認しやすい。さらに高血圧者は，入浴に伴う血圧変動が大きいとの報告もある。高齢期には，より慎重な対応が必要である。

　これらを踏まえて，高齢期の住まいにおいては室間の極端な温度差がなく，ヒートショックのない環境が望まれる。

VII 高齢期対応｜ニーズ❸
熱中症の心配がない

　熱中症は，高齢者を中心として屋内で発症するケースも非常に多く，65歳以上では屋内発症が6割を占める。高齢者は暑さや寒さを認識する機能が低下し，周辺環境の変化や自らの体調悪化を認識できないケースも多い。熱中症発症リスク（同一人口当たりの発症数）は青年〜中年期と比較して，老年期では5倍程度と非常に高い。なお，重症に至る患者は老年期でおおむね5％程度である。

　詳細はⅠ　予防・安全　ニーズ⑫を参照すること。

年齢階級別・日最高気温別に見た熱中症患者発生率
（東京23区）

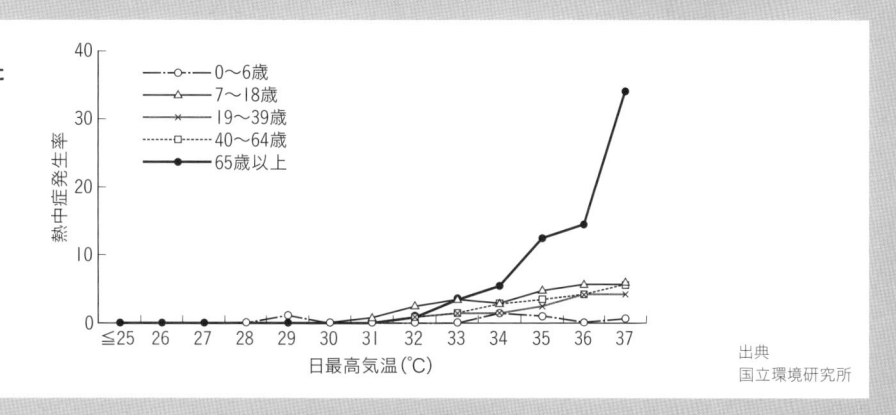

出典
国立環境研究所

VII 高齢期対応｜ニーズ❹
家の中でケガをする心配がない

　平成23年度における家庭内の不慮の事故死（下図）は，総数16,722人で，うち65歳以上の高齢者が13,325人，80％を占める。同年の高齢者の交通事故死が3,462人であるので，高齢者にとっては在宅時間が長いということもあるが，家庭内の方がより危険ということになる。「転倒・転落」による事故死は，「溺死および溺水」「窒息」に次いで多い。

　高齢者の20％程度の人が，1年間に1回は転倒事故を起こし，その5〜10回に1度は骨折しているとの報告がある。転倒による骨折は，「寝たきり」を引き起こす原因ともなる。高齢者のQOL（Quality Of Life：生活の質）を維持するうえで，転倒してケガをすることのない住環境が重要である。

65歳以上の家庭内の不慮の事故死
（この図は主な死因の内訳で，総数13,325名とは一致しない）

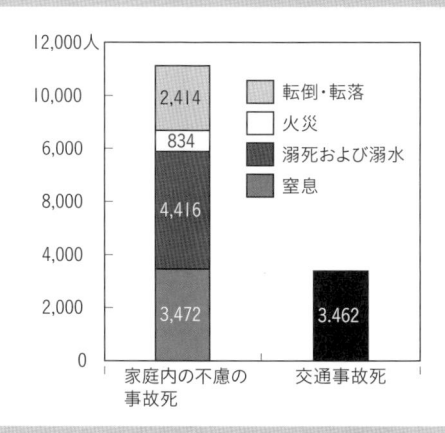

家庭内の不慮の事故死
- 窒息：3,472
- 溺死および溺水：4,416
- 火災：834
- 転倒・転落：2,414

交通事故死：3,462

出典
厚生労働省：人口動態統計
（平成23年度）

Ⅶ 高齢期対応｜ニーズ❺
生活上の負担が少ない

　高齢になるに伴って身体機能が低下し，徐々に自立した生活に支障が生じるようになる。自分で日常の生活行動を長く行えるように，住宅内で生じる身体的な負荷を低減させ，身体機能の低下を補うことを考えたい。

　加齢に伴い視覚機能が低下して，従来の照度では細かいものが見にくくなるケースがある。あるいは筋力が低下して，上下階の移動や段差の跨ぎが負担となったり，高所のものを取るために，無理な姿勢をとるのが困難になったりする。体温調節機能も衰えるので，それに対応した温熱環境の確保も求められる。

　そのような身体機能の低下に対応して，生活上の負担の少ない住まいが求められる。

Ⅶ 高齢期対応｜ニーズ❻
いざというときに誰かに連絡できる

　世帯当たりの家族人数が減少する中で，高齢者の一人暮らしが増えている。急な体調不良や転倒などの事故が起こった場合でも，周りの助けを呼べるように，対策を講じておくことが望まれる。高齢単身者が家の中で倒れていて，周囲が気づかず，孤独死を迎える事態も生じている。いざというときに誰かに連絡できることは，高齢者の不安の解消につながる。

緊急連絡手段の確保

VII 高齢期対応｜ニーズ❼
身体機能の低下に対応できる

さらに身体機能が低下すると，介助や補助具の助けを借りることとなる。住宅に長く住み続けるためには，そのようなレベルにまで身体機能が低下した場合も想定しておくことが望ましい。

VII 高齢期対応｜ニーズ❽
介護サービスを受け入れやすい

自立した生活が困難になれば，生活を送るにあたって介護が必要となってくる。しかし家族だけでの介護は，肉体的にも精神的にも負担が大きい。適宜，介護サービスを受け入れることとなる。

住宅内で受けられるサービスの種類は，訪問介護，訪問看護などがある。最も利用されているのが訪問介護で，一般的にはホームヘルプサービスといわれている。食事や排泄，入浴，衣類の着脱，通院介助などの「身体介護」と，掃除，洗濯，買い物などの「生活援助」に区分される。訪問看護は，看護師や保健師などが利用者の自宅を訪問し，医師の指示のもと，療養上の世話や医療処置を行うものである。

これらの介護サービスを受けることになると，外部の介護者が被介護者とともに生活スペースを行き来することになる。介護者を受け入れやすいしつらえとなっていることが望まれる。

介護者を受け入れやすい設え

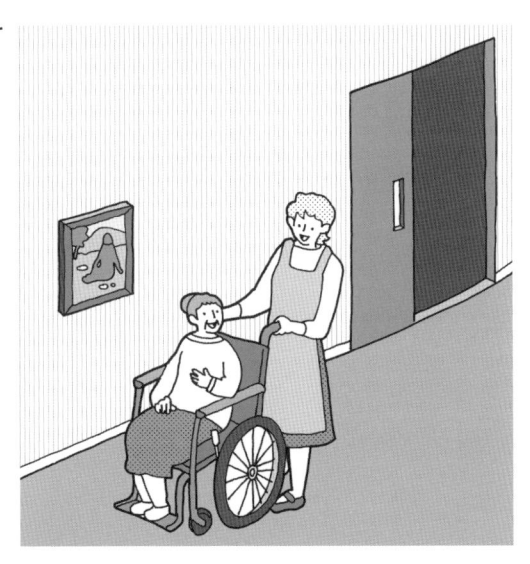

VII 高齢期対応｜ニーズ❾
介護者の負担を軽減できる

身体機能の低下した高齢者を介護するにあたっては，介護者の身体的，精神的な負担も大きい。心配なく介護ができるような環境整備が求められる。動作の介助を行いやすい空間のゆとりや，スムーズな介護動線が望まれる。また，介護者が被介護者の様子を把握しやすいような工夫も考えたい。

Ⅶ 高齢期対応｜ニーズ⑩
個別の身体状況に対応できる

　高齢期の身体機能の低下は個人差が大きい。筋力の低下，視力の低下，聴力の低下，認知症，麻痺症状など，症状もさまざまである。麻痺症状で歩行や動作が不自由になる場合でも，右半身の場合と左半身とで必要とされる環境は異なってくる。
　手すりを設けるなど身体機能の低下への対策を講じるにあたって，福祉施設のようにすべての状況を想定してあらかじめ対応することは，一般の住宅では困難であるし，また無駄も多くなる。個別の状況に応じた対応とならざるをえないが，さまざまな状況に対応できるように，空間のゆとりを持たせるなどの備えをしておきたい。

Ⅶ 高齢期対応｜ニーズ⑪
介護をしてくれる人が身近にいる

　介護が必要となった高齢者にとって，介護者が身近にいてくれることは安心感につながる。また，高齢者の身体状況によっては，間近で継続して介護を行わなければならない場面も出てくる。
　介護者としては，家族または介護サービスの介護者など，いくつかのケースが考えられる。介護者が滞在できるスペースを確保し，介護者が高齢者の様子を把握できるような工夫も求められる。

介護者が身近にいる

Ⅶ 高齢期対応　ⓐ空間の計画
1. 身体機能が維持できる住空間
（寒すぎない廊下など）

基本

　高齢期の基本として，できるだけ長く身体機能を維持できることが求められる。ケガをする心配が少なく，家の中を安心して動き回れる空間であることが，身体機能の維持につながる。

　そのために不要な段差がない（Ⅰ-ⓒ-7.を参照すること），動作を補助する手すりがある（Ⅶ-ⓑ-2., Ⅶ-ⓑ-3.を参照すること）といった配慮が必要だが，さらに，部屋の中に閉じこもってしまわないよう，熱的なバリアがなく，冬でも廊下が寒くなり過ぎないようにすることも考えたい。

　また，身体機能は，適度な負荷がないと低下してしまう。掃除，洗濯，料理などの家事を適度な負担で行えるようにして，日常的に身体活動が維持されるようにしたい。家事が過度の負担とならないよう，家事に関わる空間の合理的な配置が求められる。

Ⅶ 高齢期対応　ⓐ空間の計画
2. 面積に余裕のある玄関
（歩行補助用具置き場，段差解消など）

推奨

　高齢期に身体機能が低下してくると，玄関での上がり框の昇り降り，体をかがめての靴の脱ぎ履きが負担になる。段差解消用の昇降ステップや腰掛けを設置するとよい。さらに身体機能が低下すると，外出のサポートに杖や歩行車といった歩行補助用具を用いたり，車いすを利用したりすることとなる。

　玄関回りでは，身体機能の低下に応じてさまざまな種類の補助用具が置かれることとなる。これらの用具を利用することで，外出行動が維持され，寝たきりになることを予防へとつながる。これらの用具を置いておくことができる，面積に余裕のある玄関とすることが望ましい。身体機能の低下の具合は，事前には想定することは難しく，個人差も大きいので，なるべくゆとりをもっておきたい。

Ⅶ-ⓐ-1.　寒い廊下

Ⅶ-ⓐ-2.　歩行補助用具

折りたたみ式歩行車

四脚杖

VII 高齢期対応　ⓐ空間の計画
3. 車いすでの移動を考慮した動線計画

推奨

　身体機能が低下して車いすを利用する場合に備えて,「住宅の品質確保の促進等に関する法律」の「高齢者等への配慮に関すること」の等級3では廊下の幅員780mm以上（柱などの箇所は750mm）と規定している。しかし,車いすでの右左折時にはそれ以上のスペースを必要とするので,注意が必要である。廊下から各室へまっすぐ入れるような計画が望ましいが,90度回って入る場合には,建具の幅を広くする（950mm程度）必要がある。廊下が折れ曲がっている場合には,廊下幅員850mm程度が必要となる。角を隅切りするのも有効である。

　体力の落ちた高齢者は,車いすの操作能力が劣る。家全体の動線計画を折れ曲がりが少ない,シンプルなものとすべきである。また,廊下の先に転回できるスペースがないと,事実上の行き止まりとなってしまう。突き当たりに転回できる大きさの部屋があるような動線計画としたい。

VII 高齢期対応　ⓐ空間の計画
4. 寝室と近接したトイレ配置

推奨

　高齢期には「トイレが近くなる」といわれるように頻尿の症状が出やすく,トイレに行く回数が増える。一晩に何度もトイレに行くことがある。そのために,寝室の近くにトイレを計画することが望ましい。当然,寝室からトイレに至る動線には,段差の解消（Ⅰ-ⓒ-7.）・手すりの設置（Ⅶ-ⓑ-4.）・足もとを照らす照明の設置（Ⅰ-ⓔ-3.）といった配慮があわせて求められる。
Ⅲ-ⓐ-4.を参照すること。

　押入れをトイレに改修できるユニットも開発されているので,あらかじめ給排水配管のみを近くに用意しておくことも有効である。

Ⅶ-ⓐ-3. 車いすでの移動時の必要寸法

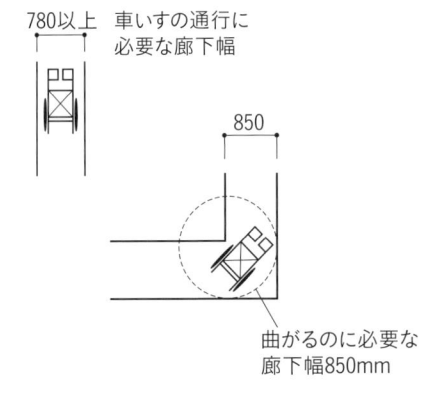

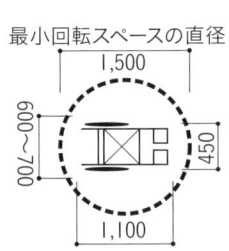

VII 高齢期対応　ⓐ空間の計画
5. 身体機能の低下にともなうゆとりあるスペース，配置

推奨

　介助が必要となった場合を想定し，介助用車いす使用者が基本生活行為を行うことを容易にする措置を講じておきたい。

　「住宅の品質確保の促進等に関する法律」の「高齢者等への配慮に関すること」では，等級3で特定寝室の面積を内法9m²以上としている。面積だけでなく，車いす利用となった場合に転回できるスペース（最小1,500φ）を確保することも重要である。リビングや居室における家具配置とあわせて，部屋の大きさを考えたい。

　水回りについては，同じく等級3で，浴室の内法として1,300mm以上，面積2.0m²以上，トイレは長辺の内法1,300mm以上，または便器の前方または側方に500mm以上のスペース確保と規定している。

　身体機能の低下の程度は予測困難なため，体力が低下してからその状況に合わせて改修をすることが多い。しかし，水回りについては改修費用もかさむこともあり，あらかじめ余裕を持った寸法で計画しておくことが望ましい。

VII 高齢期対応　ⓐ空間の計画
6. 寝室と同一階の玄関，浴室，トイレの配置

選択

　身体機能の低下にともない，階段を使っての上下移動が困難になる。生活の基本が，同一フロア内で完結するように考えておくとよい。

　「住宅の品質確保の促進等に関する法律」の「高齢者等への配慮に関すること」の等級4では，「トイレおよび浴室が高齢者の寝室の存する階にあること」としている。

　さらに，外部の介護サービスを受けることを想定すると，高齢者の寝室と玄関が同一階にあることが望ましい。

　当初は2階に寝室を計画したとしても，1階にも介護用ベッドが設置できる程度の余剰スペースを確保しておくことが有効である。

VII-ⓐ-5. 車いすで転回できるスペース

VII 高齢期対応　ⓐ空間の計画
7. 介助を想定した余裕のある水回り空間

選択

　介助や車いす対応を考慮すると，トイレでは，便座の側面や背面に介助者が立てるスペースが確保できているとよい。便器背面に介助者の足が入るように，200mm程度のクリアランスを設けておく。側面では1,000mmのスペースが必要となるが，長辺側の壁を全面開口として廊下側にスペースを確保することも考えられる。

　浴室では，介助者が回りこめるよう，浴槽背後に400mm程度のスペースを設けておくとよい。洗い場もシャワーキャリーなどが使えるよう幅800mm程度を，また後ろから介助できるよう奥行き1600mm程度を確保する。

VII 高齢期対応　ⓐ空間の計画
8. エレベータ，階段昇降機設置スペースの確保

選択

　将来的に車いすでの生活となった場合には，段差解消機や，ホームエレベータ，階段昇降機などの移動補助機器を設置することも考えられる。あらかじめ，そのためのスペースを見ておくことも有効である。

　階段昇降機の場合，レールの出幅を見込んだ階段幅が必要になる。エレベータの場合，床ピットが必要となるので，注意が必要である。VII-ⓒ-11.を参照すること。

VII 高齢期対応　ⓐ空間の計画
9. 眺望があり，自然の変化を感じられる寝室

選択

　身体機能が低下しても精神の活動が維持されるように，眺望があり，また適宜外の光や空気を取り入れて，自然の変化が感じられる寝室とすることも考えたい。体力的に衰えたとはいえ，尊厳を持った生活を送るためにも必要な配慮である。

VII-ⓐ-7.　ドアの開閉により介助スペースを確保するトイレ

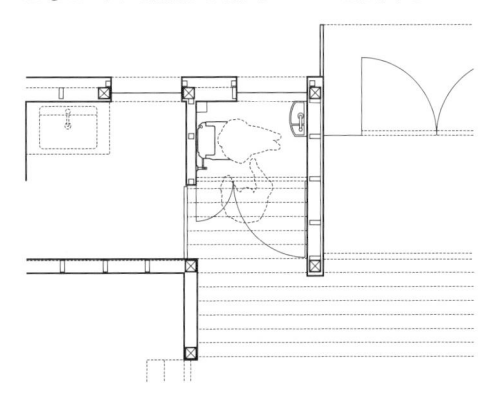

VII-ⓐ-9.　自然の変化が感じられる寝室

Ⅶ 高齢期対応 ⓐ空間の計画
10. 介護者が被介護者の様子を把握しやすい部屋の配置　［選択］

　介護が必要になった場合，被介護者が助けを呼びやすく，また介護者や家族が被介護者の様子を把握しやすいような空間構成にも配慮したい。

　被介護者の部屋をキッチンやリビングの近くとするなど，中の様子をうかがえたり，音が通りやすい位置関係とすることで，被介護者が孤立しない環境となる。

Ⅶ 高齢期対応 ⓐ空間の計画
11. 介護サービス動線の確保（効率のよい動線，サービスを受けない空間のプライバシーへの配慮など）　［選択］

　住宅内での訪問介護サービスでは，食事や排泄，入浴，衣類の着脱，通院介助などの「身体介護」と，掃除，洗濯，買い物などの「生活援助」とを受ける。

　介護サービスを受けることになると，介護者が生活スペースを行き来することになる。セキュリティーやプライバシーの問題が生じないように，介護者の行き来するスペースがコンパクトにゾーニングされているとよい。また介護を効率よく行うためにも有効である。それに応じた動線計画がなされていることが望ましい。

Ⅶ-ⓐ-10.　介護者に被介護者の気配が伝わる部屋の配置

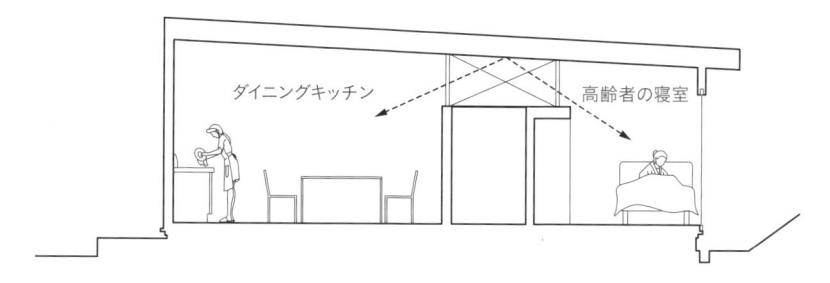

Ⅶ 高齢期対応　ⓑ屋根・屋上・壁・天井	
1. 室間の温度差をなくすための 断熱性能の高い屋根・外壁・天井構成	基本

　室間の温度差が大きいと，室から移動する際に体が温度変化にさらされて，血圧が急変し，脳卒中や心筋梗塞などにつながるおそれがある。これはヒートショックと呼ばれる症状で，リビングなどの居室から，浴室や脱衣所・トイレなどの非居室に移動する時に生じることが多い。Ⅰ　予防・安全　ニーズ⑩を参照すること。

　ヒートショックを避けるためには，各部が極端に寒くならないように，外壁全体の断熱性能を増していくことが必要である。Ⅱ-ⓑ-1.を参照すること。

　さらに高齢期には，活動量が低下し，屋内でじっとしていることが多い。さらに，体温調節機能が低下し，冬は手足が冷える，夏は熱中症になっても気づきにくいなどといった状態となるので，より細やかな配慮が求められる。

　建物全体の断熱性能という観点では，開口部の断熱性能の確保も重要である。Ⅱ-ⓓ-2.も併せて参照すること。

VII 高齢期対応　ⓑ屋根・屋上・壁・天井

2. 動作補助の浴室，トイレの手すり　【基本】

　高齢期になるにつれ運動機能が徐々に低下するため，トイレでの立ち座り，浴室の出入りなどの動作補助の手すりが必要となる。Ⅰ-ⓑ-4.を参照すること。

　トイレでは，体の向きを変えたり姿勢を保持したりするための水平手すりと，出入り・立ち座りのための垂直手すりが求められるので，L型手すりが有効となる。手すりを設置するにあたっては，室内寸法に余裕を持たせておく必要がある。Ⅶ-ⓐ-5.を参照すること。

　浴室手すりは水濡れに耐える材質を選び，動作に合わせた位置に設置する。足もとが滑りやすく，浴槽を跨いで出入りする際によろけたり，転倒したりする危険がある。出入り，浴槽跨ぎ，浴槽内での立ち座り，浴槽内での姿勢保持などの行為・目的に応じた手すりがあることが望ましい。手すりの取り付け箇所は，（独）住宅金融支援機構の「木造住宅工事仕様書のバリアフリー性に関する基準」（高齢者等配慮対策等級3）に詳しい。浴槽上部に付く水平手すりの設置高さは，近年のバリアフリー化から浴槽縁の高さが低くなっている（Ⅰ-ⓕ-3.を参照すること）こともあり，浴槽底からの高さを基準とするべきである。見落としがちであるが，設置にあたっては，浴槽の蓋を閉じたり取り外したりすることも考えて，手すりの取り付け位置を決めるとよい。

3. 廊下への手すり取り付け用の壁下地補強　【基本】

　運動機能が低下すると，水平移動にあたっても歩行補助が必要となる。廊下においても，転倒を防止して，安全かつ容易に移動ができるように，手すりの設置が求められるケースがある。設計時には必要なくても，将来を見越して，あらかじめ手すりが設置できるような検討をしておくことが基本となる。後から手すりが設置できるように，下地補強を行っておく。手すり高さは，体重をかけて移動する場合とバランスを保つ場合とで異なるので，壁補強の範囲は床仕上げ面から高さ600〜900mm程度と広めにしておく。Ⅰ-ⓑ-4.を参照すること。

参考：国土交通省「高齢者が居住する住宅の設計に係る指針」

Ⅶ-ⓑ-2.　浴室の動作補助手すり

Ⅶ 高齢期対応 ⓑ屋根・屋上・壁・天井
4. 歩行補助の廊下手すり

推奨

　将来のことを見越して，新築時から手すりを設置しておくことも推奨される。「高齢者が居住する住宅の設計に係る指針」によれば，廊下の手すり高さは，750mmを標準とするが，必要とする人が限られている場合，その人の高さに合わせるとよい。

Ⅶ 高齢期対応 ⓑ屋根・屋上・壁・天井
5. 動作補助の脱衣室の手すり

選択

　体が硬くなった高齢者にとって，着脱衣時は，腕を上げたり片足立ちになったりしてバランスを崩し，転倒の危険性がある。そこで動作を補助するための縦手すりがあるとよい。

　着替えをサポートするための手すり，部屋の出入りのための手すりと二つの動作に対応した手すりがあると望ましい。「高齢者が居住する住宅の設計に係る指針」によれば，脱衣室側に，手すり下端が床仕上げ面から高さ750mmを標準とし，長さ600mm以上の縦手すりを設置することが推奨されている。

Ⅶ 高齢期対応 ⓑ屋根・屋上・壁・天井
6. 消臭効果のある内装材

選択

　要介護の状態が進むと，自室内にポータブルトイレが持ち込まれたり，おむつを使用する場合もあり，尿臭や排泄臭の問題も生じる。そこで，内装材に消臭機能を持たせることも考えられる。具体的な内装材としては，Ⅱ-ⓑ-8.を参照すること。

Ⅶ-ⓑ-4．廊下の歩行補助手すり　　　　　Ⅶ-ⓑ-5．脱衣室の動作補助手すり

VII 高齢期対応　◎床・段差・階段・廊下

1. つまずかないよう不要な段差の解消　基本

　高齢期には，視力の衰えにより段差が認識できなかったり，足を上げているつもりでも十分に上がらなかったり，といったことから，段差につまずいての転倒事故が多くなる。

　フローリングから畳など，連続する居室間の床段差は特に注意が必要である。ある程度大きな段差は認識されるが，数cmの小さな寸法の段差は認識されにくく，かえって危険な段差となる。床材が変わる見切り部分には十分な配慮が必要である。

　Ⅰ-◎-7.を参照すること。

2. 室間の温度差をなくすための断熱性能をもった床構成　基本

　ヒートショックの危険性が高くなる高齢期には，室間の温度差をより少なくする配慮が必要となる。床を含めた外皮の断熱性能を高め，適切な温熱環境を確保することが基本となる。

　Ⅱ-◎-1.，Ⅱ-◎-1.を参照すること。

3. 歩行補助の階段手すり　基本

　足腰の衰えた高齢者にとって，階段の昇り降りは大きな負担となる。また，階段からの転落は致命的なケガにつながりかねない。階段での転落事故を防止するために，手すりの設置は必須事項である。

　Ⅰ-◎-3.を参照すること。

Ⅶ-◎-1.　フローリングと畳の間の段差解消

Ⅶ 高齢期対応　❷床・段差・階段・廊下	
4. 動作補助の段差の手すり	基本

　高齢期には，段差での転倒の危険性が高くなる。動作補助，転倒防止の観点から，階段だけでなく，段差部にも手すりを設けることが求められる。
　玄関では，かがんだり立ち上がったりといった動作を補助するために，上がり框の脇に手すりを設ける。また，バルコニー出入り口や浴室入口などで段差のある場合にも，段差の昇降の支えとなる手すりを設置する。手すりの形式は，必要に応じてタテ型，ヨコ型，L字型などを選択する。
　「住宅の品質確保の促進等に関する法律」の「高齢者等への配慮に関すること」を参考にするとよい。

Ⅶ 高齢期対応　❷床・段差・階段・廊下	
5. ぬれても滑りにくい浴室床材	基本

　浴室・脱衣所では，水にぬれた床の上で，不安定な姿勢を取ることとなり，転倒事故が起きやすい。ぬれても滑りにくい仕上げが求められる。手すりの設置と合わせて，転倒事故の防止を図ることが必須である。
　Ⅰ-❷-1.を参照すること。

Ⅶ-❷-4.　玄関の動作補助手すり

VII 高齢期対応　ⓒ床・段差・階段・廊下
6. 日常生活空間における床段差の解消　【推奨】

　自力での歩行が困難になった場合，車いすを利用することとなる。そのような状況を想定して，あらかじめ段差を解消した日常動線を確保しておくことが推奨される。

　日常生活空間として，玄関からトイレ，浴室，洗面所，寝室，リビング，バルコニーを結ぶ経路の段差をなくしておく。室内からバルコニーへは一般的に雨仕舞から段差を生じるが，物干しなどで出入りの頻繁なバルコニーでは，バリアフリー枠のサッシを用いることも検討したい。**Ⅶ-ⓓ-5.** を参照すること。

　やむをえず，段差が生じる場合はスロープとすることを考えたい。車いす利用を想定したスロープの勾配は1／12を目安にする。ただし介助があれば，より急な勾配でも対応可能なケースもあるので，1／12勾配が確保されなくても，生じた段差はスロープとして処理しておくとよい。

　「住宅の品質確保の促進等に関する法律」の「高齢者等への配慮に関すること」を参考にするとよい。

VII 高齢期対応　ⓒ床・段差・階段・廊下
7. 段差のない浴室出入り口　【推奨】

　浴室では一般的に水仕舞から段差を生じる。跨いだり，足を上げたりして無理な姿勢を取ることで，バランスを崩しやすい。

　出入りの際の事故を防ぐ観点から，脱衣所から浴室への出入り口は段差をなくした設計としたい。下枠がフラットな状態で水仕舞ができるバリアフリータイプの建具があるので，それを用いて段差を解消することが望ましい。将来的に車いす使用となった場合にも有効である。

Ⅶ-ⓒ-7.　段差のない浴室出入り口

Ⅶ 高齢期対応　◉床・段差・階段・廊下

8. 滑りにくい床材　【推奨】

　床材が滑りやすいと，足腰の弱った高齢者はバランスを崩し，転倒事故へとつながる危険性がある。高齢期の転倒は，骨折など大きな事故につながりかねない。一般の室内でも，床材の滑りにくさに細心の配慮を行いたい。

　床の上にラグマットやゴザなどを敷くケースも見受けられるが，それらがめくれたり，ずれたりすることで，足を取られることもある。注意が必要である。

　Ⅰ-◉-1.とⅥ-◉-5.を参照すること。

9. 転んでもケガをしにくい硬さの床材　【推奨】

　万一転倒した場合でも，ケガなどの被害をなるべく抑えるには，硬すぎない素材を用いることが推奨される。

　Ⅵ-◉-4.を参照すること。

10. 緩やかな階段勾配　【推奨】

　階段での昇降の負担を減らすために，階段の勾配を緩くすることが推奨される。

　「住宅の品質確保の促進等に関する法律」の「等級3，4」や住宅金融支援機構「バリアフリー性に関する基準」では，勾配が6／7以下（推奨寸法）もしくは勾配22／21以下（基本寸法），踏面寸法を195mm以上，蹴上げ寸法の2倍に踏面寸法を加えた寸法が550〜650mm以内とした階段が推奨されている。

　階段の形式については，Ⅰ-◉-6.も参照のこと。

参考：住宅金融支援機構「フラット35Ｓ技術基準」

Ⅶ-◉-10. 階段勾配

a＞195
550＜a＋2b＜650

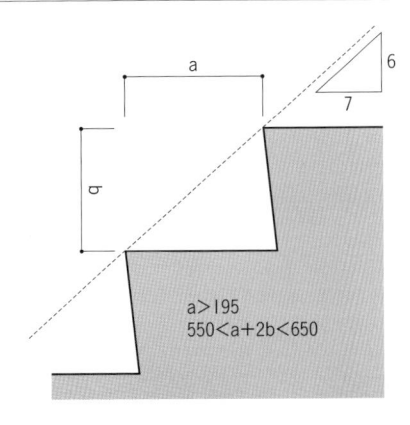

VII 高齢期対応　●床・段差・階段・廊下

11. 段差移動をサポートする設備
（段差解消機，階段昇降機，ホームエレベータなど）

【選択】

　高さ方向の移動補助のための設備機器を設置する考え方もある。コスト・スペースともに必要となることに注意する。

● 段差解消機
　おおむね1m程度までの高低差の解消に用いる。車いすごと乗り込むことができる。高低差が大きい場合は，手すりを設置するほうがよい。スロープより設置面積が小さくて済むという利点がある

● 階段昇降機
　腰掛けた状態で，階段を昇降できる装置。直階段用，曲がり階段用がある。レールの出幅が200mm程度あるので，設置には一定以上の階段幅が必要になる。また，昇り降り口に移乗スペースが必要である。

● ホームエレベータ
　車いす対応のものと，非対応のもので大きさが異なる。車いす対応であれば1.4m角程度が必要となる。
　乗降形式もいろいろで，1階からは正面で乗り込み，他階で向きを変えずに対面から降りるタイプもある。設置にあたっては，最下階の床面にピットが必要となる。年一回の法定定期検査が義務づけられているので，維持管理費用も考慮する必要がある。

VII 高齢期対応　●床・段差・階段・廊下

12. 介助しやすい幅広階段

【選択】

　一人での階段の昇降が不安になった場合，脇に介助者がついて昇降を行うケースがある。階段の幅員に余裕を持たせておくことも考えたい。将来，階段昇降機を取り付けることになった場合にも有効である。合わせて階段の勾配も緩勾配とし，踊り場を設けることも検討するとよい。

VII-●-11．階段昇降機

VII-●-11．ホームエレベータ

Ⅶ 高齢期対応	ⓓ開口・建具	
1.	断熱性能の高い建具	基本

　快適な室内環境を実現するために断熱性能の高い建具は必須であるが，体温調節機能が低下する高齢期の住まいでは，より細やかな配慮が必要である。Ⅶ-ⓑ-1.を参照すること。

　冬季，特に夜間には，冷たくなったガラス面で周辺の室内空気が冷やされて下降気流となる「コールドドラフト」が生じやすい。人体の局所的な冷却を引き起こし，不快感を与える。活動量の落ちた高齢者には，大きな影響を与えかねないので，十分配慮したい。断熱性能の高いガラス・サッシについては，Ⅱ-ⓓ-2.とⅡ-ⓓ-6.を参照すること。

Ⅶ 高齢期対応	ⓓ開口・建具	
2.	トイレ・浴室の出入り口の非常時対応 （折れ戸，引き戸，外開き，非常解錠など）	基本

　排泄・入浴といった行為時は，血圧の変動が大きく，トイレや浴室は事故が起きやすい場所である。非常時への対応を考えておかなければならない。

　Ⅰ-ⓓ-1.を参照すること。

　トイレや浴室の出入り口は，非常時に外から解錠できるものとすることが必要であるが，救助に向かう者が高齢者であることもあり得るので，細かい操作がなく簡便に解錠できるタイプとする。浴室ではパネルを外して中に入れるタイプもあるが，同様に簡便な操作で外せるものとするよう配慮する。解錠にピンなどを使うものもあるが，高齢者には操作が困難なこともある。

VII 高齢期対応　d 開口・建具
3. 介助用車いすを想定したゆとりある開口幅

推奨

　高齢者の住まいでは，車いす使用を想定しておくことも求められる。車いすは，曲がる時や方向転換する時に転回スペースが必要となる。車いすで廊下から直角に曲がって部屋に出入りする場合には，廊下の幅に応じて出入り口の幅を広くしないと曲がりきれない（VII-a-3.を参照すること）。廊下幅員850mmの場合は850mm程度でよいが，廊下幅員が780mm程度の場合は出入り口の幅を950mm程度確保する必要がある。

　また，浴室では介助入浴に対応して，二枚引き戸とするなど，開口幅を大きく確保しておくことも考えられる。

　開口幅を考える上では，建具や枠寸法ではなく，引き残し（引き戸の場合）や扉厚（開き扉の場合）を考慮した有効開口寸法としなければならない。また，車いすのサイズも介助用と自走用では異なるので，注意が必要である。介助用は車輪を操作するためのハンドリムがなく，駆動輪が小さいため，一般的にコンパクトだが，自走用ではハンドリムがある分，車いすの幅が広くなる。また，操作時の左右の肘が出っ張るので，それを考慮した通路幅・出入り口幅の確保が必要となる。

VII-d-3.　介助用車いすと自走式車いす

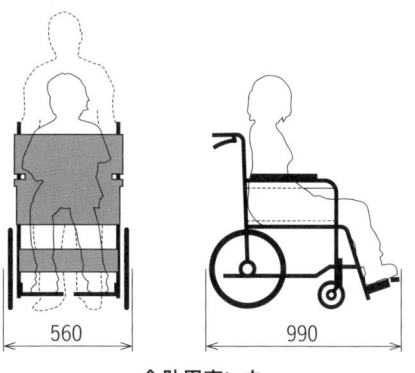

介助用車いす（560／990）

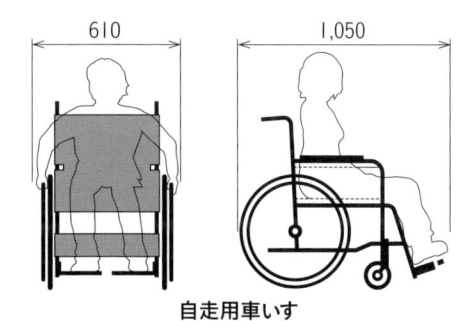

自走用車いす（610／1,050）

※寸法は車いすによって異なる。

VII 高齢期対応　d 開口・建具
4. 引き戸とした室内の主要な出入り口

推奨

　各室への出入り口を計画する際には，車いす使用となるケースを想定しておきたい。開き戸の場合，車いすから開け閉めしようとすると，身体の位置を前後させる必要があり，動作は困難を伴う。特に，閉める場合には後ろ手で行うこととなり，無理な姿勢が強いられる。引き戸であれば，戸の可動領域が車いすとぶつかることがなく，車いすからの操作が容易である。高齢期の住まいにおいては，建具は引き戸とすることが望ましい。さらに，閉めるときに少ない力で確実にゆっくりと閉まるように，自閉装置を付けることも有効である。I-d-7.を参照すること。

　やむを得ず開き戸にする場合には，脇に避けられるように退避スペースを確保したり，吊り元側に引き寄せハンドルをつけたり，といった工夫が求められる。

VII 高齢期対応　d 開口・建具
5. 段差のない部屋からテラスへの出入り口

選択

　通常の掃き出し窓サッシでは，テラスやバルコニーへ出るのに数センチの段差ができてしまい，つまずく要因となったり，車いすでの移動の支障となったりする。

　テラスやバルコニーへの出入りを重視する場合，足もとがフラットに納まり，バリアフリーとなるノンレール枠のサッシを採用するとよい。

　ノンレールフルフラットサッシは，レール突起が小さく，下框の一部が下枠内に伸びて，枠内で気密をとるものである。バルコニー床面と室内床面がフラットに連続するので，つまずく心配がなく，車いすでの自走も容易である。

　室内からテラスやバルコニーまで一体的に活用でき，高齢期であっても豊かな暮らしを提案できる。

VII-d-4. 車いすに対応した出入り口

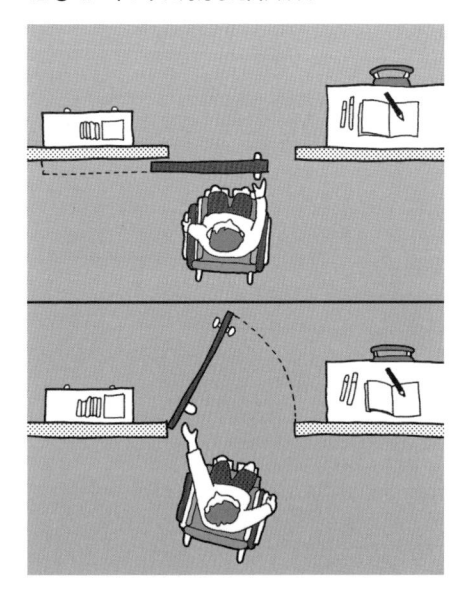

VII-d-5. 段差のないバルコニー出入り口

VII 高齢期対応　e 冷暖房・換気
1. 脱衣時に体に負担をかけないための浴室，脱衣室，トイレの暖房　【基本】

　浴室，脱衣室，トイレでは，脱衣した状態で過ごすこととなり，温度差による血圧の変動（ヒートショック）による突然死が起きやすい。高齢期においては，ヒートショック対策としてこれらの諸室に暖房機器を設置することが基本といえる。Ⅰ-e-3.を参照すること。

　入浴時には，設置された暖房機器で入浴前にあらかじめ暖房を行っておくとよい。

2. 冷暖房の風が体に直接当たらない冷暖房機器の配置　【推奨】

　活動量が低下した高齢者は，家の中でじっとしていることも多く，冷暖房機器の配置が不適切だと，その影響を大きく受けることとなる。細心の注意をもって，配置を考えたい。
　Ⅱ-e-4.を参照すること。

3. 手足の冷えや熱中症を考慮した冷暖房計画　【推奨】

　高齢になると，暑さ，寒さに対する感覚が鈍くなり，体温調節機能も衰えていく。それらを踏まえた冷暖房の計画が求められる。

　夏季に高齢者が，屋外だけでなく屋内でも熱中症になる例が多く報告されている。温度計を設置して注意を喚起し，本人が暑いと感じていなくても，冷やしすぎない程度の冷房をすることが望ましい。温度表示の大きなリモコンもあるので，それを利用するのもよい。

　また，冬には体，特に手先や足先が冷えやすくなる。床面を暖める床暖房は，足先の冷えを防ぐのに効果的である。床暖房を利用している高齢者は，家の中での活動量が多いという調査結果もあり，高齢期に適した暖房方式といえる。しかし高齢者の温冷感は個人差も大きく，温風やヒーターに当たらないと，寒さを感じる高齢者もいる。個別に対応することが必要である。

Ⅶ-e-3.　表示の大きなリモコン

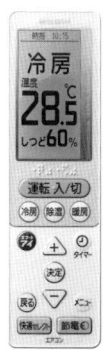

VII 高齢期対応　❶給排水・給湯・衛生機器

1. 出入りしやすい浴槽　　　　基本

　高齢期には足腰が衰え，浴槽を跨ぐことが大きな負担となる。浴槽の出入り時に体重を支えることができるよう，浴槽の回りには手すりを備え付けるべきである。VII-❺-2.を参照すること。

　また，洗い場と浴槽の高低差や浴槽の縁の高さを抑え，出入り時に無理をすることがないように配慮する。I-❻-3.を参照すること。また浴槽の脇には腰掛けられるように移乗スペースを確保し，浴槽の底面にも滑りにくいような措置を施すのが望ましい。

VII 高齢期対応　❶給排水・給湯・衛生機器

2. 高さを上下に変えられるシャワーヘッド　　　　推奨

　「高齢者が居住する住宅の設計に係る指針」の補足基準では，簡単な操作でシャワーフックの高さや角度を変更できるスライドバー式のシャワーフックが推奨されている。VI-❻-2.を参照すること。

　スライドバーと入浴補助の縦手すりを兼ねたものもある。通常のスライドバーとは強度に違いがあるので，兼用タイプかどうかをよく確認をする必要がある。

VII-❻-1.　脇に移乗スペースが確保された浴槽

VII-❻-2.　スライドバー兼用握りバー

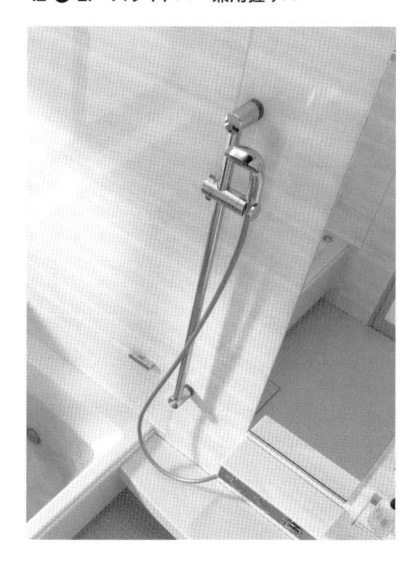

VII 高齢期対応　❶給排水・給湯・衛生機器

3. 操作しやすい水栓（シングルレバー水栓など）　【推奨】

　動作能力が衰える高齢期には，操作性のよい水栓が推奨される。

　操作しやすい水栓の例として，シングルレバー式の水栓があげられる。湯音や水量の調節が一つのレバーの移動で行える。バルブ式水栓の開閉に比べ，ひねる動作がないため，指先の力や器用さが損なわれている場合でも，簡単に操作が可能である。また，一つのレバーの左右，上下で操作できるので，2バルブ式の水栓金具に比べると温度調整も容易である。

　最近では，手をかざすだけで吐水する自動水栓もあり，より簡便に操作が行える。

　V-❶-2., V-❶-5.を参照すること。

4. 座った状態で使える洗面台　【推奨】

　加齢とともに，長時間の立ち作業は疲労が溜まる。洗面化粧の際には，鏡に向かって前屈みになることもあり，身体への負担が大きい。座位で洗面化粧を行うことも検討したい。

　そのために，下部のキャビネットを部分的になくし，膝を入れるスペース（ニースペース）を確保した洗面化粧台がある。ただし，収納スペースが少なくなるので，他の場所で補う配慮も必要である。

VII-❶-4. 膝を入れるスペースを確保した洗面台

VII 高齢期対応　❶給排水・給湯・衛生機器
5. 姿勢に無理のない洋式便器

推奨

　高齢期になると，排便時にしゃがみこむことが困難になる場合もある。腰掛けた状態で排便できる洋式便器とすることが推奨される。特に車いす利用を想定した場合，車いすから移乗することとなるので，腰掛け式が必要となってくる。しゃがみ込み式の和式便器を，腰掛け式に改修するためのユニットも開発されている。

　ただし，和式便器では便の状態を確認でき，健康状態を把握しやすい，またしゃがみ込む姿勢が骨盤まわりの筋力維持に効果があり，尿漏れなどの予防によいなどの意見もある。

VII 高齢期対応　❶給排水・給湯・衛生機器
6. 介助の負担を減らす入浴器具，浴室
（移乗台，バスリフト，ミストサウナ，シャワーベンチなど）

選択

　身体機能が低下してくると，入浴にあたってサポートが必要となる場面が出てくる。
　そこで，入浴時の介助の負担を減らすために，以下のような器具を導入するのも選択の一つとなる。
- ●**移乗台**：自力で安全に浴槽に出入りするため，浴槽の縁に載せる台，もしくは脇に置く台。
- ●**バスリフト（浴槽内昇降機）**：浴槽での立ち座りをサポートする。シートの電動昇降により，入浴介助の負担を軽減する。
- ●**ミストサウナ**：霧状の温水ミストで浴室を低温サウナとするもの。浴槽につからなくても温浴感がある。通常の高温ドライサウナより身体への負担が少ない。
- ●**シャワーベンチ**：入浴用のいす。体を洗う際のいすとして使用するだけでなく，浴槽への出入りの際の入浴台として兼用することもある。

　以上の器具を身体能力に応じて選ぶとよい。また，高齢者の浴室内の動作のしやすさという観点から，浴用椅子の座面が高くなっており，それに伴ってカウンターを設けた浴室が増えている。

VII-❶-5.　和式便器と洋式便器

VII-❶-6.　シャワーベンチ

VII 高齢期対応　f 給排水・給湯・衛生機器
7. 汚れ物洗いのための洗濯・掃除用流し　選択

高齢期にはトイレが近くなり，さらに歩行機能が低下していると，失禁なども予想される。

そういった際，排泄物で汚れた衣類を洗濯するために，洗濯用の流しを設けることも考えたい。V-f-7.を参照すること。

VII 高齢期対応　g 情報・照明・その他
1. 階段・廊下・段差の足もと照明　基本

階段や廊下，段差には足もと照明を設けることが有効である。I-g-3.を参照すること。

高齢期にはトイレが近くなり，夜中にトイレに行くことも多くなる。かつ，視力が衰えているケースも多い。階段や段差をしっかりと認識するために，足もと照明の必要性はより高いといえよう。暗くなると常時点灯するタイプや，人を感知して自動的に点灯するタイプもある。

VII 高齢期対応　g 情報・照明・その他
2. 浴室・トイレの非常用通報設備　基本

浴室やトイレは，ヒートショックなど高齢者の事故が起こりやすい場所である。万が一の時に外部に知らせることができるよう，非常用ブザーなどの通報設備を設置することが求められる。I-g-4.を参照すること。座ったままで押しやすいよう壁の低めの位置に取り付けるが，床に倒れたときにも通報できるようにひもを引っ張るタイプもある。ただし，入浴中の事故は意識障害を伴う場合が多く，本人が通報装置を操作することがままならないケースもある。同居者による見守りが重要である。通報装置があっても，万全ではないことを居住者が認識しておく必要がある。

VII-g-2. 浴室の非常用ブザー

VII 高齢期対応　e 情報・照明・その他
3. 外部と連絡をとるための通報・連絡設備（インターホン，ブザーなど）　【推奨】

　高齢者が長時間を過ごす寝室などには，異常発生時に自分で通報できるブザーなどを設置するとよい。壁に設置するタイプ，ナースコールタイプ，身に付けるペンダントタイプなど，体の状況に応じて使いやすいものを選択する。

　同居者がいる場合と一人暮らしの場合では，異常を知らせる範囲が異なってくる。同居者が居る場合には，キッチンやリビングなど人がよく居る場所を中心に警報音が聞こえるようにする。一人暮らしの場合は，電話回線などを通じて電話や外部のサービスに通報できるものを選択する。

　身体の異常の通報だけでなく，火災，ガス漏れ，侵入者などの異常を総合的に検知し，外部に通報できるタイプもある。

VII 高齢期対応　e 情報・照明・その他
4. 視力低下を補う高照度の照明　【推奨】

　加齢に伴い，目のレンズの役割を果たしている水晶体が濁ってくる。明暗の対比が低下して細部が見えにくくなるため，若年者と同じように作業をするためには，通常よりも1.5～2倍の照度が求められる。より高照度とする照明計画を検討したい。

　また，水晶体の濁りは目の内部での散乱を起こす原因となり，若齢者よりもまぶしさ（グレア）を感じやすくなる。特に青色光は散乱しやすいため，色温度の高い照明には注意を要する。照度を上げると同時に，まぶしさを感じないような配慮が求められる。光源が直接目に光が入らない照明器具の選択や，反射が気にならない照明配置などにも注意したい。

VII 高齢期対応　g 情報・照明・その他

5. 電源コードが移動の邪魔にならないコンセント配置　【推奨】

　家電とコンセントをつなぐコードが日常動線を横断していると，コードにつまずいての転倒事故につながる。特に高齢者では，足がイメージ通りに上がらずコードに引っかかってしまうので，細心の注意が必要である。こういった事故を防ぐには，使用機器の近くにコンセントを設け，コードが床を這うことがないようにしたい。V-g-2.を参照すること。

　高齢者によっては，屈んでのプラグの抜き差しが困難な場合もある。また車いす利用では，低い位置のコンセントには手が届かない。一般より高めに，コンセント位置を設定したい。VII-g-9.を参照すること。ただしコンセント位置が高くなると，常設の床置き家電のコードが足に引っかかりやすくなる面もあるので，場所に応じた対応が必要である。また，家具などの隙間にあるコンセントでは，プラグの抜き差しが容易ではない。家具配置も考慮して，プラグを無理なく抜き差しできるような位置にコンセントを設けたい。

6. 自動点灯する人感センサー付き照明　【推奨】

　高齢期になり，身体機能が低下すると，スイッチの操作に手間取る部分も出てくる。操作しやすい大型スイッチのパネルとしたり，スイッチ位置を光で明示する方式としたりするとよい。また，スイッチ操作の不要な人感センサー付きの照明器具とすることも推奨される。特に，夜間の移動時に必要な廊下や階段などの照明器具は，人感センサー付きとするとよい。

　人感センサーは検知できる範囲が決まっているため，センサーの死角となる部分で反応しない。センサーの死角がなくなるように，配灯するよう配慮する。

VII-g-6.　人感センサー付きフットライト

Ⅶ 高齢期対応　ⓔ情報・照明・その他
👤 7. 見守りのためのモニタリングシステム　　[選択]

　高齢者のみで生活している世帯や，同居していても留守がちな世帯では，モニタリングシステムを導入して，家族が遠隔地で様子を把握できるようにすることも考えられる。

　電気ポットやトイレの使用状況によって生活の異変を検知したり，施錠の状態を検知したりするなど，さまざまなタイプがある。通知方法も，音声や画像によるものなどがある。火災・ガス漏れの検知や非常用ブザーと一体となったタイプもある。生活状況や価格に応じて適宜選択するとよい。

Ⅶ 高齢期対応　ⓔ情報・照明・その他
👤 8. 電動福祉用具に対応したコンセント配置・電気容量確保　　[選択]

　要介護状態となると，動作補助のためにさまざまな電動福祉用具を利用することとなる。手もと照明・電動ベッド・医療機器など，必要となる機器は病状や身体の状態によってさまざまである。必要となった際に，無理な配線をしなくて済むように，ベッド回りにはコンセントを多めに設置するとよい。また，電気容量も多めに確保しておくとよい。

Ⅶ 高齢期対応　ⓔ情報・照明・その他
👤 9. 高めのコンセント配置，低めのスイッチ配置　　[選択]

　一般的にコンセントの取り付け高さは30cm程度，スイッチは110〜120cm程度に設定されることが多い。

　高齢期ではプラグの抜き差しに屈むのが負担になるケースもあり，掃除機用など抜き差しを頻繁に行うコンセントは高めに設定するとよい。ただし，床置きの家電の場合にはコードが通行の邪魔となるので，使い勝手をよく打ち合わせておく必要がある。

　スイッチについても，立っての歩行が困難になると110〜120cmの高さだと，手が届かなくなる。低めに設定するとよい。

Ⅶ-ⓔ-9.　高めのコンセント配置，低めのスイッチ配置

VII 高齢期対応　ⓗ 家具・家電・調理機器
1. 表示が見やすく操作しやすい調理器具　【推奨】

　調理を楽しむことが，認知症の防止につながるともいわれている。高齢者が使いやすい調理器具として，長く調理を楽しめるような環境を整えたい。

　加齢に伴う視力の低下や視界の黄変化が進行すると，設備機器の細かい表示が見えにくくなる。そこで，高齢者にもやさしいユニバーサルデザインの調理器具を選びたい。操作部を前面パネルではなくトッププレートに配置し，点火や消火および火力の確認・調整も立ったままの姿勢で行えるものがある。また，操作部は大きめのボタンとし，白内障でも視認しやすい色づかいとなっている，などの工夫がなされている。

　ただし，今まで慣れ親しんだ機器と使い勝手が変わることへの抵抗がある場合もある。操作方法に慣れない結果，調理の意欲を失ってしまうという心配もある。操作性や安全に配慮しつつ，十分な確認が必要である。

VII 高齢期対応　ⓗ 家具・家電・調理機器
2. 腰掛けた状態で使えるキッチン　【推奨】

　立ったまま長時間調理を行うのが苦痛となる高齢者もいる。腰掛けたままの姿勢で，作業可能なキッチンとすることも有効である。調理台の高さが通常より低く，カウンター下に足を入れられるような形状となっており，長時間の作業でも負担が少ないように配慮されている。V-ⓗ-3.を参照すること。

　さらに車いすに対応して，電動でカウンター高さが調節できる昇降式のキッチンカウンターもある。健常者と車いす利用者とで，キッチンを併用する場合などに検討したい。

VII-ⓗ-1. 立ったままでも点火や消火の確認ができるコンロ

VII-ⓗ-2. 腰掛けた状態で調整できるキッチン

Ⅶ 高齢期対応　ⓗ 家具・家電・調理機器
3. 玄関回りの靴の脱ぎ履きのための腰掛け

推奨

　玄関の上がり框の前後で靴の脱ぎ履きが行われるが，段差があること，体を屈めることなどから，高齢者には体への負担が大きい。そこで，玄関に低めの腰掛けがあると，座った状態で脱ぎ履きができ，便利である。

　いすの座面高さは通常40cm前後だが，玄関いすとして腰かけやすいのは，それよりも10cmほど低い座面高さが30cm以下のものである。玄関用として開発されたいすも商品化されている。新築住宅の場合は，造り付けのベンチを作ることも考えたい。玄関の三和土から上がり框を跨ぐようにベンチを作れば，座りながら上がり框の段差を越えることができ，安全である。

Ⅶ 高齢期対応　ⓘ 外構
1. アプローチ空間の段差への手すり

基本

　足腰が弱ってくる高齢期では，段差のあるアプローチに手すりの設置が求められる。一般的に戸建て住宅では，玄関ポーチ部で段差が生じることが多い。日常的に通る場所でもあり，少ない段数であっても歩行補助の手すりがあると安心である。

　壁付けもしくは自立型の手すりが考えられる。高さは，段鼻から75〜85cm程度が標準的であるが，体格差に応じて調整を行う。手すりには降りはじめ，もしくは昇りはじめに20cm以上のフラットな部分を設け，手すり端部は袖や裾に引っかからないように，端部を下向きもしくは壁側に折り曲げておく。また，握りの太さは30〜40mm程度が標準とされる（「高齢者が居住する住宅の設計に係る指針」を参照すること）。握りは冬場に触れたときの冷たさを解消するため，金属性ではなく，樹脂製などを選択するように配慮したい。

Ⅶ-ⓗ-3.　玄関の腰掛け

Ⅶ-ⓘ-1.　アプローチ空間の手すり

VII 高齢期対応　❶外構
2. 夜間に足もとが視認できる外灯　　基本

　アプローチ空間には，照明が必要である（Ⅰ-❶-2.を参照すること）。高齢期には，視力が低下することが多いので，屋外での動線上の照度確保はより重要となる。メインのアプローチ空間の足もとがしっかり視認できるように，照明計画を行わなければならない。特に段差が生じるところは，明るさが必要である。

VII 高齢期対応　❶外構
3. 車いすに配慮したアプローチの舗装材　　推奨

　アプローチ空間では滑りにくく，つまずきにくい舗装が求められる（Ⅰ-❶-1.を参照すること）。高齢期においては，車いすの利用も想定した舗装材を考えておくことが望ましい。表面仕上げの凹凸が大きいと，車いすが振動したり，車輪が段差に引っかかったりする。自力で移動できる車いす利用者でも，凹凸を乗り越えるのに余分な力が必要となり，サポートがないと移動ができないということになりかねない。滑りにくさとともに，凹凸が少なくフラットであることにも留意したい。飛び石でのアプローチ整備や小舗石での舗装などは，車いすの利用には適さないので，注意が必要である。

VII 高齢期対応 ❶外構
4. アプローチ空間における段差解消（スロープなど）　【推奨】

　高齢者への配慮として，さまざまな部位で発生する段差の解消を心がけたい。室内のみならず，公共街路から玄関までのアプローチ全体の段差解消を図りたい。不要な段差はなくし，やむをえず段差が生じる箇所については，スロープを併設することが推奨される。

　敷地から歩道や道路に至る部分の縁石などで段差があると，そこが転倒の原因となったり，車いすでの移動の障害となったりする。それらの段差も解消することに努めたい。

　スロープの勾配は，車いすの利用を想定すれば，建築基準法で規定される1／12が目安となるが，介助をするのが高齢者のような場合には，1／20程度に抑えることが望ましい。

VII 高齢期対応 ❶外構
5. 車いす・杖に配慮した目の細かい溝蓋　【推奨】

　蓋や枡蓋の金属製グレーチングの隙間に，車いすや杖が挟まってしまうことがある。車いすの前輪の幅は22mm程度なので，溝蓋の内法を15mm以下とするような配慮が必要である。フラットバーのピッチが細かい細目タイプのものを採用するか，面形状の蓋とするなどの配慮を行う。Ⅰ-❶-7.を参照すること。

VII-❶-4. アプローチ空間のスロープ

VII-❶-5. 目の細かい溝蓋と粗い溝蓋

VII 高齢期対応　❶外構
6. 動物, 植物や昆虫と親しめる庭

選択

　外に出歩く機会の少ない，あるいは身体的に出歩くのが困難な高齢者にとって，庭に鳥が訪れたり花が咲いたりするのを見ることは，日常生活の変化を楽しむ機会となる。

　バードフィーダーを設けたり，柑橘系など蝶を呼ぶ樹種を植えたりして，高齢者が楽しめる屋外空間の整備を考えたい。

VII 高齢期対応　❶集合住宅共用部
1. 共用空間での段差の解消（スロープなど）

基本

　サービス付き高齢者住宅など，高齢者の居住を想定する集合住宅では，共用空間における段差の解消は基本的な配慮事項である。どうしても床にレベル差が生じる場合には，階段だけでなくスロープを併設する必要がある。

　スロープの有効幅員や勾配，踊り場設置などの基準については，ハートビル法，バリアフリー条例などで指定されている。スロープでの歩行補助を目的として設置する手すりについては，高さ75〜85cm，太さ30〜40mmφが標準的とされている。

　また，移動の支障や転倒の原因となるので，わずかな床段差にも配慮したい。下地が切り替わるところ（土間スラブ－砕石敷）では，経年変化によって段差が生じやすい。主要なアプローチ空間は，すべて土間スラブ上に床仕上げを施すなどの配慮が求められる。

VII-❶-6. バードフィーダー

VIII 自己表現

Contents

ニーズ①住まいや生活を自分が好きなようにアレンジできる｜ニーズ②趣味・嗜好, 一人の時間を楽しむことができる｜ニーズ③住宅自体で自己表現をする…264｜ニーズ④ペットに癒される, ガーデニングや家庭菜園を楽しむ…265

ⓐ空間の計画
推奨｜1.個人の活動のための空間やコーナー｜2.用具・素材の収納場所…266
選択｜3.一人になれる空間…266｜4.大きな音が出せる部屋｜5.汚れてもよい場所｜6.自慢のできる空間…267｜7.趣味・嗜好, 習い事のための場所｜8.植物や動物のためのスペース…268｜9.居住者が手を入れられる住まい作り…269

ⓑ屋根・屋上・壁・天井
推奨｜1.色や素材での空間演出…269
選択｜2.吸音性のある内装材｜3.ペットに対応した内装材…270｜4.セルフメンテナンスしやすい仕上げ…271

ⓒ床・段差・階段・廊下
選択｜1.ペットに対応した床材…271

ⓓ開口・建具
推奨｜1.カーテンやブラインドでの空間演出…272

より豊かな生活のために，それぞれの暮らしをアレンジするためのキーワードである。住まいをそれぞれのライフスタイル・趣味・嗜好に合わせて，余裕のある豊かな生活を求めることは精神的健康につながる。趣味の空間，コーナーの確保やそれらの雰囲気作りなど，多彩なしつらえが考えられる。

選択｜2.外光を制御できる窓回り…272｜3.周囲にアピールできる出窓…273
❶給排水・給湯・衛生機器
選択｜1.外部用の水栓，手洗，シャワー設備…273
❷情報・照明・その他
推奨｜1.用途や機能に応じた照度・照明光色・器具配置｜2.余裕のあるコンセント配置…274
選択｜3.照明光での演出｜4.屋外活動のための屋外コンセント…275｜5.希望する部屋でのインターネットアクセス｜6.入浴時に楽しむ設備…276

❸家具・家電・調理機器
選択｜1.領域を作り出す可動間仕切…276
❹外構
選択｜1.屋外活動のための外部収納｜2.植物を育てる庭…277｜3.動物を育てる空間｜4.屋外活動を楽しむための庭…278
❺集合住宅共用部
選択｜1.多目的な共用施設｜2.共用部に面する個性表現スペース…279

VIII 自己表現｜ニーズ❶
住まいや生活を自分が好きなようにアレンジできる

　自分のライフスタイルに合わせて住まいをアレンジできれば，精神面での充足へとつなげられる。内装を自らの好みに合わせた雰囲気としてくつろげる空間を作り出し，さらに内装に少しずつ手を入れて生活の楽しみを拡げていく，といったことを通じて，精神的な喜びを得ることができる。あらかじめすべて作り込むのではなく，将来にわたってアレンジしていく，という視点も大切である。さらに進んで，DIY（Do It Yourself）で住宅の一部を自ら手を加えられるように残しておき，家作りを楽しみたいというニーズもある。

VIII 自己表現｜ニーズ❷
趣味・嗜好，一人の時間を楽しむことができる

　趣味を生活の一つの柱として，心置きなく趣味に打ち込める場所を確保したいというニーズもある。また，コーヒーやお酒などを楽しみたいといった嗜好のための場所がほしい，という要望もある。自らの趣味に没頭したり，嗜好をたしなんだりすることで，ストレスを解消し，気持ちにゆとりが生まれ，充実した時を過ごすことができる。日々の生活にメリハリが生じ，精神的に豊かな生活へとつなげられる。

VIII 自己表現｜ニーズ❸
住宅自体で自己表現をする

　住宅の内外装のデザインや庭の設えは，居住者の趣味やライフスタイルを反映するものでもある。住宅そのものを，居住者の自己表現の手段の一つとして，より積極的にデザインしていくことも考えられる。他とは一味異なるデザインとして，人に自慢できるような空間をつくることは，趣味のコレクションを人に見せるのと同様に，精神的な充足感につながる部分もある。

VIII 自己表現｜ニーズ❹
ペットに癒される，ガーデニングや家庭菜園を楽しむ

　ペットセラピーという言葉があるように，ペットを飼うことは，精神的な健康に効果があるといわれている。ペットとともに暮らすことで癒され，またペットの世話をするために，主体的に活動するという面もある。そのためには，家族とペットがともに快適に暮らせるような住まいであることが求められる。

　また，グリーンセラピー，ガーデニングセラピーといわれるように，植物を育てることにも癒しの効果があるといわれている。植物に水をやり，手入れをすることで精神の安定を得ることができる。そのための植栽スペースを室内や屋外に確保して，ガーデニングや家庭菜園を楽しみたいというニーズもある。

ペットとの生活

Ⅷ 自己表現　ⓐ空間の計画
1. 個人の活動のための空間やコーナー　【推奨】

　趣味などに打ち込み充足感を持つことは，精神的な健康に効果が期待できる。住まいの中に，そういった個人の趣味に基づいた活動を行うための場所を用意しておくとよい。

　そのためには，自らの場所であるという領域感が感じられるようになっていることが望ましい。スペースに限りのある場合は，リビングの一角でもよい。家事室など別の部屋に，その役割を重ね合わせたりすることも可能だろう。

　併せて，コンピュータなどの情報端末がどこに置かれるかもあわせて考えておくとよい。

Ⅷ 自己表現　ⓐ空間の計画
2. 用具・素材の収納場所　【推奨】

　趣味や個人の活動を通じて自己表現を行うにあたっては，専用のさまざまな用具を必要とすることが多い。日常生活のための収納とは別に，そういった個人の活動のための用具を収納するスペースも考えておきたい。活動の内容に応じて収納する物や必要とするスペースが異なるため，計画時に居住者のニーズを十分に把握しておく必要がある。家族で共有されないため，ないがしろにされがちであるが，個人の生活の充実を図るという観点では，検討を行いたいスペースである。

Ⅷ 自己表現　ⓐ空間の計画
3. 一人になれる空間（離れ，書斎など）　【選択】

　住まいの中に，時には自分だけの時間を過ごせるように，一人になれる空間があるとよい。いうなれば，家族と過ごす日常空間の中での非日常空間である。書斎と呼ばれるような場所であったり，離れのように空間的にも切り離された空間であったり，空間的な演出とともに考えたい。

Ⅷ-ⓐ-1.　個人の活動のための空間

Ⅷ 自己表現 ⓐ空間の計画
♪4. 大きな音が出せる部屋(防音室など)　　選択

　音楽鑑賞や映画鑑賞，カラオケ・楽器練習など，ある程度大きな音を出して楽しみたいというニーズがある。大きな音が出せる防音室などを設けておけば，こういった行為を気兼ねなく楽しむことができる。
　防音室の仕様としては，床・壁・天井に遮音・吸音性能を持たせ，周囲の構造躯体から切り離す浮き構造(二重)として，出入り口や窓を防音ドア・二重サッシとするなどの対策を講じる。
　ホームシアター・ピアノなどの防音レベルから，ドラム・トランペットなどの防音レベルまで，必要とされる防音性能が異なるので，それに応じた仕様を選ぶことが大事である。バリアフリータイプの防音引き戸もある。

Ⅷ 自己表現 ⓐ空間の計画
♪5. 汚れてもよい場所(室内土間，ガレージなど)　　選択

　ガーデニングや車いじりなど，泥や油を持ち込むような作業に対応できる屋内スペースがあると便利である。汚れてもデッキブラシなどで水洗いができるように，散水栓や排水口を設け，床仕上げもそれに対応した素材とする。タイル貼りや塗り床仕上げ，モルタル仕上げなどが考えられる。

Ⅷ 自己表現 ⓐ空間の計画
♪6. 自慢のできる空間(デザイン，展示スペースなど)　　選択

　展示するためのスペースを設けて自己表現をしたり，家の空間自体で自己表現をしたりする例もある。他者にはない，一味違うものを備えることで，自らの住まいと生活を特徴づけようという考え方である。
　質の高いデザイン性をもった外観としたり，吹抜けなど特徴的な内部空間としたり，床の間の銘木など特別な素材や材料を使用するなど，デザインにこだわった住まいづくりを行うことも，精神的な充足感につながる。
　また，自分の趣味のコレクションや過去の業績を展示するスペースを設けると，コミュニケーションのきっかけともなる。

Ⅷ-ⓐ-4. バリアフリー防音引き戸

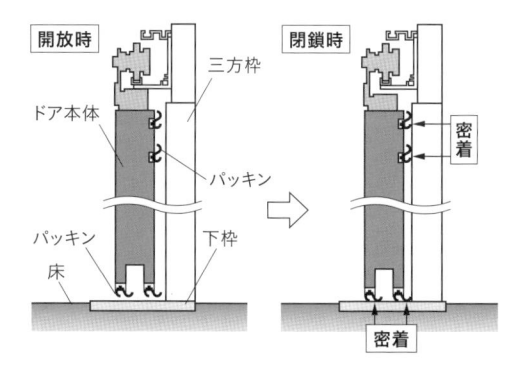

Ⅷ-ⓐ-5. 室内土間

Ⅷ 自己表現　ⓐ空間の計画
7. 趣味・嗜好, 習い事のための場所（茶室・バーコーナーなど）

選択

　日常生活のプラスアルファの要素として，趣味を楽しんだり，嗜好に興じたりする場面がある。そういったことに対応できる専用の場所があると，生活の幅を拡げられる。

　例えば，茶事や華道では，和室や床の間がほしい。炉を切っておけば，簡易な電熱器の炉を設置することもできる。

　また，お酒をたしなむためのバーカウンターをリビングに設け，雰囲気を楽しむというのもある。ピアノなど，楽器練習のためのスペースを設けることもある。グランドピアノなど大型楽器の場合，床の補強，搬入経路もよく考えておかなければならない。

Ⅷ 自己表現　ⓐ空間の計画
8. 植物や動物のためのスペース（温室・ペットスペースなど）

選択

　植物を育てたり，ペットを飼ったりすることで，生活に潤いを与え，心の安らぎへとつなげられる。温室やペットのためのスペースを設けることも，精神的な健康に有効である。

　室内に内庭のような形で観葉植物を置くスペースを設けたり，ガラス張りのサンルームを取り付け，温室状の部屋を設けたりすることもある。水をこぼしたりしても大丈夫な床仕上げにする，温室から室内に熱が入らないよう遮熱を考慮する，温室を閉じても室内の通風が担保されるよう別の面に開口を設ける，などの配慮が必要である。また，温室やサンルームは簡易といえども，床面積に算入されるので留意したい。

　ペットのためのスペースとして，屋外に犬小屋を設けたり，室内にケージを設けたりすることが考えられる。大型犬の場合，あらかじめ場所を考えておかないと，配置に苦慮することとなる。熱帯魚などの水槽を置く場合，水槽の大きさによっては水の入れ替え・清掃が負担となるので，設置位置を考慮しておく必要がある。

　植物，動物いずれも生きものであり，虫やダニがついたり，排泄物を処理したりと，衛生面での配慮も必要になる。清掃のしやすいスペースとしておくとよい。

Ⅷ-ⓐ-7.　炉の切ってある和室

Ⅷ-ⓐ-8.　観葉植物のための内庭

VIII 自己表現　ⓐ空間の計画
🎵 9. 居住者が手を入れられる住まい作り

選択

　日曜大工やDIY（Do It Yourself）など，自らの生活空間を快適なものとすべく自分の手で作り上げていくことも，一つの楽しみである。

　入居初期段階でのちょっとした棚の取り付けや経年後の塗装の塗り替えなど，住まい手が自ら手を入れていくことを前提とした家づくりである。ただし，住まい手の能力に大きく左右されるので，十分な説明が必要である。

VIII 自己表現　ⓑ屋根・屋上・壁・天井
🎵 1. 色や素材での空間演出
（くつろぐ色彩，自然素材など）

推奨

　インテリア・デザインは各自の好みに合わせて，手軽に自己表現が行える部位である。色彩や素材などを巧みに組み合わせて，居住者の満足感の得られるインテリアを実現したい。特に，壁や天井は室内空間において大きな面積を占めるので，インテリア・デザインへのインパクトも強く，さまざまな工夫のしがいがある。

　壁や天井は，インテリアのベースとしての役割を担う。地色や背景色となるので，持ち込まれる家具やカーテンなどの色合いや風合いを加味して，全体色調の中でのバランスを考えるとよい。抑えた色彩として，穏やかなくつろぎの空間を演出したり，コントラストをつけて引き締まったイメージを演出したりすることが可能である。

　素材としても，家具などとコーディネートを考え，木の温かみを活かしたナチュラル系のインテリアとしたり，モノトーンでモダンなテイストとしたりといった工夫が考えられる。

VIII-ⓐ-9.　DIY可能な住まい

Ⅷ 自己表現　ⓑ屋根・屋上・壁・天井
♪2. 吸音性のある内装材　［選択］

　生活を楽しむ中では，音を必要とする場面が多々ある。テレビやビデオを見たり，音楽を聴いたり，家族や友人との会話を楽しむときにも，音が生じる。こういった場面を楽しむためには，適切な音環境であることが望ましい。

　反射面が多すぎ，残響時間が長すぎたり，不快なフラッターエコーを生じたりする部屋では，気兼ねなく音を出すことがはばかられる。そこで，天井などに，吸音性の内装材を使用するとよい。また，壁に吸音性のあるファブリックパネルなどを用いて，色，柄，デザインなど多彩に演出をすることも可能である。

　ただし，吸音しすぎると，違和感が残り気持ち悪くなったりすることもあるので，注意が必要である。吸音性能を持った内装材に関しては，Ⅱ-ⓑ-4.を参照すること。

Ⅷ 自己表現　ⓑ屋根・屋上・壁・天井
♪3. ペットに対応した内装材　［選択］

　ペットによって癒やされ生活に潤いを生じる部分がある一方，ペットのにおいが気になったり，室内で飼うと壁をひっかいて部屋を傷めてしまったりという心配もある。

　室内飼育の場合には，耐水性があり，水拭きや洗浄拭きも可能な壁素材を選択するとよい。また，傷がつきにくく，傷がついても補修がしやすい，もしくは部分交換ができる素材が推奨される。消臭性のある素材も，選択肢としてあげられる。Ⅱ-ⓑ-8.を参照すること。

　ペットに対応した内装材として，一般のクロスと比べ傷・衝撃に強く，防汚性能に優れ，ペットのツメなどが引っかかりにくい表面形状のペット対応クロスがある。他に，タイルや木製パネルも傷が付きにくく，メンテナンス性に優れている。多孔質で消臭力のあるペット用のタイルも販売されている。

Ⅷ-ⓑ-2. シアタールームなどには吸音性をもたせる

VIII 自己表現　ⓑ屋根・屋上・壁・天井
4. セルフメンテナンスしやすい仕上げ

　生活の器である家を，居住者自身がライフスタイルに合わせて徐々に手を入れていくという楽しみもある。汚れたり傷ができたりしても，自らの手で容易に直せれば，長く快適に過ごすことができる。そこで，セルフメンテナンスしやすい仕上げ材を採用するというのも，一つの考え方である。

　ホームセンターなどで市販されている塗料を使用した塗装仕上げとしておけば，容易に塗り重ねることができ，汚れてもセルフメンテナンスが可能である。

VIII 自己表現　ⓒ床・段差・階段・廊下
1. ペットに対応した床材（ペット対応カーペット，フローリングなど）

　室内でペットを飼育する場合，ペットに対応した内装材を考えたい。その際，ペットの安全性，飼う人の利便性，近隣・来客への配慮の3つの視点で選択するとよい。床材として，犬が滑りにくい，汚れにくく掃除がしやすい，傷がつきにくい，においが残りにくい，といった性能が求められる。

　そのような観点から，ペット専用のフローリングや床シートが製品化されている。滑り抵抗を付加したり，表面に傷が付きにくい加工がなされたりしている。

　また，犬が滑らないように工夫された床タイルもある。清掃，傷つきにくさという点でもメリットがある。

VIII-ⓒ-1.　フローリングで足を滑らせやすい犬もいる

Ⅷ 自己表現 ⓓ開口・建具
♪ 1. カーテンやブラインドでの空間演出 【推奨】

　窓まわりの装飾やしつらえのことを「ウィンドウトリートメント」といい，代表的なものとしてカーテンやブラインド，障子などがあげられる。視線制御・遮光などの役割を果たすが，同時に室内のイメージを大きく変えるポテンシャルもある。住まい手の好みや，インテリアに合わせて選定するとよい。

　カーテンやロールスクリーンは布地を用い，さまざまな素材，色，デザインがある。また，カーテンではドレープの有無やひだの数など，多彩な表現が可能である。機能面でも，視線制御，遮光，UVカットといった機能が付加されたものもある。折りたたみ式のローマンシェード，面状のパネルカーテンなどもある。

　水平ブラインド・垂直ブラインド（バーティカル・ブラインド）は，屋外の日射の状況や目的に合わせて，羽の調整ができる。羽の大きさ，色も，さまざまなバリエーションがある。垂直ブラインドは，西日のような入射角度の低い，直射光を遮るのに適している。

　障子は，光を透過し，柔らかい光環境を作り出す。屋外からの視線を制御し，断熱性も兼ね備えている。

Ⅷ 自己表現 ⓓ開口・建具
♪ 2. 外光を制御できる窓回り（遮光カーテン・ブラインドなど） 【選択】

　外光を制御できる工夫があると，さまざまに生活を楽しむことへとつなげられる。

　雨戸やシャッター・遮光カーテンがあれば，暗転してホームシアターなどプロジェクター上映をしたり，昼間に就寝したりするのに便利である。

　障子を用いれば，独特の柔らかな光環境とすることができる。下方のみ開けられる雪見障子とすれば，下方から明かりを取り，外の風景も楽しむことが可能である。

　ブラインドやカーテンでは，上部と下部とで日射の透過率を違えたものがあり，天井に沿って光を取り入れることができるタイプもある。上下式のスクリーンには，2Wayタイプといい，上下両側から折りたたむ製品もあり，生活シーンに応じた演出が可能である。

　Ⅱ-ⓓ-5.，Ⅱ-ⓓ-7.を参照すること。

Ⅷ-ⓓ-2.　簾と通風建具の組合せ

VIII 自己表現　❹開口・建具
3. 周囲にアピールできる出窓

選択

　外壁面から窓部分が飛び出している出窓として，植木鉢や花などをディスプレイするスペースとする考え方もある。外からの視線を避けるのではなく，積極的に周囲に見せていこうという姿勢である。季節に応じて，鉢植えを替えたり，電飾を施したり，周囲に自慢できるシーンが生み出せる。

　なお，形式によっては，出窓部分が床面積に算入される場合もあるので注意したい。

VIII 自己表現　❻給排水・給湯・衛生機器
1. 外部用の水栓，手洗，シャワー設備

選択

　趣味で，ガーデニングや家庭菜園，料理，DIYといった屋外作業を行う場合，水やりや清掃など，作業場所付近に外部用の水栓や手洗いがあると便利である。

　ペットの汚れなどを洗い流すために，ペット用のシャワーが組み込まれた水栓柱もある。

VIII-❹-3.　自慢できる出窓

VIII-❻-1.　ペット用シャワー水栓

Ⅷ 自己表現　🅔情報・照明・その他
🎵1. 用途や機能に応じた照度・照明光色・器具配置　【推奨】

　同じ面積，形状の部屋でも，照明計画によって部屋の印象は大きく異なってくる。自分好みの空間をつくるために，照度の設定や照明光色をいろいろ工夫したい。

　照度を高めに設定すれば活動的な雰囲気となるし，暗めに設定すれば落ち着いた印象となる。照明光色も，色温度を高めにすればすがすがしい印象となり，色温度を低めにすれば温かみを感じる。照明器具も，灯体自体が存在感のあるものとして主張をする，逆にできるだけ目立たないものとしてシンプルに納めるなど，さまざまなアイディアがある。空間を通じての自己表現の一つとして，照明計画を位置づけたい。Ⅱ-🅔-1.を参照すること。

Ⅷ 自己表現　🅔情報・照明・その他
🎵2. 余裕のあるコンセント配置　【推奨】

　オーディオ機器や楽器，工作器具など，趣味や自己表現に関わる家電製品は多い。気兼ねなく趣味に打ち込めるように，スペースの確保とともにコンセント・電気容量の確保にも努めたい。

　テレビやパソコンの周囲にも，多数のコンセントが必要となる。テレビの周辺にはビデオレコーダーなどの関連機器が置かれることが多く，それぞれ電源が必要である。パソコンも同様で，ネットワーク関連機器，プリンター，スキャナーなどが想定される。後から機器が増えることも想定される。余裕を持った容量，口数を確保すべきである。また，携帯電話など，日常的に充電を必要とする機器も増えているので，充電場所も考えておくとよい。Ⅴ-🅔-2.を参照すること。

Ⅷ-🅔-2.　余裕のあるコンセント

Ⅷ 自己表現　ⓔ情報・照明・その他
3. 照明光での演出(間接照明，配線ダクトなど)　［選択］

　室内空間の照明での演出には，さまざまな手法がある。光源を見せずに，反射光で柔らかな光環境を作り出す間接照明はその代表的なものである（Ⅱ-ⓔ-3.を参照すること）。上向きに照明器具を設置し，天井面を照らし上げたり，特定の壁面に向かって光を当て（ウォールウォッシャー），壁をインテリアのアクセントとしたり，といったことが考えられる。

　また，お気に入りのオブジェや器などにピンスポットライトを当て，浮かび上がらせるなどの演出もある。

　光での演出は，比較的容易に行えるのでいろいろトライしてみるとよい。居住者自らが照明器具や光の状態のアレンジを気軽にできるように，照明用の配線ダクトを設けておくのも一つの考え方である。

Ⅷ 自己表現　ⓔ情報・照明・その他
4. 屋外活動のための屋外用コンセント　［選択］

　ガーデニングや日曜大工など，屋外での趣味活動に電源を必要とする場面もある。そういった活動に対応した屋外用のコンセントを設けることも検討するとよい。

　電気自動車の導入を考えている場合は，200V電源が必要となるため，注意が必要である。

　Ⅳ-ⓔ-4.を参照すること。

Ⅷ-ⓔ-3.　間接光による照明

Ⅷ 自己表現　ⓔ情報・照明・その他
5. 希望する部屋でのインターネットアクセス　　選択

　リビングでの情報検索やキッチンでレシピ検索など，さまざまな場面でインターネット利用がなされる。

　家中で手軽にインターネットにアクセスするには，ルーターを設置して無線LANとするのが簡便である。ただし，間仕切壁がRC造であったり，利用階がルーター設置階と異なると，無線が届きにくいケースもある。ルーターの置き場所を工夫するか，無線到達距離の長いルーターを選択するとよい。

　確実につながり，より高速回線を必要とするような場合には，有線のLANコンセントを敷設しておくことも考えられる。

Ⅷ 自己表現　ⓔ情報・照明・その他
6. 入浴時に楽しむ設備(TV, スピーカーなど)　　選択

　自分のスタイルで，入浴シーンを演出することも考えられる。浴室用のテレビやスピーカーを設置するというのも，一つのアイディアである。Ⅲ-ⓔ-2.を参照すること。

Ⅷ 自己表現　ⓗ家具・家電・調理機器
1. 領域を作り出す可動間仕切(衝立, スクリーンパーティションなど)　　選択

　リビングなどの広い空間は家族とコミュニケーションする場であるが，その中に個人として楽しむ領域がほしい場面もある。完全に分離するのではなく，衝立やスクリーンパーティションなどを活用すれば，緩やかに区切られた領域を作り出すことができる。

　衝立やパーティションは，高さによって確保される領域感が異なってくる。また，高さが高いものは転倒の危険性も出てくるので，注意が必要である。

Ⅷ 自己表現 ❶外構
🎵 1. 屋外活動のための外部収納（物置など） 　　　選択

　ガーデニングや車いじりなど，屋外での活動のための道具や用具を収納しておくスペースがあると，趣味などを通じた自己表現を行いやすくなる。

　外部からアクセスできる収納スペースをあらかじめ建物内に確保することも考えられるが，ユニット式の物置や倉庫を設置することもありうる。その場合，設置のためのスペースをあらかじめ考えておく必要がある。

　設置場所はアプローチなど表から見える場所は避け，街の美観を損なうことのないようにしたい。

Ⅷ 自己表現 ❶外構
🎵 2. 植物を育てる庭（ガーデニング・家庭菜園など） 　　　選択

　個性を表現する場所として，庭を位置づけることもできる。庭を好みのスタイルに合わせて設えたり，盆栽や寄せ植えなど周囲に自慢できる植物を育てたりすることで，充足感や心の落ち着きを得られる。

　また，水やりなど植物の世話をするという行為が，主体性をもって日々の生活を送ることにも結びつく。

　植物を育てるには，地植えだけでなく，鉢植えやプランターでも可能である。スペースにあわせてアレンジすればよい。水やりが必要となるので，散水栓や立水栓を近くに用意しておくと便利である。スペースが大きい場合は，自動灌水など作業の簡略化が図れるとよい。

Ⅷ-❶-2. 個性を表現する庭

VIII 自己表現　❶外構
3. 動物を育てる空間（飼育小屋など）　[選択]

　ペットなどの愛玩動物は，言葉はしゃべらなくとも，そばに寄り添い，人間の暮らしに癒しと安らぎを与えてくれる。また，えさやりなどペットの世話をするという行為が，生活の上での気持ちの張りに結びつく部分もある。
　動物を育てるには，鳴き声やにおいが近隣に迷惑をかけないよう配慮するとともに，飼育小屋などペットが健康に暮らすための環境整備が求められる。そのためのスペースを，外構部分に確保しておくとよい。

VIII 自己表現　❶外構
4. 屋外活動を楽しむための庭（バーベキュースペースなど）　[選択]

　屋外ならではの，日常生活とは異なる楽しみを繰り広げられるような庭とすることも考えられる。
　家族や仲間と一緒に賑やかにバーベキューを楽しんだり，近所の人とお茶を飲んだり，庭は生活を楽しむためのきっかけとなる。Ⅳ-❶-2.を参照すること。

Ⅷ 自己表現　❶集合住宅共用部
♪ 1. 多目的な共用施設（共同作業場, パーティールーム, 集会室など）　[選択]

　大規模な集合住宅では，個々の住戸では整備することが難しい高度な施設や設備でも，設置が可能となる場合がある。

　集会など多人数で集まるための集会室に加えて，来客があったときに宿泊できるゲストルーム，大勢での飲食をともなう会合に対応したパーティールーム，子どもを安心して遊ばせることのできるキッズルーム，さらに運動に対応したジムなどがあげられる。こういった施設や設備があることで，生活のヴァリエーションが増え，より充実した自己実現が可能となる。

　Ⅳ-❶-2.を参照すること。

Ⅷ 自己表現　❶集合住宅共用部
♪ 2. 共用部に面する個性表現スペース（玄関回り, 出窓など）　[選択]

　集合住宅では似通った住戸が並ぶこととなり，共用廊下や住棟回りが無機的な景観となりかねない。居住者の個性を表現するスペースを，住戸内の共用部に面した場所に設けることで，豊かな共用空間が創出される。個人の表現のためだけでなく，他の居住者にどのような人が住んでいるのかを伝え，住民相互のコミュニケーションのきっかけとなる。

　具体的には，玄関まわりに植栽や遊具を置ける専有アルコーブを設けたり，出窓を設け鉢植をディスプレイできるようにしたりすることが考えられる。

Ⅷ-❶-2.　玄関前での個性表現

IX 運動・美容

Contents

ニーズ①体調や健康状態を認識できる｜ニーズ②適切な身体活動が行える｜ニーズ③落ち着いて身だしなみを整えることができる…282

ニーズ④積極的に体を鍛えられる｜ニーズ⑤肌によい環境にすることができる…283

ニーズ⑥日光浴ができる｜ニーズ⑦紫外線を浴びないようにできる…284

ⓐ 空間の計画

推奨｜1.適度な負荷のある日常生活動線｜2.全身を伸ばして、体を動かせる空間…285

選択｜3.積極的に体を動かす場｜4.温浴のためのサウナ室…286｜5.化粧、身づくろいのためのパウダールーム、ドレッシングルーム｜6.日当たりのよいサンルーム｜7.運動・美容器具の設置・収納場所…287

ⓑ 屋根・屋上・壁・天井

選択｜1.軽運動のためのレッスンバー…288

適度に体を動かし，心の張りをもち，心と体を健やかに保つためのキーワードである。適度な運動・日常活動を行えるようにすること，あるいは体を積極的に鍛えることは健康に大変有効である。また，美容と健康にも密接な関わりがあるため，そのための環境を整えることも大切である。

c 床・段差・階段・廊下
選択｜1.運動に対して適度な弾力性をもった床仕様…288

d 開口・建具
選択｜1.紫外線遮蔽機能をもったガラス・フィルム…289

f 給排水・給湯・衛生機器
選択｜1.化粧しやすい洗面化粧台…289

g 情報・照明・その他
推奨｜1.顔に影ができず，肌の色がよく見える照明…290

h 家具・家電・調理機器
推奨｜1.全身を確認できる鏡…290
選択｜2.適度な湿度環境とする加湿器…290

i 外構
選択｜1.軽運動やスポーツの練習ができる庭｜2.運動のための用具保管場所…291

IX 運動・美容｜ニーズ❶
体調や健康状態を認識できる

　健康維持増進のために，まず自分の体調をチェックして，自分の健康状態をきちんと把握したいというニーズがある。

　自宅でできる体調のチェック項目として，顔色，肌の張り，姿勢，体型，体重や血圧，体温などがあげられる。これらのチェックを通じて手軽に健康状態を認識し，病気の予防などにつなげたい。さらに，データを測定して，医療機関と連携することができれば，病気の早期発見に役立てられる。

IX 運動・美容｜ニーズ❷
適切な身体活動が行える

　買い物などで日常的に外出する高齢者は，滅多に外出しない高齢者に比較すると，生存率が高いとの調査結果がある。日常生活の中で適度な身体活動を行うということは，健康維持の観点から非常に重要である。

　住まいの中では，掃除や洗濯，炊事といった家事などを通じて，身体を動かす場面は意外と多い。住まい手が主体的に生活することで，知らず知らずのうちに適度な運動をすることにつながる。無理なく，適度に体を動かすことができるような住環境が求められる。

IX 運動・美容｜ニーズ❸
落ち着いて身だしなみを整えることができる

　「メイクには心の健康を支える力がある」ということが，心理学や臨床研究から明らかになっている。単に自分を綺麗に見せるだけではなく，行動力や積極性を高めるとともに，装うことでの安心感を生み出す効果もある。精神的に問題を抱えた患者や，高齢者の治療の臨床現場でもメイクが採り入れられているという。メイクやお洒落をすることは，心の張りを保つことにつながる。落ち着いて，身だしなみを整えることができる環境が望まれる。

身だしなみを整えられる環境

IX 運動・美容｜ニーズ❹
積極的に体を鍛えられる

　健康増進を図るために，より積極的に体を動かして身体を鍛えたいというニーズもある。適度に負荷をかけるトレーニングによって，気持ちのいい汗をかき，日常のストレスを解消し，心と体の健やかさを取り戻す。身体機能を強化することでの達成感もある。

　ダンスのようにリズム感のある軽い運動で分泌される「セロトニン」は，夜に睡眠物質「メラトニン」に変化する。体を動かすことは眠りの質を向上させるという意味でも，健康の維持増進には有効である。

運動が行えるスペース

IX 運動・美容｜ニーズ❺
肌によい環境にすることができる

　美容という観点からは，肌によい環境としたいというニーズがある。

　室内空気の湿度の目安として50％程度といわれるが，肌にとって快適な湿度は60 〜 65％（人間は65％以上の湿度で湿っぽさを感じる）とされる。乾燥は，肌を老化させる3大ダメージのひとつともいわれている。日本は総じて湿度が高く，6月〜 9月にかけて平均湿度は65％以上となるが，秋から春にかけては湿度が50％を下回る日も多い。また，暖房空間では湿度が20％〜 30％まで下がることも多く，深刻な乾燥状態となる。

　空気が乾燥している状況下では，肌のトラブルを引き起こすケースも出てくる。冬になると「服がこすれて，腰や脇がチクチクする」「汗をかいた後は肌がピリピリする」「乾燥してかゆい」，といった症状を訴える人もいる。乾燥によって肌のバリア機能が低下し，外部刺激に対して敏感になっているためである。肌によい，適度な湿度の室内環境を実現したい。

IX 運動・美容｜ニーズ❻
日光浴ができる

　日光に含まれる紫外線は美容の大敵とされるが，日光には気分を明るくし，集中力を高める効果もある。
　太陽光が目に入ると網膜が刺激され，神経を介して脳内に神経伝達物質「セロトニン」が分泌される。すると「気分がよい」状態が作り出され，集中力が向上し，ストレスも軽減される。日中分泌されたセロトニンは，夜になると睡眠物質「メラトニン」に変化する。メラトニンは脳内の温度を下げて，スムーズな入眠へと導いてくれる。日光は睡眠とも深く関係している。
　緯度の高い北欧では，日光の乏しい冬季に「冬季うつ」という症状の患者が増えるという。そのために，日光を楽しむためのサンルームを設けた住宅が多く見受けられる。適度に日光を浴びることも，心身の健康にとって必要なことといえよう。

オーニング付きテラス

IX 運動・美容｜ニーズ❼
紫外線を浴びないようにできる

　太陽光線の中には，赤外線，可視光線，紫外線が含まれている。紫外線は殺菌灯として利用されているように，生物の生存を脅かす大きな環境因子である。生物にとって有害であることから，一般に「有害紫外線」とも呼ばれている。紫外線は肌表面に強く作用し赤く炎症を起こし，皮膚癌や白内障などの疾患と深く関わっている。また，シミやそばかす，シワ（たるみ）の原因ともなる。
　一方，紫外線には老化に関係しているとされる体内の活性酸素を取り除く抗酸化作用がある他，紫外線のひとつ「UV-B」には，骨を強くするなど，体を維持するのに欠かせないビタミンDを形成する役目もある。
　太陽光線には健康的な印象を持つことが多いが，その中に含まれる紫外線の健康への効果と有害性をきちんと把握した上で，紫外線を浴びる量を制御できるような配慮が望まれる。

IX 運動・美容　ⓐ空間の計画

1. 適度な負荷のある日常生活動線（段差・距離など）　【推奨】

　運動という観点からすれば，日常的な生活の中でも適度な身体活動がなされていることが望ましい。廊下を移動したり階段を昇降したりして，自然に体を動かす（したくなる）環境を作りたい。

　狭い廊下や急な階段であったりすると，生活事故の危険性があるだけでなく，心理的にも行動が抑制されてしまう。「住宅の品質確保の促進等に関する法律」の「高齢者等への配慮に関すること」の等級3（通路：有効幅員780mm，階段：勾配22／21踏面195mm以上）を満たした余裕のある動線空間を計画したい。さらに，光や風景を取り込む開口の設置，絵画や花を活けるスペースの設置など，動き回りたくなるような生活動線上の演出も考えたい。

2. 全身を伸ばして，体を動かせる空間　【推奨】

　室内で，運動とまで行かなくとも，簡単な体操やストレッチができるとよい。室内が家具で覆い尽くされてしまうと，ちょっとした伸びをするのにも支障が出る。リビングや個室の一角に，全身を伸ばしたり，体操ができる程度のスペースの余裕を確保したい。

　使用者の体型にもよるが，幅・奥行き・高さが身長×1.3倍程度あると，全身を伸ばすことができる。

IX-ⓐ-2. 体操やストレッチができるスペース

Ⅸ 運動・美容　ⓐ空間の計画
3. 積極的に体を動かす場（トレーニングルーム，レッスン室など）

選択

　積極的に体を動かすために，専用の部屋を設ける考え方もある。日常的な生活空間に近接して，トレーニングマシンなどを設置すれば，自分の好きな時にトレーニングやエクササイズを行うことができる。
　トレーニングルームやレッスン室の壁面を鏡貼りとすると，姿勢や動作を確認することができ，より高いレベルのトレーニングが可能である。

Ⅸ 運動・美容　ⓐ空間の計画
4. 温浴のためのサウナ室

選択

　サウナで発汗，血流を促し，疲労回復・ストレス解消を図る，という人もいる。家庭用のサウナユニットを設けて，専用のサウナ室を設えることも考えられる。あるいは，浴室にミストサウナ機能付き浴室暖房乾燥機を設置（後付けも可能）し，浴室全体をミストサウナとしてしまう考え方もある。
　ミストサウナは浴槽入浴に比べて，心臓への負担が少ないといわれている。その効能については，個人差があるのでショールームなどで十分に確認をしておくことが望ましい。

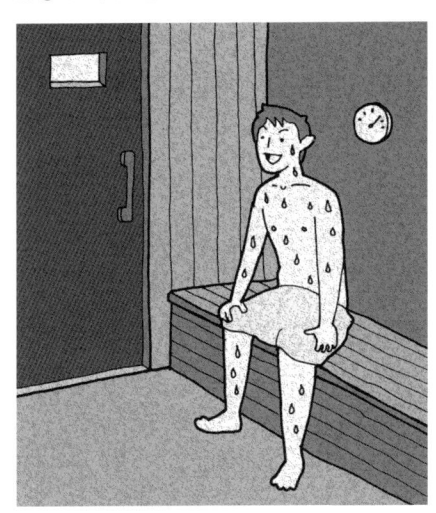

Ⅸ-ⓐ-3．トレーニングルーム

Ⅸ-ⓐ-4．サウナ室

IX 運動・美容　ⓐ空間の計画
5. 化粧, 身づくろいのためのパウダールーム, ドレッシングルーム　選択

　ゆったりとした気分で化粧や身づくろいができるように, 専用のパウダールームやドレッシングルームを設けることも考えられる。
　座って化粧ができる三面鏡（IX-ⓕ-1.を参照すること）, 顔色がよく見える照明（Ⅲ-ⓖ-3.を参照すること）などを設置するとよい。顔や手を洗ったりするので, 簡単な流しがあると便利である。また, 自然光のもとで顔色の確認をしたいとのニーズもあるので, 窓を設けることも検討したい。

IX 運動・美容　ⓐ空間の計画
6. 日当たりのよいサンルーム　選択

　日当たりのよいサンルームを設け, 日光浴や体操などができるスペースとするのも一つの考えである。物干し場, 布団干しのスペースや, 観葉植物を置いて観賞するためのスペースとしても有効である。Ⅱ-ⓐ-12., Ⅴ-ⓐ-9., Ⅷ-ⓐ-8.を参照すること。

IX 運動・美容　ⓐ空間の計画
7. 運動・美容器具の設置・収納場所　選択

　運動・美容のためには, さまざまな器具や道具, 小物が必要とされる。それらを設置, 収納することができるスペースを確保しておくことも大事である。
　ランニングマシン, エアロバイク, 踏み台昇降機などの室内運動器具は意外に大きさや重量があるので, その設置場所, 収納スペースをよく考えておく必要がある。
　美容器具としては, ヘアケア, ボディ・フットケア, フェイスケアなど, さまざまな用具が発売されている。これらは洗面所や寝室などに置かれることが多いが, 寝室にパウダーコーナーなどを設けてもよいだろう。また, マッサージチェアなどはあらかじめ設置位置を考えておくべきである。

IX-ⓐ-5.　ドレッシングルーム

IX-ⓐ-6.　サンルーム

IX 運動・美容　ⓑ屋根・屋上・壁・天井画
1. 軽運動のためのレッスンバー

選択

　自宅内で軽運動ができるようなしつらえがあると，手軽で便利である。壁にレッスンバーを取り付ければ，ダンス・柔軟体操・ストレッチなどに幅広く利用できる。さらに，レッスンバーの前に鏡があれば，姿勢などを確認することもできる。

IX 運動・美容　ⓒ床・段差・階段・廊下
1. 運動に対して適度な弾力性をもった床仕様

選択

　健康維持増進のため，室内で積極的に運動をするようなケースも想定される。運動にあたっては，硬すぎず適度な弾力性をもった床であることが求められる。運動する人と種類により，選択すべき弾力性は変わってくる。
　子どもが遊びをかねて運動をする場合は，柔らかめの床材，カーペットなどを使用するのが望ましい。
　大人が比較的静かな運動，例えばヨガやストレッチなどをする場合は，ヨガマットなどを敷いて行う場合が多い。硬すぎる床材だと痛くなるし，柔らかい床材だとバランスをとることが逆に難しくなる。
　より激しいエアロビクスなどの場合は，足もとをサポートするしっかりとした床が必要である。疲労感や膝や足首などへの負担を考えて，緩衝効果のある床構成が求められる。束材の下にゴムなどを挟み込んだ軽運動用の床下地があるので，それらの採用も検討するとよい。

IX-ⓑ-1．レッスンバー

IX-ⓒ-1．　ゴムが挟み込まれた軽運動用の床下地
　　　　　フローリング（厚さ12mm）
　　　　　捨張合板（厚さ12mm）
　　　　　パーティクルボード（厚さ20mm）
　　　　　ゴム

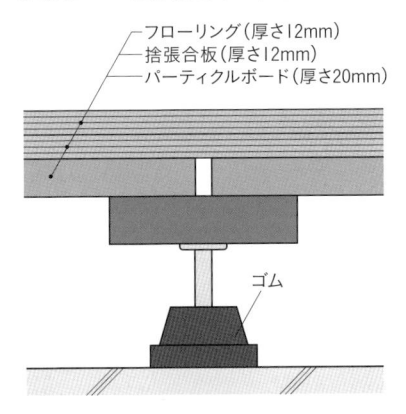

IX 運動・美容　❹開口・建具
1. 紫外線遮蔽機能をもったガラス・フィルム　　選択

　紫外線には、日焼けを起こすUV-Aと、それより波長が短く皮膚ガンを誘発するといわれるUV-Bがあり、紫外線による健康への影響が心配される。また紫外線は、家具調度、カーテンなどの変色や褪色も引き起こす。

　紫外線波長は可視光線の波長と隣接しており、通常のガラスは可視光線を透過するため、紫外線をカットしきれない。近年、視認性を確保しつつ、紫外線の波長をカットするUVカットガラスが開発されている。

　また、窓ガラスに貼って施工するUVカットフィルムもあり、建築後の有効な対応策といえる。

IX 運動・美容　❺給排水・給湯・衛生機器
1. 化粧しやすい洗面化粧台（三面鏡など）　　選択

　化粧には、精神的な張りを持たせる効果もある。化粧をする場所としては、洗面化粧台が最も多いといわれている。

　化粧しやすい洗面台として、三面鏡洗面台があげられる。顔近くまで鏡を引き出し、自由な位置で止めて手元鏡にできるものもある。アイラインなどの細かい作業の時に便利である。

　また、手を近づけるだけで水が出るタッチレス水栓（V-❺-5.）なら、ファンデーションなどで手が汚れているときも気兼ねなく水の出し止めができる。

　また、鏡部分に曇り止めのヒーターが入っていると、風呂上がりなどにも煩わしくなく使用できる。

　さらに、洗面台の下に足が入るようにとすると（VII-❺-4.）、腰掛けてゆったりと肌や髪の手入れができる。

IX-❺-1.　化粧しやすい三面鏡化粧台

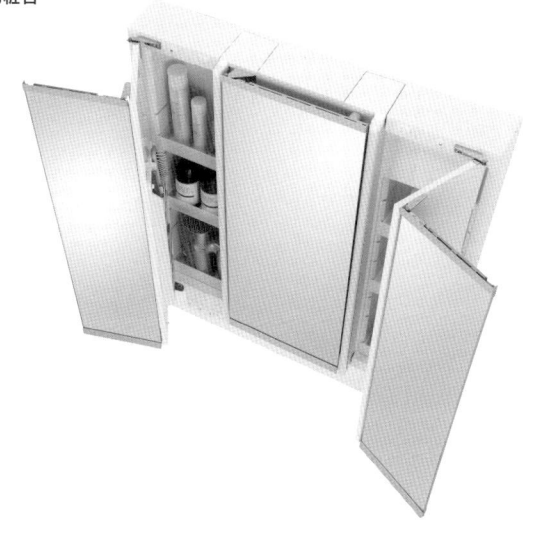

IX 運動・美容　ⓔ情報・照明・その他

1. 顔に影ができず，肌の色がよく見える照明

推奨

　美容という観点からは，顔に影ができず，肌の色がよく見える照明が推奨される。詳細は，Ⅲ-ⓔ-1.を参照すること。

IX 運動・美容　ⓗ家具・家電・調理機器

1. 全身を確認できる鏡

推奨

　全身を確認できる鏡は，顔色や肌の状態，姿勢や体型を見るなど，自らの健康状態を確認するのに大事な役割を果たす。また，自分の姿を客観的に見ることにより，体型やお洒落に気をつけるきっかけとしても有効である。精神的に張りをもち，主体的な生活を送るために，日常的に目に止まる位置に全身を確認する鏡を設けるとよい。

IX 運動・美容　ⓗ家具・家電・調理機器

2. 適度な湿度環境とする加湿器

選択

　空気が乾燥すると，喉や鼻の粘膜も乾燥し，ウイルス感染のリスクが高まる。そのため，建築物衛生法（ビル管理法）では相対湿度を40〜70％，学校環境衛生の基準では相対湿度を30〜70％と定めている。また，過度な乾燥は肌を傷めるともいわれている。室内が乾燥している場合は，加湿器を適度に使用して，室内湿度を一定以上に保つことも考えたい。

　ただし，過剰な加湿は結露の誘発要因にもなるので，自動運転モードなどを活用して，湿度を一定範囲にコントロールするような使い方が望ましい。

IX-ⓗ-1.　玄関前の姿見

IX 運動・美容　❶外構
1. 軽運動やスポーツの練習ができる庭　[選択]

　庭で，手軽に軽運動やスポーツの練習ができると，日常的に運動を継続しやすい。ストレスの解消が図れ，心のリフレッシュにもつながる。

　ラジオ体操や素振り，リフティングなどができる平面的に広がりのあるスペースや，ストレッチやヨガができるテラスなどを用意すると，庭での活動の幅が拡がる。

　また，天候によらずトレーニングができるように，広い軒下空間を設けるのも有効である。一方，縄跳びなど天井の高さを必要とするトレーニングもあるので，注意が必要である。

IX 運動・美容　❶外構
2. 運動のための用具保管場所（自転車置き場など）　[選択]

　サイクリングは，過度な負担がかからず，かつ手軽に取り組める有効な運動である。自転車を保管しておくためのスペースを外構部分に確保しておくとよい。雨がかからない自転車置き場とすることができれば望ましい。

IX-❶-1. 軽運動が行える庭

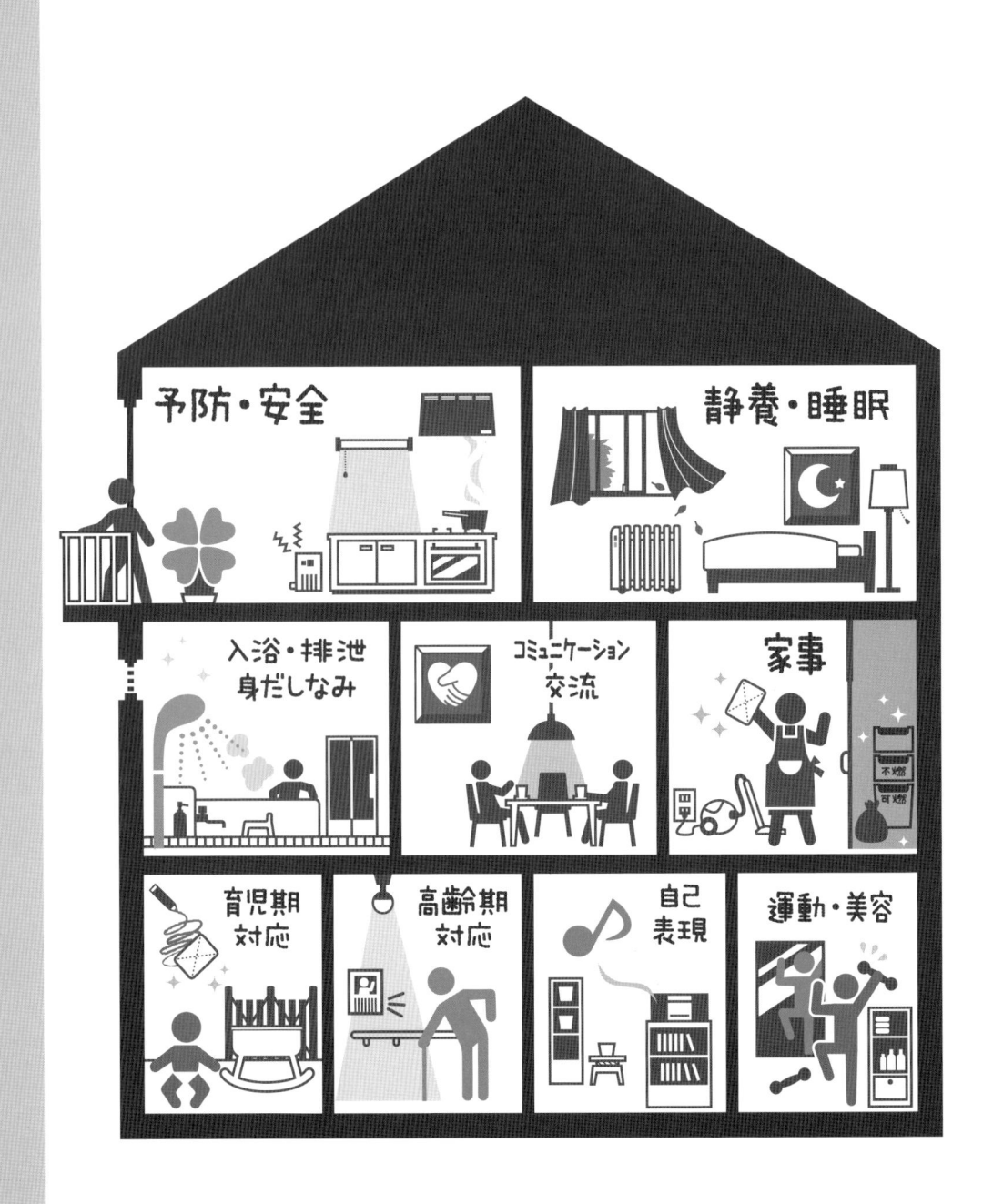

予防・安全　静養・睡眠
入浴・排泄　身だしなみ　コミュニケーション　交流　家事
育児期対応　高齢期対応　自己表現　運動・美容

附章
健康に暮らす住まい ワンポイントアドバイス

ここまで解説してきた数々の健康に暮らす住まいのポイントを，
実際の住宅の計画に落とし込んでみるとどうなるのか。
この章では，郊外型と都市型の2つの想定プランを示し，
それぞれ「健康に暮らす住まい」という観点から読み解いていくこととする。
配慮がなされているポイント，改善したいポイント，配慮するとよいポイントを示し，
健康に配慮した住まいを実現するためのワンポイントアドバイスを行っていく。

郊外型住居へのアドバイス例

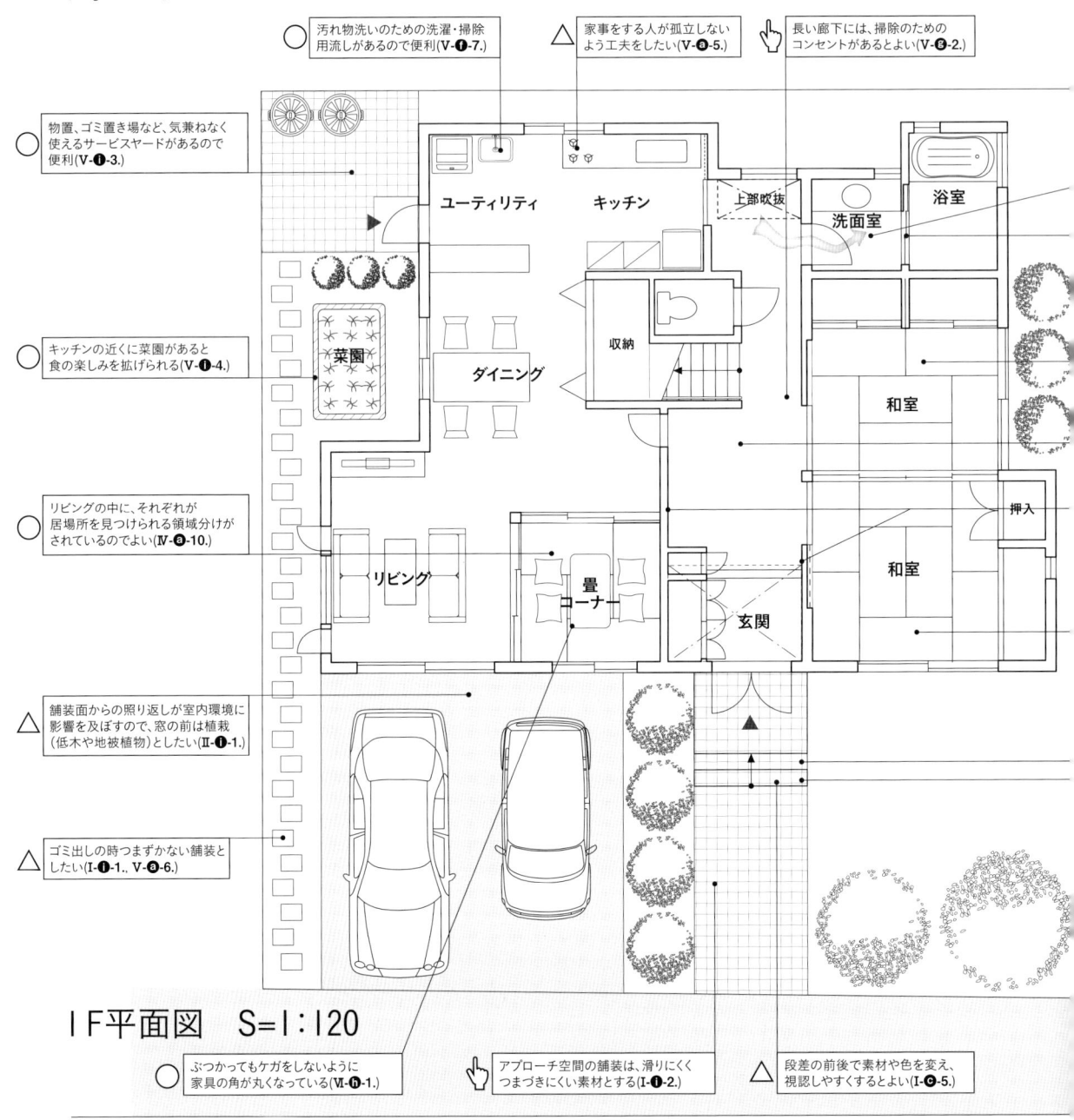

○ 汚れ物洗いのための洗濯・掃除用流しがあるので便利(V-❶-7.)

△ 家事をする人が孤立しないよう工夫をしたい(V-❸-5.)

☞ 長い廊下には、掃除のためのコンセントがあるとよい(V-❻-2.)

○ 物置、ゴミ置き場など、気兼ねなく使えるサービスヤードがあるので便利(V-❶-3.)

○ キッチンの近くに菜園があると食の楽しみを拡げられる(V-❶-4.)

○ リビングの中に、それぞれが居場所を見つけられる領域分けがされているのでよい(Ⅳ-❸-10.)

△ 舗装面からの照り返しが室内環境に影響を及ぼすので、窓の前は植栽(低木や地被植物)としたい(Ⅱ-❶-1.)

△ ゴミ出しの時つまずかない舗装としたい(I-❶-1., V-❸-6.)

1F平面図　S=1:120

○ ぶつかってもケガをしないように家具の角が丸くなっている(Ⅵ-❽-1.)

☞ アプローチ空間の舗装は、滑りにくくつまずきにくい素材とする(I-❶-2.)

○ 段差の前後で素材や色を変え、視認しやすくするとよい(I-❻-5.)

　第3章では，キーワードごとに健康に暮らす住まいに関わるポイントを解説してきた。それらのポイントは，実際の計画の中に位置づけられて初めて意味を持つ。住まいの計画の中で，それらのポイントがどのように実現され，また，どのようなことが見落とされがちなのか，具体的な平面図と重ね合わせて見ていきたい。

　この章では，面積規模の異なる郊外型と都市型の住宅プラン2つを取り上げ，それぞれに対する簡潔なアドバイスの例を記載している。もちろんポイントの中には，一般的な平面図上に記載しにくいものも数多くあり，すべてのアドバイスを限られた紙面に盛り込むことは不可能である。そのため，ここに

2F平面図　S=1:120

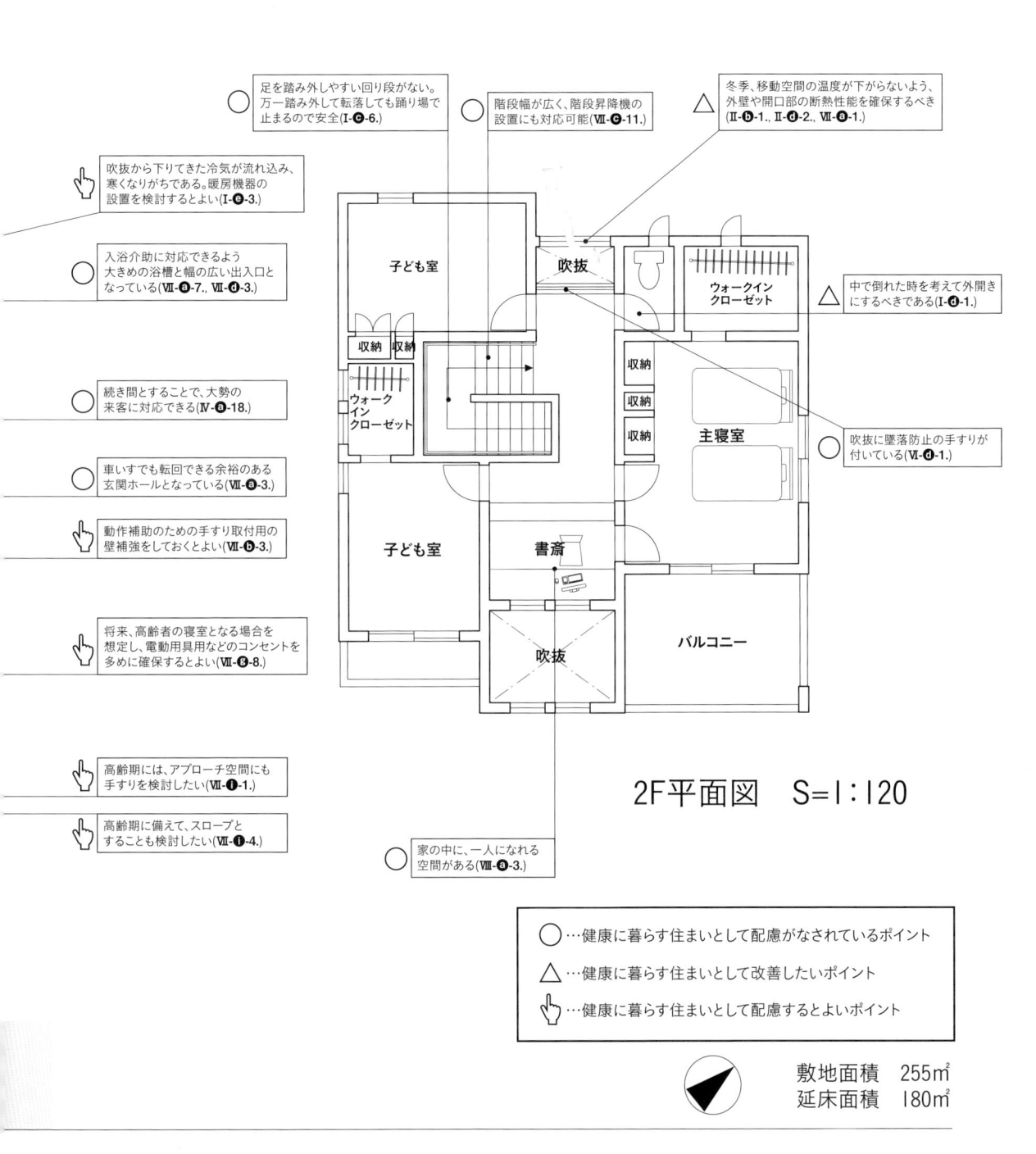

図中の注記（上から順）:

- ○ 足を踏み外しやすい回り段がない。万一踏み外して転落しても踊り場で止まるので安全(Ⅰ-ⓒ-6.)
- ○ 階段幅が広く、階段昇降機の設置にも対応可能(Ⅶ-ⓒ-11.)
- △ 冬季、移動空間の温度が下がらないよう、外壁や開口部の断熱性能を確保するべき(Ⅱ-ⓑ-1., Ⅱ-ⓐ-2., Ⅶ-ⓐ-1.)
- ☞ 吹抜から下りてきた冷気が流れ込み、寒くなりがちである。暖房機器の設置を検討するとよい(Ⅰ-ⓒ-3.)
- ○ 入浴介助に対応できるよう大きめの浴槽と幅の広い出入口となっている(Ⅶ-ⓐ-7., Ⅶ-ⓓ-3.)
- △ 中で倒れた時を考えて外開きにするべきである(Ⅰ-ⓓ-1.)
- ○ 続き間とすることで、大勢の来客に対応できる(Ⅳ-ⓐ-18.)
- ○ 吹抜に墜落防止の手すりが付いている(Ⅵ-ⓓ-1.)
- ○ 車いすでも転回できる余裕のある玄関ホールとなっている(Ⅶ-ⓐ-3.)
- ☞ 動作補助のための手すり取付用の壁補強をしておくとよい(Ⅶ-ⓑ-3.)
- ☞ 将来、高齢者の寝室となる場合を想定し、電動用具用などのコンセントを多めに確保するとよい(Ⅶ-ⓔ-8.)
- ☞ 高齢期には、アプローチ空間にも手すりを検討したい(Ⅶ-ⓓ-1.)
- ☞ 高齢期に備えて、スロープとすることも検討したい(Ⅶ-ⓓ-4.)
- ○ 家の中に、一人になれる空間がある(Ⅷ-ⓐ-3.)

凡例:
- ○…健康に暮らす住まいとして配慮がなされているポイント
- △…健康に暮らす住まいとして改善したいポイント
- ☞…健康に暮らす住まいとして配慮するとよいポイント

敷地面積　255㎡
延床面積　180㎡

　記載されたアドバイスに従えば，健康に暮らす住まいができあがる，ということではない。あくまでも健康に暮らす住まいを，設計・計画していくうえでの参考としてみていただければと思う。
　ベースになる住宅としては，
1) 敷地に拡がりがあり，床面積にも余裕がある郊外型の計画案
2) 敷地も床面積もコンパクトな都市型の計画案
の2つを取り上げている。仮想の計画案ではあるが，実際に見かけそうな住宅である。
　「郊外型住居」では，面積的な余裕があるので，将来的には高齢期への備えをしておいたり，充実し

都市型住居へのアドバイス例

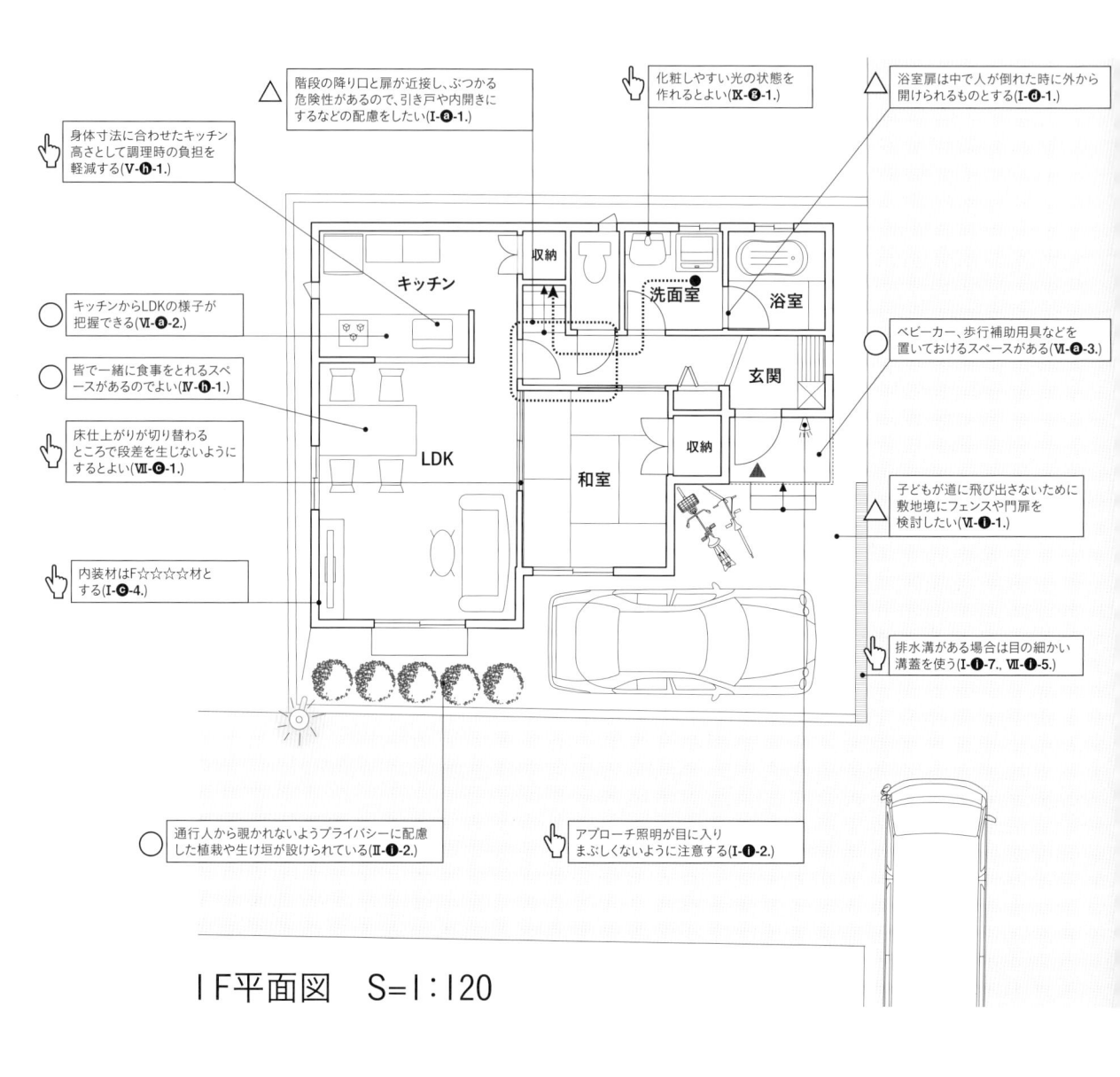

- 階段の降り口と扉が近接し、ぶつかる危険性があるので、引き戸や内開きにするなどの配慮をしたい(I-ⓐ-1.)
- 化粧しやすい光の状態を作れるとよい(Ⅸ-ⓔ-1.)
- 浴室扉は中で人が倒れた時に外から開けられるものとする(I-ⓓ-1.)
- 身体寸法に合わせたキッチン高さとして調理時の負担を軽減する(Ⅴ-ⓗ-1.)
- キッチンからLDKの様子が把握できる(Ⅵ-ⓐ-2.)
- 皆で一緒に食事をとれるスペースがあるのでよい(Ⅳ-ⓗ-1.)
- 床仕上がりが切り替わるところで段差を生じないようにするとよい(Ⅶ-ⓒ-1.)
- ベビーカー、歩行補助用具などを置いておけるスペースがある(Ⅵ-ⓐ-3.)
- 子どもが道に飛び出さないために敷地境にフェンスや門扉を検討したい(Ⅵ-ⓞ-1.)
- 内装材はF☆☆☆☆材とする(I-ⓒ-4.)
- 排水溝がある場合は目の細かい溝蓋を使う(I-ⓞ-7., Ⅶ-ⓞ-5.)
- 通行人から覗かれないようプライバシーに配慮した植栽や生け垣が設けられている(Ⅱ-ⓞ-2.)
- アプローチ照明が目に入りまぶしくないように注意する(I-ⓞ-2.)

1F平面図　S=1:120

た外構計画としたりすることが可能である。一方で、家の中で日常的に使われない部位が出てくると、家の中での温度差が生じやすくなる。

「都市型住居」では、負担の多い家事動線を短くして、効率的な住まいが実現する。しかし、面積的な制約から各部での余裕ある寸法の確保が困難であり、衝突などの事故が起きないような配慮が求められる。

いずれも、ちょっとした配慮、工夫によって、居住者の健康の維持増進に寄与するものとなる。この2つの計画案を参考に、実際の設計・計画を、健康という観点から検証していただければ幸いである。

図中のアドバイスは、

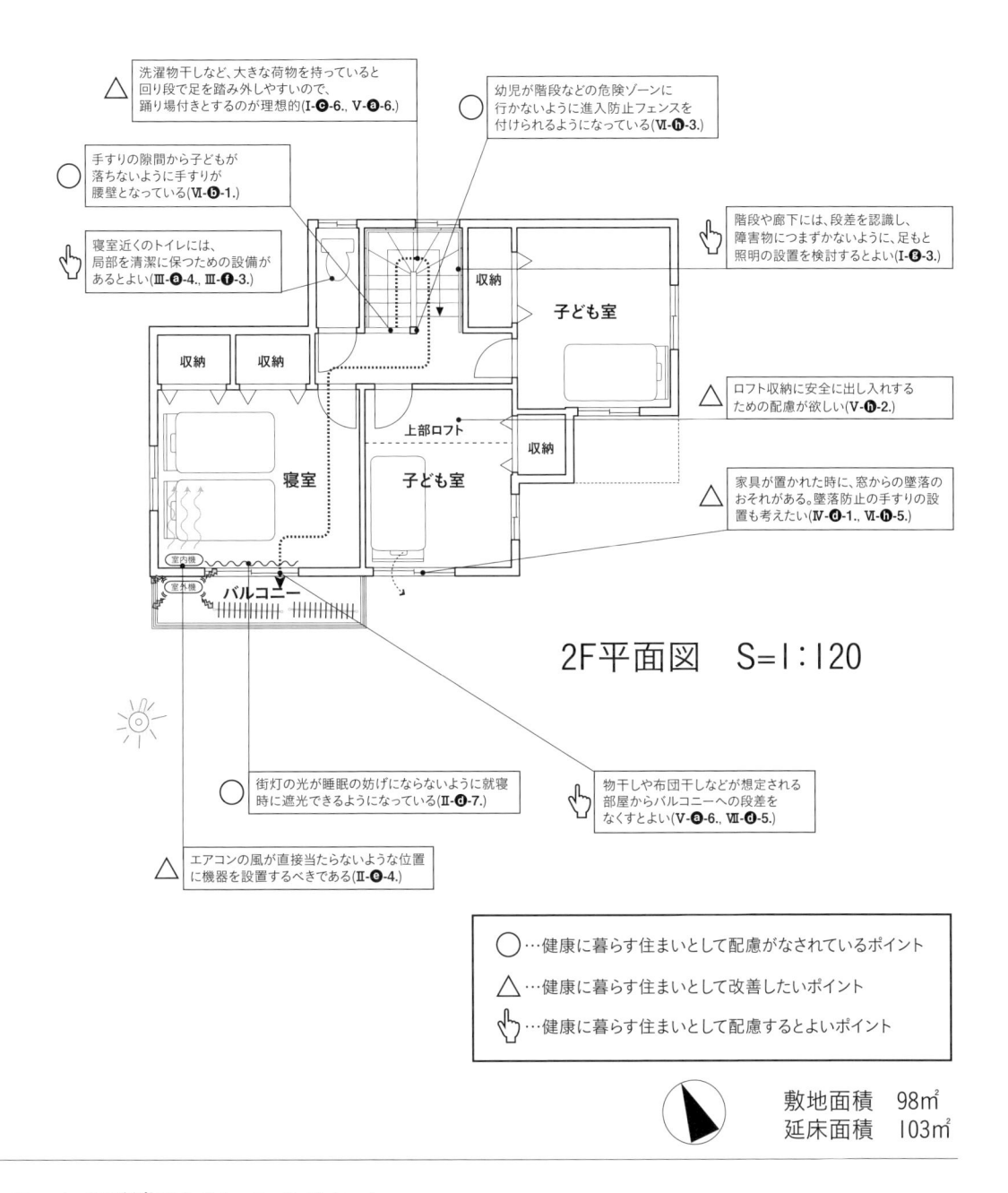

○ 手すりの隙間から子どもが落ちないように手すりが腰壁となっている(Ⅵ-❶-1.)

△ 洗濯物干しなど、大きな荷物を持っていると回り段で足を踏み外しやすいので、踊り場付きとするのが理想的(Ⅰ-❻-6., Ⅴ-❸-6.)

○ 幼児が階段などの危険ゾーンに行かないように進入防止フェンスを付けられるようになっている(Ⅵ-❶-3.)

☞ 寝室近くのトイレには、局部を清潔に保つための設備があるとよい(Ⅲ-❸-4., Ⅲ-❶-3.)

☞ 階段や廊下には、段差を認識し、障害物につまずかないように、足もと照明の設置を検討するとよい(Ⅰ-❻-3.)

△ ロフト収納に安全に出し入れするための配慮が欲しい(Ⅴ-❶-2.)

△ 家具が置かれた時に、窓からの墜落のおそれがある。墜落防止の手すりの設置も考えたい(Ⅳ-❶-1., Ⅵ-❶-5.)

2F平面図　S=1:120

○ 街灯の光が睡眠の妨げにならないように就寝時に遮光できるようになっている(Ⅱ-❶-7.)

☞ 物干しや布団干しなどが想定される部屋からバルコニーへの段差をなくすとよい(Ⅴ-❸-6., Ⅶ-❶-5.)

△ エアコンの風が直接当たらないような位置に機器を設置するべきである(Ⅱ-❶-4.)

○…健康に暮らす住まいとして配慮がなされているポイント
△…健康に暮らす住まいとして改善したいポイント
☞…健康に暮らす住まいとして配慮するとよいポイント

敷地面積　98㎡
延床面積　103㎡

○：すでに配慮がなされているポイント
△：ぜひ改善をしていただきたいポイント
☞：配慮するとよいポイント
上記の3段階に分けて記載している。改善をするといっても、全体計画の制約の中で容易に改善できないものもあろう。本書では指摘するに留め、具体的な解決策までは例示していない。

　それぞれのポイントに関連する設計ガイドマップの項目を合わせて記しているので、それらの項目を参考にそれぞれの解決策を探っていただくことを想定している。

健康維持増進住宅研究　検討組織

健康維持増進住宅研究委員会
委員長：**村上周三** (一財)建築環境・省エネルギー機構理事長

健康維持増進住宅研究コンソーシアム
会　　長：**村上周三** (一財)建築環境・省エネルギー機構理事長
副会長：**吉野　博** 東北大学名誉教授
副会長：**秋山一美** 大和ハウス工業㈱執行役員
副会長：**平林文明** 積水ハウス㈱専務執行役員

合同幹事会

開発企画委員会
委員長：**村上周三** (一財)建築環境・省エネルギー機構理事長

健康影響低減部会
部 会 長：**吉野　博** 東北大学名誉教授
部会幹事：**長谷川兼一** 秋田県立大学准教授

普及促進委員会
委員長：**坊垣和明** 東京都市大学教授

健康増進部会
部 会 長：**田辺新一** 早稲田大学大学院教授
部会幹事：**秋元孝之** 芝浦工業大学教授

設計ガイドライン部会
部 会 長：**小泉雅生** 首都大学東京大学院教授
部会幹事：**清家　剛** 東京大学大学院准教授

健康コミュニティガイドライン部会
部 会 長：**伊香賀俊治** 慶應義塾大学教授
部会幹事：**白石靖幸** 北九州市立大学教授

2012年度健康維持増進住宅研究 設計ガイドライン部会

部 会 長	小泉雅生	首都大学東京大学院都市環境科学研究科建築学域教授
部会幹事	清家　剛	東京大学大学院新領域創成科学研究科社会文化環境学専攻准教授
委　　員	大井尚行	九州大学大学院芸術工学研究院環境・遺産デザイン部門准教授
委　　員	篠崎正彦	東洋大学理工学部建築学科准教授
委　　員	名取　発	東洋大学ライフデザイン学部人間環境デザイン学科准教授
委　　員	中野淳太	東海大学工学部建築学科専任講師
委　　員	布田　健	国土交通省国土技術政策総合研究所住宅研究部住宅生産研究室室長
委　　員	藤江　創	㈲アーバンファクトリー管理建築士
委　　員	大越紳介	東京ガス㈱設備エンジニアリング事業部設備エンジニアリンググループ課長
委　　員	大西茂樹	三菱電機㈱中津川製作所製造管理部技術管理課専任
委　　員	菅野泰史	大和ハウス工業㈱総合技術研究所ライフサポート研究室ユニバーサルデザイン研究グループ研究員
委　　員	高田美紀	積水ハウス㈱技術部主任
委　　員	瀧口祥江	一般財団法人ベターリビングサステナブル居住研究センター研究企画部企画課上席調査役
委　　員	塚本　茂	ミサワホーム㈱商品開発本部商品開発部第三設計課マネージャー
委　　員	塚谷　誠	㈱アキュラホーム未来創発ディビジョン商品技術・デザイン部商品開発室
委　　員	中村正吾	OMソーラー㈱社長席付
委　　員	林　義秀	パナソニックエコシステムズ㈱環境空質ビジネスユニット戦略企画グループ事業企画チーム
委　　員	松岡義文	パナホーム㈱設計部部長
委　　員	宮崎正博	関西電力㈱お客さま本部営業計画グループ（東京駐在）マネージャー
委　　員	護田佳子	住友林業㈱住宅事業本部注文住宅事業部商品開発部マネージャー

健康維持増進住宅研究 設計ガイドライン部会 ガイドラインWG

主　　査	名取　発	東洋大学ライフデザイン学部人間環境デザイン学科准教授
幹　　事	中野淳太	東海大学工学部建築学科専任講師
委　　員	小泉雅生	首都大学東京大学院都市環境科学研究科建築学域教授
委　　員	清家　剛	東京大学大学院新領域創成科学研究科社会文化環境学専攻准教授
委　　員	秋元孝之	芝浦工業大学工学部建築工学科教授
委　　員	長谷川兼一	秋田県立大学システム科学技術学部建築環境システム学科准教授
委　　員	菅野泰史	大和ハウス工業㈱総合技術研究所ライフサポート研究室ユニバーサルデザイン研究グループ研究員
委　　員	高田美紀	積水ハウス㈱技術部主任
委　　員	渡辺直哉	旭化成ホームズ㈱マーケティング本部商品企画部課長
委　　員	綿引　誠	住友林業㈱建築住まいグループマネージャー研究主管
	三井所清史	㈱岩村アトリエ
事 務 局	由本達雄	一般社団法人日本サステナブル建築協会事務局長
事 務 局	今関一美	一般社団法人日本サステナブル建築協会

略歴

村上周三
Shuzo Murakami

1965年　東京大学工学部建築学科卒業
1967年　東京大学大学院工学系研究科建築学専攻修士課程修了
1972年　工学博士(東京大学より取得)
1968年　東京大学生産技術研究所助手
　　　　講師、助教授を経て
1985～2001年　東京大学生産技術研究所教授
1999年　デンマーク工科大学客員教授
2001～08年　慶應義塾大学理工学部教授
2006～09年　中国同済大学顧問教授
2003年　東京大学名誉教授
2008年　独立行政法人建築研究所理事長(現職)
2008～11年　慶應義塾大学大学院SDM研究科特別研究教授
2011～12年　慶應義塾大学大学院SDM研究科特任教授

● 公的活動

2002年～10年　国土交通省 中央建築士審査会 会長
2003年～　(財)建築環境・省エネルギー機構理事長
2003年～　建築・住宅国際機構会長
2004～09年　国土交通省社会資本整備審議会部会長
2005～11年　日本学術会議会員
2011年～　日本学術会議連携会員

● 学会活動

2005年11月～　A Foreign Member of KAST
　　　　　　　(The Korean Academy of Science and Technology)
2005～07年　日本建築学会会長
2002～04年　空気調和・衛生工学会会長
1996～2000年　日本風工学会会長
1998～99年　日本数値流体力学会会長
2000～01年　日本流体力学会会長

● 主な著書

『CFDによる建築・都市の環境設計工学』東京大学出版会, 2000年
『CASBEE住まい「戸建」入門』(共著), 建築技術, 2007年
『教室の環境と学習効率』(共著), 建築資料研究社, 2007年
『サステナブル生命建築』(共著), 共立出版, 2006年
『ヴァナキュラー建築の居住環境性能』, 慶應義塾大学出版会, 2008年
『低炭素社会におけるエネルギーマネジメント』(共著),
慶應義塾大学出版会, 2010年

● 主な受賞

1989年　日本建築学会賞(論文部門)「建築・都市環境工学に関する
　　　　一連の研究」
1975～2007年　空気調和・衛生工学会賞(計15回)
1998年　アメリカ暖房冷凍空調学会(ASHRAE)ベストペーパー賞
(CROSBY FIELD AWARD)
2001年　アメリカ暖房冷凍空調学会(ASHRAE) ASHRAE Fellow Award
2002年　SCANVAC the John Rydberg Gold Medal
2004年　平成15年度日本風工学会学会賞(功績賞)
2007年　SB07-SEOUL Award of Excellency in Research
2007年　世界風工学会(IAWE) ALAN G. DAVENPORT MEDAL

責任編集

小泉雅生
Masao Koizumi

1986年　東京大学大学院在学中にシーラカンスを共同設立
1988年　東京大学大学院修士課程修了
2001年～　東京都立大学大学院助教授(現:首都大学東京)
2005年　小泉アトリエ設立
2010年～　首都大学東京大学院都市環境科学研究科建築学域教授,
　　　　博士(工学)

● 主な著書

『変わる家族と変わる住まい―「自在家族」のための住まい論』(共著),
彰国社, 2002年
『ハウジング・フィジックス・デザイン・スタディーズ』(共著), INAX出版,
2008年
『環境のイエ』, 学芸出版社, 2010年
『住宅の空間原論』(共著), 彰国社, 2011年
『LCCM住宅の設計手法:デモンストレーション棟を事例として』(共著),
建築技術, 2012年

● 主な受賞

2004年　第2回サステナブル住宅賞国土交通大臣賞受賞「アシタノイエ」
2005年　平成20年日本建築士会連合会賞奨励賞「戸田市立芦原小学校」
2009年　第14回千葉県建築文化奨励賞「千葉市美浜文化ホール・
　　　　保健福祉センター」
2009年　第55回神奈川建築コンクール優秀賞受賞「象の鼻パーク/テラス」
2009年　2009年度グッドデザイン賞「ENEOS創エネハウス」
2012年　第13回公共建築賞優秀賞「千葉市美浜文化ホール・
　　　　美浜保健福祉センター」
2012年　第22回AACA賞優秀賞「象の鼻パーク／テラス」

名取 発
Akira Natori

- 1993年　東京理科大学工学部建築学科卒業
- 1995年　東京理科大学大学院工学研究科建築学専攻修士課程修了
- 1999年　東京大学大学院工学系研究科建築学専攻博士課程修了
  　　　　博士(工学)取得
- 2000年　東京理科大学工学部建築学科助手
- 2006年　東洋大学ライフデザイン学部人間環境デザイン学科助教授
- 2007年　東洋大学ライフデザイン学部人間環境デザイン学科准教授

●主な著書

『図解事典/建築のしくみ』(共著), 彰国社, 2001年
『建築設計資料集成　総合編』(共著), 丸善, 2001年
『シリーズ地球環境建築・専門編2　資源・エネルギーと建築』(共著), 彰国社, 2004年
『図解テキスト　基本建築学　第三版』(共著), 彰国社, 2010年

中野淳太
Junta Nakano

- 1997年　早稲田大学理工学部建築学科卒業
- 1999年　早稲田大学大学院理工学研究科修士課程修了
- 2002年　早稲田大学大学院理工学研究科博士後期課程単位取得退学
  　　　　早稲田大学理工学部建築学科専任助手
  　　　　博士(工学)取得
- 2005年　東海大学工学部建築学科専任講師
- 2013年　東海大学工学部建築学科准教授

●主な著書

『建築設備学教科書』(共著), 彰国社, 1991年
『空気調和・衛生工学便覧第14版』(共著), 空気調和・衛生工学会, 2010年

●主な受賞

2007年　第21回振興賞技術振興賞(分析評価), 空気調和・衛生工学会

長谷川兼一
Kenichi Hasegawa

- 1992年　東北大学工学部建築学科卒業
- 1994年　東北大学大学院工学研究科博士課程(前期課程)修了
- 1994年　日本学術振興会・特別研究員
- 1997年　東北大学大学院工学研究科博士課程(後期課程)修了
  　　　　博士(工学)(東北大学より取得)
- 1997年　信州大学工学部助手
- 2001年　秋田県立大学システム科学技術学部助教授
- 2013年　秋田県立大学システム科学技術学部教授

●主な著書

『住宅の環境設計データブック』(共著), 日本建築学会, 2000年
『第3版コンパクト建築設計資料集成』(共著), 丸善, 2005年
『第2版コンパクト建築設計資料集成<住居>』(共著), 丸善, 2006年
『省エネ住宅とスマートライフでストップ地球温暖化』(共著), 日本建築学会叢書4, 2006年
『Bioclimatic Housing』EARTHSCAN, 2007年
『健康維持増進住宅のすすめ―なぜ今, 住まいの健康か―』(共著), 大成出版社, 2009年
『設計のための建築環境学』, 彰国社, 2011年

●主な受賞

2007年　日本建築学会奨励賞

【写真・図版提供】
- ●(一社)日本建材・住宅設備産業協会…63頁Ⅰ-ⓑ-8.
- ●東亞コルク㈱…69頁Ⅰ-ⓒ-9.
- ●㈱LIXIL…72頁Ⅰ-ⓓ-4., 80頁Ⅰ-ⓕ-2., 127頁Ⅱ-ⓕ-1., 146頁Ⅲ-ⓕ-4., 147頁Ⅲ-ⓕ-5., 184頁Ⅴ-ⓑ-3., 185頁Ⅴ-ⓒ-2., 186頁Ⅴ-ⓒ-2., 189頁Ⅴ-ⓕ-2., 190頁Ⅴ-ⓕ-5., 191頁Ⅴ-ⓕ-7., 195頁Ⅴ-ⓗ-3., 217頁Ⅵ-ⓓ-2., 219頁Ⅵ-ⓕ-2., 220頁Ⅵ-ⓕ-3., 250頁Ⅶ-ⓕ-1., Ⅶ-ⓕ-2., 251頁Ⅶ-ⓕ-4., 252頁Ⅶ-ⓕ-6., 257頁Ⅶ-ⓗ-2., 258頁Ⅶ-ⓗ-3., 273頁Ⅷ-ⓕ-1.
- ●全国防犯協会連合会…73頁Ⅰ-ⓓ-5.
- ●三菱電機㈱…78頁Ⅰ-ⓔ-5., 249頁Ⅶ-ⓔ-3.
- ●パナソニックエコシステムズ㈱…78頁Ⅰ-ⓔ-6.
- ●パナソニック㈱エコソリューションズ社…83頁Ⅰ-ⓖ-3., 84頁Ⅰ-ⓖ-5., 129頁Ⅱ-ⓖ-4., 130頁Ⅱ-ⓖ-5., 166頁Ⅳ-ⓖ-1., 168頁Ⅳ-ⓖ-3., Ⅳ-ⓖ-4., 189頁Ⅴ-ⓕ-1., 196頁Ⅴ-ⓗ-5., 245頁Ⅶ-ⓒ-11., 255頁Ⅶ-ⓖ-6., 289頁Ⅸ-ⓕ-1.
- ●東京ガス㈱…82頁Ⅰ-ⓖ-1., 83頁Ⅰ-ⓖ-4., 86頁Ⅰ-ⓗ-2., 257頁Ⅶ-ⓗ-1.
- ●(一社)日本家具産業振興会…87頁Ⅰ-ⓗ-3.
- ●(一社)日本照明工業会…128頁Ⅱ-ⓖ-1.
- ●島根県土木部都市計画課…132頁Ⅱ-ⓘ-3.
- ●神奈川県衛生研究所…225頁Ⅵ-ⓘ-4.
- ●日進医療器㈱…233頁Ⅶ-ⓐ-2.
- ●新光産業㈱…245頁Ⅶ-ⓒ-11.

健康に暮らす住まい 9つのキーワード
―― 設 計 ガ イ ド マ ッ プ

発行	2013年7月31日　第1版
編著	健康維持増進住宅研究委員会／ 健康維持増進住宅研究コンソーシアム
編集協力	一般社団法人 日本サステナブル建築協会
発行者	橋戸幹彦
発行所	株式会社建築技術 〒101-0061　東京都千代田区三崎町3-10-4 TEL03-3222-5951 FAX03-3222-5957 http://www.k-gijutsu.co.jp 振替口座00100-7-72417
デザイン＋DTP	箕浦 卓(M's SPACE)
印刷・製本	三報社印刷株式会社

落丁・乱丁はお取り替えいたします。
ISBN978-4-7677-0138-7

ⓒ2013　Japan Sustainable Building Consortium